HET KLEINE HOTEL ONDER HET NOORDERLICHT

DE BOEKEN VAN JULIE CAPLIN

Het kleine café in Kopenhagen
De kleine bakkerij in Brooklyn
De kleine patisserie in Parijs
Het kleine hotel onder het noorderlicht
De kleine baai in Kroatië
De kleine theewinkel in Tokio
Het kleine chalet in Zwitserland

Julie Caplin

Het kleine hotel onder het noorderlicht

Vertaling Jolanda te Lindert

HarperCollins

MIX
Paper | Supporting responsible forestry
FSC® C021394
www.fsc.org

Voor het papieren boek is papier gebruikt dat onafhankelijk is gecertificeerd door FSC®
om verantwoord bosbeheer te waarborgen.
Kijk voor meer informatie op www.harpercollins.co.uk/green.

HarperCollins is een imprint van Uitgeverij HarperCollins Holland, Amsterdam.

Oorspronkelijke titel: *The Northern Lights Lodge*

Vertaling: Jolanda te Lindert
Omslagontwerp: HarperCollins*Publishers* UK
Bewerking: Pinta Grafische Producties
Omslagbeeld: © Shutterstock
Zetwerk: Crius Group, Hulshout
Druk: ScandBook UAB, Lithuania, met gebruik van 100% groene stroom

ISBN 978 94 027 1717 4
ISBN 978 94 027 7195 4 (e-book)
NUR 302
Eerste druk juni 2024
Derde druk april 2025

Originele uitgave verschenen bij HarperCollinsPublishers Ltd, London, Great Britain.

Deze uitgave is uitgegeven in samenwerking met HarperCollins Publishers LLC.
HarperCollins Holland is een divisie van Harlequin Enterprises ULC.

www.harpercollins.nl

Voor de oorspronkelijke Vikingprinses, mijn fantastische redacteur Charlotte Ledger. Toch zou ze waarschijnlijk helemaal geen goede Viking zijn geweest, laat staan een plunderende Viking, want daarvoor is ze veel te vriendelijk, hartelijk en gul.

Hoofdstuk 1

Bath

'Er is nog steeds niets, vrees ik. Zoals ik vorige week en de week daarvoor ook al zei. Het is een moeilijke tijd, dat weet jij ook wel. De economie draait niet geweldig en de mensen reizen niet meer zoveel.' De vrouw zei dit met een zogenaamd oprechte en meelevende glimlach, terwijl haar kleine, roofdierachtige ogen Lucy's blik ontweken, alsof werkloosheid besmettelijk was.

Een moeilijke tijd? Hallo!

Lucy wist álles van moeilijke tijden! Ze had zin om de wervingsconsulent bij de keel te pakken en door elkaar te schudden. In plaats daarvan schoof ze heen en weer in haar stoel en deed haar uiterste best er kalm en niet volkomen in paniek uit te zien.

De vrouw zat tegenover Lucy aan haar bureau in het felverlichte kantoor met trendy meubels en de allernieuwste Apple Mac, waarvan het beeldscherm het grootste deel van het bureau in beslag nam. Ze keek naar Lucy's futloze blonde haar met de rattenstaartjes, niet in staat haar nieuwsgierigheid en afkeer te verhullen.

Lucy slikte, en zoals zo vaak sprongen de tranen haar in de ogen. Ze had echt haar best gedaan om haar haar, dat de afgelopen drie weken met plukken tegelijk uitviel, in model te brengen. Ze durfde het niet vaker dan één keer per week te wassen, omdat ze de vele blonde haren in het afvoerputje eigenlijk nog enger vond dan alle andere ellende in haar leven op dit moment. Het moest wel héél erg zijn allemaal, als zelfs je haar eraan probeerde te ontsnappen.

Lucy voelde dat haar bovenlip omhoogging. O mijn god, ze kon elk moment gaan janken! Het werd met de dag moeilijker om zich als een normaal mens te gedragen, vooral nu ze tegenover deze vrouw zat.

Het mens droeg een kersenrood mantelpakje, had een perfect

glanzend bobkapsel en schattige gelnagels. Ze was het toonbeeld van succes, een vrouw die het ver had geschopt, iemand die in hoog tempo de carrièreladder besteeg in plaats van ervanaf te glijden.

Lucy slaakte een diepe zucht, slikte moeizaam en dwong zichzelf rustig te worden. Ze probeerde zich al twintig minuten te beheersen om deze Little Miss Professional niet bij de revers te pakken en haar te smeken: 'Er móét ergens een baan voor me zijn!' Ze kon dus niet anders dan, met haar handen onder haar bovenbenen en met opgetrokken schouders, naar dezelfde smoesjes te luisteren die ze bij de vorige tien wervingsbureaus ook al had gehoord: er waren minder banen, bedrijven namen geen mensen aan en niemand had tegenwoordig nog een vaste baan tot zijn of haar pensioen. Verdorie! Dat hoefde niemand haar te vertellen, want dat onaangename feit had ze zelf aan den lijve ondervonden.

Het doordringende stemmetje in haar hoofd bleef echter zeuren en jammeren dat ze op zoek was naar een baan in de hospitality. Het doordringende stemmetje werd schriller en luider: *Er is altijd werk in de hospitality!*

De vrouw keek haar aan met een geforceerde, bemoedigende glimlach die haar geamuseerde nieuwsgierigheid echter niet verhulde, en zei: 'Misschien kun je een paar recentere referenties overleggen?'

Lucy schudde haar hoofd, terwijl de vertrouwde brok in haar keel omhoogkwam en haar dreigde te verstikken.

Nu probeerde de vrouw haar meelevend aan te kijken en ze keek daarna verstolen op haar horloge. Haar volgende afspraak was ongetwijfeld met een beter plaatsbare kandidaat, met iemand wiens cv vol stond met aanbevelingen van zijn of haar laatste werkgever en die niet openlijk aan de schandpaal was genageld in haar professionele wereldje.

'Er móét iets zijn!' Lucy was zo wanhopig dat de woorden haar mond al uit waren voordat ze het besefte. 'Ik vind het niet erg om een stapje terug te doen. Je hebt toch gezien hoeveel ervaring ik heb?' Daarna hoorde ze zichzelf de catastrofale woorden uitspreken, hoewel ze zich echt had voorgenomen om dat niet te doen, hoe erg de situatie ook werd: 'Ik wil álles wel doen.'

De vrouw trok haar wenkbrauw op alsof ze wachtte tot Lucy uitlegde wat ze onder 'alles' verstond.

'Nou ja, bijna alles dan.' Het drong opeens tot Lucy door dat 'alles' de meest afschuwelijke, al dan niet vacante banen kon inhouden, en dat het inkomen van deze vrouw afhankelijk was van het plaatsen van mensen.

'Eh... er is wel iets...' De vrouw haalde met een elegant gebaar haar schouders op.

Lucy had al spijt van 'bijna alles'. Waartoe had ze zich bereid verklaard? Ze kende deze vrouw niet eens. Kon ze haar eigenlijk wel vertrouwen?

'Het is eh... wel een grote stap terug. Een tijdelijk contract met kans op een vast contract. Twee maanden proeftijd. In het buitenland.'

'Het buitenland vind ik geen probleem.' Lucy ging rechtop zitten. Een proeftijd van twee maanden was goed. En het buitenland was geweldig! Waarom had ze daar zelf niet aan gedacht? Een echte ontsnapping! Een ontsnapping aan de stiekeme grijns van haar excollega's, de steelse 'dat is die vrouw... je weet wel'-blikken, de heimelijke 'we weten echt wel wat je hebt gedaan'-glimlachjes en zelfs een enkele keer een verlekkerde 'natuurlijk heb je dat gedaan'-grijns. Ze werd er letterlijk doodziek van.

De vrouw stond op, liep naar een hoek van haar kantoor en zocht in het stapeltje blauwe dossiermappen op het beukenhouten tafeltje achter haar bureau.

Zelfs vanaf haar stoel kon Lucy zien dat dit de banen waren voor kneusjes, banen met het label 'hier vinden we nooit van z'n leven iemand voor'. De vrouw pakte een map met ezelsoren die bijna helemaal onderaan lag.

Lucy wist hoe die arme map zich voelde: over het hoofd gezien en afgedankt.

'Hm...'

Lucy wachtte. Ze zat op het puntje van haar stoel en strekte haar hals uit, terwijl ze probeerde de woorden op de map te lezen.

De vrouw streek er met haar glanzende nagel overheen. 'Hm. Oké. Hm.'

Lucy haakte haar vingers in elkaar, blij dat ze verstopt zaten tussen haar bovenbenen en de zitting van de stoel.

Na een zacht 'Tsss...' sloeg de vrouw de map dicht. Ze keek Lucy bezorgd aan. 'Nou ja, het is iets.' Ze sloeg haar blik neer. 'Je bent absoluut overgekwalificeerd. Het is in...' en ze zei iets wat klonk als een nies.

'Waar?'

'Hvolsvöllur,' herhaalde ze. Lucy wist zeker dat ze de uitspraak had opgezocht.

'Juist.' Lucy knikte. 'En waar ligt...' Ze knikte naar de dossiermap. Aan de naam te horen zou het ergens in het oosten van Europa moeten zijn.

'IJsland.'

'IJsland!'

'Ja.' De vrouw zei snel: 'Het is een baan met een proeftijd van twee maanden in een hotelletje in Hvolsvöllur, slechts anderhalf uur rijden vanaf Reykjavik. Je kunt meteen beginnen. Zal ik hen bellen en je cv sturen?' vroeg ze met een plotseling en onverwacht enthousiasme, alsof ze aan de bonus dacht die ze hiervoor zou incasseren.

IJsland. Geen land waar ze ooit naartoe had willen gaan. Was het daar niet gruwelijk koud? En bijna altijd heel donker? Haar favoriete klimaat was heet met een lauwwarme watertemperatuur. Anderhalf uur rijden van Reykjavik klonk onheilspellend en zou zomaar in the middle of nowhere kunnen betekenen. Lucy beet op haar lip. 'Ik spreek de taal niet.'

'O, maar dat is helemaal geen probleem. Ze spreken daar allemaal Engels. Het is natuurlijk mogelijk dat ze je niet willen... je weet wel.' Haar glimlach verdween en ze keek Lucy meelevend aan. 'Ik wil je geen valse hoop geven, maar ik zal ze vertellen dat je enorm ervaren bent. Het is alleen eh... je meest recente referentie kan een probleem zijn. Je hebt al een tijdje... wat zal ik zeggen, niet meer gewerkt.'

'Misschien kun je zeggen dat ik een sabbatical heb genomen,' zei Lucy snel.

De vrouw knikte en plakte haar glimlach weer op haar gezicht. 'Wacht even, ik ga een telefoontje plegen.' Ze stond met een ietwat ongemakkelijke blik op.

Lucy vermoedde dat ze normaal gesproken de telefoon op haar bureau gebruikte, maar nu enige privacy wilde terwijl ze probeerde de cliënt over te halen iemand aan te nemen met een gat van drie jaar op haar cv.

Het afgelopen jaar was ze, nadat ze zich in de twee jaar daarvoor omhoog had gewerkt, werkzaam geweest als assistent-manager bij het flagship-hotel van een grote hotelketen in Manchester. Tot deze keten haar wegens onbehoorlijk gedrag had ontslagen. Lucy klemde haar kiezen op elkaar toen ze terugdacht aan de meedogenloze HR-vrouw die door het hoofdkantoor in Surrey was gestuurd om haar de genadeklap te geven. Ze hadden Chris natuurlijk niet ontslagen. Heel even verdronk ze bijna in zelfmedelijden. De ene na de andere sollicitatie, de ene na de andere afwijzing en geen enkel sollicitatiegesprek. Door elke nieuwe afwijzing raakte ze meer ontmoedigd. Haar spaarsaldo slonk snel tot bijna nul, binnenkort had ze geen logeeradresjes meer en uiteindelijk zou ze gedwongen zijn om bij haar ouders in hun kleine flatje te gaan wonen. Dat kon dus echt niet. Haar moeder zou de reden willen weten en haar vader zou zich dood schamen.

Lucy beet op haar onderlip, waardoor het wondje daar weer openging. Ze beet tegenwoordig op de binnenkant van haar lip en leek niet in staat om die afschuwelijke gewoonte af te leren.

'Is het met inwoning?' vroeg Lucy snel, voordat de vrouw het kantoor verliet.

'O mijn god! Ja, natuurlijk. Niemand die goed bij zijn hoofd is zou daar zonder accommodatie naartoe gaan.' Haar ogen werden opeens groot, alsof ze zich realiseerde dat ze waarschijnlijk veel te veel had gezegd. 'Ik ben zo terug.' Nogal veelzeggend was dat ze de dossiermap meenam toen ze Lucy in haar eentje achterliet in haar kantoor.

'Weet je zeker dat je dat moet doen?' Daisy, Lucy's beste vriendin, keek hoofdschuddend en een beetje twijfelachtig naar het laptopscherm. 'Je bent ontzettend overgekwalificeerd. Er zijn maar vierenveertig kamers en bovendien haat je sneeuw.'

'Ik haat sneeuw helemaal niet. Sneeuw in de stad vind ik niet leuk, omdat het daar meteen zacht en zwart wordt.' Lucy dacht aan de sneeuw uit haar jeugd: de eerste sneeuw die nog schoon en bros was en gewoon smeekte om verse voetstappen, sneeuwbalgevechten en sneeuwpoppen.

'Hm,' zei Daisy ongelovig. 'Je bent nog maar net gewend in Manchester. IJsland wordt echt veel erger.' Fronsend zei ze: 'Maar het ziet er heel leuk uit.'

Lucy knikte. 'Leuk' was een understatement. Op de foto's op deze website zag het er schitterend uit. De buitenkant, de met graszoden beklede daken en een allegaartje aan gebouwen, leek heel klein naast aan de ene kant de met sneeuw bedekte heuvels en donkere schaduwen van massieve aardlagen, en aan de andere kant de wilde rotsachtige kust waar schuimende golven op een smal kiezelstrand beukten. Op de prachtige foto's van het interieur zag je het uitzicht door alle ramen van de lodge, verschillende enorme open haarden en gezellige hoekjes met meubels die je uitnodigden om daar heerlijk te gaan zitten of een dutje te doen voor het warme haardvuur. Het zag er allemaal fantastisch uit, waardoor ze zich afvroeg waarom de functie van general manager niet allang was vervuld. Ze beet op het wondje aan de binnenkant van haar onderlip, kromp ineen en hapte naar adem.

Daisy interpreteerde dat verkeerd en keek haar ernstig aan. 'Je hoeft die baan niet aan te nemen, hoor. Je kunt hier zo lang blijven als je wilt, dat weet je.' Haar blik verzachtte. 'Het is echt geen probleem, ik vind het heerlijk om je hier te hebben.'

Het was heel verleidelijk om in Daisy's leuke eenpersoonsflatje in Bath te blijven, maar Lucy móést deze baan aannemen. 'Dais, ik kan niet eeuwig op je bank blijven slapen en als ik deze baan niet aanneem, wordt het waarschijnlijk wel eeuwig.'

Het vertrouwde sombere gevoel dreigde haar te overmannen. Ze slikte, verdrong de paniek die haar bijna overweldigde en keek Daisy aan. Hoe moest je toegeven dat je jezelf niet langer in staat achtte om je werk te doen? Dat je klem zat door je besluiteloosheid en het gevoel dat je niet langer op je mening kon vertrouwen?

Moest ze deze baan aannemen? Het korte Skype-sollicitatiegesprek had niet meer geleken dan een formaliteit, een snelle check om er zeker van te zijn dat ze niet twee hoofden had of zo, uitgevoerd door een vrouw die niet eens de moeite had genomen zich voor te stellen en het volkomen onbelangrijk leek te vinden of Lucy het werk wel kon doen. Gelukkig maar, want Lucy's zelfvertrouwen had haar volkomen in de steek gelaten, zodat ze niet eens in staat was geweest om zichzelf te verkopen.

Daisy legde een hand op haar arm, waardoor ze uit haar gedachten werd gerukt. 'Doe het niet. Er komt wel iets anders. Je kunt je eigen...'

Lucy hief haar hand om Daisy ervan te weerhouden een van haar gebruikelijke kernachtige citaten te uiten en trok een permanente wenkbrauw op.

Haar beste vriendin was zo netjes om haar met een zwakke glimlach aan te kijken. 'Oké.' Daisy balde haar kleine handen tot vuisten. 'Maar het is verd... echt zo oneerlijk! Het was jouw schuld niet eens!'

'Daisy Jackson! Was je alweer bijna aan het vloeken?'

Daisy glimlachte als een ondeugend elfje, waardoor er een kuiltje in haar wang verscheen. 'Misschien wel, maar ik kan er zo kwaad om worden! Het is zo... Grrr!'

'Weet je, dat is nóg een reden voor me om hier weg te gaan. Jij maakt nu ook al dierengeluiden. Ik heb een slechte invloed op je. En het was wél mijn schuld, alleen mijn schuld. Nou ja, en die van Chris omdat-ie zo'n enorme klootzak is.'

'Het wás jouw schuld niet! Dat moet je niet zeggen.' Daisy was zo verontwaardigd dat haar stem schril klonk. 'Je mág jezelf er de schuld niet van geven. Het was Chris z'n schuld. Hoewel ik nog steeds niet kan geloven dát hij het deed. Waarom?'

Lucy klemde haar kaken op elkaar. Ze hadden dit de afgelopen tweeënzestig dagen al duizend keer besproken met ontelbare glazen prosecco, wijn, gin en wodka. Herhaling en alcohol hadden geen antwoorden opgeleverd. Het was haar schuld, omdat ze zo ongelofelijk stom was. Ze kon gewoon niet geloven dat ze zich zo had vergist. Vier jaar! Een appartement samen! Bij hetzelfde bedrijf werken! Ze had gedacht dat ze Chris kende.

Maar één ding was zeker... ze zou nooit meer een man vertrouwen.

'Het maakt niet uit waarom hij het deed. Ik moet door met mijn leven én ik heb een baan nodig.' Lucy klemde haar kiezen op elkaar. Het idee dat ze naar IJsland ging was verschrikkelijk, maar ze had geen andere opties meer.

Hoofdstuk 2

Parijs

'Alsjeblieft.' Nina schoof het koffiekopje over de tafel naar Alex toe en gaf hem een bordje met een heerlijk uitziend gebakje erop. 'Van het huis. Ik wil weten wat je ervan vindt, dit is mijn nieuwste idee. Frambozen-éclairs. Misschien word je er vrolijker van,' voegde ze er toe met een enigszins meelevende glimlach aan toe.

Alex voelde iets van spijt. Nina was fantastisch. Hij had haar ontzettend graag beter leren kennen, maar zij was haar hele leven al verliefd op zijn vriend Sebastian. Alex keek naar haar en moest toegeven dat hun wederzijdse liefde een prachtige blos op haar wangen had getoverd. Je kon iemand dat intense geluk toch zeker niet misgunnen?

Hij nam een hap van de éclair en kreunde. 'Wauw, dat is goed, Nina. Echt goed.'

'Uitstekend. Ga je me nu vertellen wat er mis is?'

Hij rolde met zijn ogen.

Zij trok een stoel bij, ging erop zitten en negeerde de kwade blik van Marcel, de manager van de patisserie. Officieel had Nina hier de leiding, maar Marcel had in deze zakelijke partnerschap de broek aan en deelde de lakens uit.

'Wie zei dat er iets mis is?' Alex probeerde zorgeloos te klinken.

'Ik heb broers en ik heb een Sebastian, dus ik weet wanneer het gewicht van de hele wereld op die brede schouders van je drukt. Je straalt gewoon neerslachtigheid uit,' verklaarde ze met een alwetende glimlach.

Hij keek van links naar rechts naar zijn brede schouders, waardoor zij in de lach schoot. 'Ik ben een beetje pissig. De opening van het nieuwe hotel is uitgesteld en de manager die mijn werk hier van me zou overnemen is er al.'

Alex zou op zeer korte termijn de leiding overnemen van een splinternieuw, minimalistisch en bijzonder trendy boetiekhotel aan de andere kant van Parijs, maar de bouwvakkers hadden botten gevonden in de kelders. Menselijke botten. Die waren gelukkig al minstens tweehonderd jaar oud, maar hadden toch een serieuze vertraging veroorzaakt.

'Dan kun je vakantie nemen,' zei Nina.

'Dat zou je denken, maar mijn baas heeft in zijn oneindige wijsheid besloten me tijdelijk elders te plaatsen.'

'Je gaat Parijs toch niet verlaten?' Ze tuitte haar mooie lippen en opnieuw ging er een steek van spijt door hem heen. *Aardige mannen eindigen altijd als laatste.* Hij had volkomen achter het net gevist met haar.

'Het is maar voor een paar maanden. Quentin stuurt me naar een hotel dat hij wil kopen. Ik moet bekijken hoe levensvatbaar het is en een rapport opstellen, zodat hij op basis daarvan kan besluiten of hij er een boetiekhotel van gaat maken.'

'Waar ga je naartoe?'

'IJsland.'

'Oooh... Ik dacht dat je ergens anders in Frankrijk bedoelde, niet naar een ander land! Maar het klinkt niet verkeerd. IJsland is toch een prachtig land met een heleboel verbazingwekkende natuurwonderen, zoals borrelende geisers, warmwaterbronnen en gletsjers? Je bent toch een Schot, dus ik zou denken dat je dat wel leuk vindt.'

'Naar IJsland gaan vind ik geen probleem, maar ik heb wel moeite met Quentins opdracht.'

'Ik dacht dat je zei dat je een rapport moet schrijven?'

'Ja, maar dat betekent ook dat ik de huidige general manager moet beoordelen en iets moet zeggen over de manier waarop het hotel wordt geleid, maar zonder dat ik daar vertel wie ik ben. Dat voelt niet goed. Ik heb helemaal geen zin om daar als spion naartoe te gaan.'

'James Bond.' Nina ging rechtop zitten. 'Je hebt Sean Connery's accent al.' Met een zeer slechte imitatie van zijn Edinburghse accent zei ze: 'Hallo, Moneypenny!'

'Nou, dan zal dat wel betekenen dat ik geschikt ben voor die taak,' zei Alex, geamuseerd door Nina's enthousiasme en iets vrolijker nu.

Hij was nog steeds van slag door de bespreking met zijn baas, en door Quentins opmerking nadat hij hem had verteld dat hij het erg onplezierig vond dat hij de manager niet mocht vertellen waarom hij daar was: 'Weet je, Alex. Aardige mannen eindigen altijd als laatste. Dit zijn zaken, niet meer en niet minder. Ik heb iemand nodig die een rapport opstelt, met daarin alle gebreken en zonder het mooier te maken dan het is. Het is veel eenvoudiger als het personeel daar niet weet wie je bent. Ik hoor geen goede dingen over het management daar. De meest recente TripAdvisor-recensies zijn schokkend. Als jij daar rondloopt, krijg ik een veel beter beeld van de situatie. Je hebt een scherpe blik en kunt me vertellen wat er gedaan moet worden om orde op zaken te stellen, hoe het personeel is en of ik de mensen daar kan aanhouden of moet ontslaan.'

Die 'aardige mannen eindigen altijd als laatste'-opmerking bleef maar door zijn hoofd malen. Wat was er verkeerd aan om een aardige man te zijn? Bovendien kon hij best streng zijn als de situatie dat vereiste. Vorige week had hij een gast uit het à la carte-restaurant van het hotel gezet omdat de man in de billen van een serveerster had geknepen, hij had een bezorger de mantel uitgeveegd toen deze achteruitreed en een gat in het hek van het hotel had gemaakt waar je een hele kudde koeien doorheen kon drijven en hij had de patissier ontslagen omdat hij een koekenpan had gegooid naar de jonge hulpkelner die net van school was.

'Alex wordt James Bond,' zei Nina tegen Sebastian, die net binnenkwam.

Sebastian negeerde Alex volkomen, sloeg een arm om haar heen en gaf haar zelfverzekerd een lange kus. 'Hoi, lekker ding! Hm, je smaakt naar frambozen en andere heerlijkheden.' Hij kuste haar opnieuw, iets langer nu, waardoor Alex met zijn ogen rolde. Eindelijk liet Sebastian Nina met rust. Hij draaide zich om en keek Alex aan.

Alex vertrok zijn mond. Hij had de boodschap goed begrepen.

'Bond, James Bond?' Sebastian trok een perfecte Roger Moore-wenkbrauw op.

'Nee. Nina overdrijft mijn undercoveropdracht. Ik moet wat verkenningswerk doen. Quentin Oliver overweegt een hotel in IJsland te kopen en ik zit nu even tussen twee hotels in, zeg maar, zodat hij mij heeft gevraagd de boel daar te verkennen.'

Sebastian zou zich slap lachen als hij hem vertelde dat hij overwoog om daar undercover te gaan werken als barkeeper!

'Geweldig idee, zo te horen.' Sebastian grijnsde opeens, waarschijnlijk omdat IJsland zo ver weg was, dacht Alex. Sebastian had zich natuurlijk geen zorgen hoeven maken, want Alex had zich teruggetrokken zodra hij wist dat Nina al sinds haar achttiende verliefd was op Sebastian. Soms vroeg hij zich af wat er zou zijn gebeurd als hij echt had geprobeerd haar te veroveren, als hij echt had gedacht dat hij een kans maakte bij haar. Had hij zich teruggetrokken omdat dat gemakkelijker was voor Nina?

Terwijl hij hierover nadacht keek hij Sebastian met een brede grijns aan. Misschien had de beste man gewonnen. Nina aanbad Sebastian en ze was goed voor hem, misschien wel te goed. Maar hij had Sebastian nog nooit zo tevreden en gelukkig gezien. 'Ik vind het geen probleem om naar IJsland te gaan. Zoals Nina al zei ben ik gewend aan een noordelijk klimaat. Ik ben alleen niet blij met de undercoverkant van de situatie.'

'Waarom niet?' Sebastian haalde zijn schouders op. 'Vergeet niet dat het om zaken gaat. Het is gemakkelijk om meedogenloos te zijn als iets wat je echt wilt op het spel staat.'

Keek hij Alex nu met een wetende blik aan?

Maar toen zei Sebastian met een hartelijke, goedkeurende glimlach: 'Er is niemand die ik liever in mijn team zou hebben, man! Ik begrijp wel waarom Quentin Oliver jou hiervoor heeft gevraagd. Het is beter dat jij het bent. Je bent integer en je belazert niemand. Je hebt geduld met domme mensen, dus als de huidige manager een sukkel is, zou je er dan echt een probleem mee hebben om dat te rapporteren? Je hebt de pest aan lijntrekkers en aan mensen die niet alles uit de kast halen. Als die vent ook maar een beetje goed is, hoeft hij nergens bang voor te zijn.'

Hoofdstuk 3

IJsland

Lucy stond in het pikkedonker voor de stevig gesloten deuren van The Northern Lights Lodge, terwijl haar adem condenseerde in een wit ademwolkje en de kou alle warmte uit haar ledematen trok. Ze had meteen al gedacht dat dit een heel slecht idee was, dus waarom had ze geluisterd naar die arrogante wervingsconsulent die op haar commissie zat te azen? Waarom was ze niet bij Daisy in Bath gebleven?

Ze lachte bijna hardop, een beetje hysterisch zelfs. *Omdat je wanhopig was. Je wist al dat dit een ongelofelijk slecht idee was en je had gelijk. Je had op je instinct moeten vertrouwen.*

Ze knipperde heftig, want die achterlijke tranen zouden echt niet helpen. Ze bonsde voor de derde keer op de deur, begon te duimen – alsof dat zou helpen – en bad dat iemand opendeed. Waarom had ze zich door de taxichauffeur onderaan het pad laten afzetten? Ze had hem moeten laten wachten. Maar dat had ze niet gedaan, dus was de taxi weggescheurd en was zij alleen achtergebleven. Tijdens de rit hiernaartoe had ze twee auto's gezien. Twee! En ze reden allebei de andere kant op.

Waarom was ze vannacht niet in Reykjavik gebleven?

Ze rilde en keek om zich heen. Het was volkomen donker, het enige licht was afkomstig van haar telefoon en nergens zag ze een teken van leven, niet van menselijk leven tenminste. Nadat ze na een rit van twee uur door de stromende regen uit de taxi was gestapt – het was blijven regenen sinds het vliegtuig drie uur geleden in Reykjavik was geland – had ze links van haar een diep gegrom gehoord en toen ze het licht van haar telefoon erop richtte had ze gele ogen gezien. Leefden er eigenlijk wolven in IJsland? In het minuscule lichtstraaltje van haar telefoon had ze een flits van een staart gezien toen iets wegsloop.

Ze was dus extra op haar hoede toen ze behoedzaam over de stenen het pad op liep en haar rolkoffer bij elke hobbel en bobbel klaagde.

Nu stond ze dus voor de dubbele houten deur. Ze probeerde door de zijramen naar binnen te kijken, maar daar was het donker. Boven zich hoorde ze het geritsel van het gras op het dak, of maakten andere loerende wezens dat geluid? In haar hoofd spookten veel te veel *Lord of the Rings*-beelden rond. Met haar laatste beetje energie probeerde ze de sierlijk bewerkte ijzeren deurkruk in beweging te brengen, in de zinloze hoop dat ze zich alle eerdere keren had vergist en de deur toch gewoon open was. In dit land liet iedereen zijn deur toch open, dat had ze echt ergens gelezen. Ze bonsde op de deur, keek naar haar telefoon en zag dat de batterij snel leegliep. Ze liet zich op de grond zakken, trok haar handschoenen uit, die echt ontoereikend waren voor dit klimaat, en belde opnieuw het enige contactnummer dat ze had. Meneer Pederson, de hoteleigenaar, nu in Finland, was de man die haar officieel in dienst had genomen en hij had haar het telefoonnummer gegeven van een van de hotelmedewerkers. Ook deze keer werd ze meteen doorgeschakeld naar de voicemail en ze luisterde steeds wanhopiger naar de stroom woorden in wat volgens haar een boodschap in het IJslands was – een stortvloed van harde lettergrepen en keelklanken.

Ze haalde diep adem en sprak een boodschap in, terwijl ze hoopte dat ze niet al te paniekerig klonk: 'Hi, met Lucy Smart uit het Verenigd Koninkrijk. Het is elf uur en ik ben gearriveerd, maar hier lijkt niemand te zijn.' Ze had een mailtje gestuurd met de datum waarop ze zou arriveren en een bevestiging ontvangen van ene Hekla Gunnesdóttir. Lucy's hand trilde, zo stevig hield ze haar telefoon vast. 'Kunt u me misschien terugbellen?' vroeg ze met ingehouden beleefdheid, terwijl ze het liefst had geroepen: 'Waar is iedereen, verdomme?'

Natuurlijk was ze beleefd, dacht ze grimmig, ze moest met deze mensen samenwerken. Het was heel belangrijk dat ze een goede indruk maakte, want ze had deze mensen nodig om hier na de eerste twee maanden te mogen blijven. Ze moest het hier minimaal een jaar volhouden om haar cv weer optimaal te krijgen. Bovendien kon ze nergens anders naartoe.

Ze liep heen en weer om warm te blijven en bleef gespannen naar haar telefoon kijken. Tien minuten later was de batterij leeg. Het regende niet meer, een kleine troost aangezien ze maar heel weinig opties had. Optie één: ga langs de weg lopen om te zien of je in de buurt een gehucht of zo vindt, ondanks de afwezigheid van welk lichtje ook in de nabije omgeving. Optie twee: blijf waar je bent in de hoop dat iemand je berichtje heeft gehoord. Optie drie: breek in.

Langs de donkere hemel dreven snel wolken voorbij en een enkele keer was een stukje met sterren bezaaide lucht te zien. Het aantal minuscule lichtjes was verbijsterend; zoveel sterren had ze nog nooit gezien. Toen het wolkendek opnieuw even openbrak, dacht ze dat ze een vallende ster zag, hoewel ze het zo koud had dat het heel goed mogelijk was dat ze hallucineerde.

Inmiddels waren haar ogen aan het donker gewend. Aangezien haar vingers en tenen verdoofd waren van de kou, besloot ze om het gebouw heen te lopen. Misschien kwam ze bij een deur die niet op slot zat.

Rillend liep ze langs de voorkant van het pand. Zou ze nog een tijdje wachten of meteen een steen pakken en een van die prachtige hoge ramen kapotgooien? Ze sloeg de hoek om, waar de grond opeens steil afliep, en struikelde. Haar enkels deden pijn, maar ze zag nu wel een vage gloed, alsof er voorbij de volgende hoek licht brandde.

Behoedzaam zocht ze haar weg over de steile, met losse steentjes bezaaide helling. Ze gleed steeds uit. Elk geluidje dat de vallende steentjes maakten klonk heel luid, waardoor ze een beetje schrikachtig werd en gedesoriënteerd raakte. Ze bleef af en toe staan en dacht dat ze kabbelend water hoorde, maar ze kon het geluid niet lokaliseren. Ze hield haar hoofd schuin, luisterde aandachtig en zette nog een paar stapjes naar voren. Aha, hout! Ze stond op een soort vlonder.

Maar toen... stond ze nergens meer op.

Terwijl ze voorover viel en met haar armen en benen zwaaide, zag ze water schitteren. Ze viel er plat op haar buik in en werd meteen gegrepen door de ijzige kou.

Als haar kleren niet zo zwaar hadden aangevoeld en ze niet zo vreselijk was geschrokken door haar val in het kniediepe water, zou ze het warme, nee, gloeiend hete water heel aangenaam hebben gevonden. Nou ja, zonder het water in haar neus en de slok water in haar mond dan. Jakkes! Lucy richtte haar hoofd op, hoestend en proestend. Dit was afschuwelijk! Haar hoofd voelde nu zelfs nog kouder door het grote contrast met de heerlijke cocon vanaf haar hals naar beneden. De hitte stroomde in haar vingers en oren, zodat die begonnen te tintelen en pijn deden.

Even later kwam de lichtstraal van een zaklamp de hoek om, het licht trok een spoor over de steenachtige bodem en bleef uiteindelijk rusten op haar gezicht.

'Het is verboden om de warmwaterbron na negen uur 's avonds te gebruiken,' zei een diepe stem geamuseerd.

Het licht kwam steeds dichterbij.

Lucy voelde zich enorm in het nadeel en wenste dat ze dood was. Moeizaam waadde ze naar de rand van de bron, maar haar drijfnatte parka zat als een met stenen gevulde slaapzak om haar lichaam, haar enkellaarzen dreven bijna weg zodra ze een voet optilde en haar spijkerbroek hield haar benen in een wurggreep.

'Kijk, daar is een trapje,' zei een andere, zangerige stem.

Het licht van de zaklamp leidde haar langs de houten rand naar een trapje.

Lucy rechtte haar schouders en hoewel ze bijna in huilen uitbarstte, waadde ze zo waardig mogelijk naar de houten reling.

Opeens werd de hele omgeving fel verlicht. Ze stond in een hottub die het formaat had van een klein zwembad, met twee trapjes en een houten vlonder eromheen. Boven haar stonden twee mensen, dik ingepakt vanwege de kou.

'Gaat het wel?' vroeg de grootste van de twee. Hij liep snel naar haar toe, stak zijn hand uit en hielp haar haar evenwicht te vinden ondanks haar doorweekte en dus loodzware jas.

Vriendelijke ogen, dacht ze, toen ze de bezorgde blik zag in een stel bruine ogen boven een geruite wollen sjaal.

Hij trok haar omhoog. 'Laten we je mee naar binnen nemen, voordat je echt afkoelt. Je lichaam zal de warmte niet lang vasthouden.'

Vriendelijke stem ook. Het lichte Schotse accent klonk zachtaardig en vormde een contrast met zijn stevige en zelfverzekerde greep, waarmee hij haar naar voren en van de vlonder duwde.

'Dank je.' Ze maakte zich los, al had ze dat om de een of andere reden liever niet gedaan. Zo vriendelijk was ze al een hele tijd niet meer bejegend. 'Het gaat wel,' zei ze, een beetje scherp. Na alles wat ze dit jaar had meegemaakt, zou ze nooit meer af gaan op een eerste indruk.

'Ik ben Alex.' Hij hield zijn hand nog steeds in de buurt van haar zij, zodat hij haar zo nodig kon opvangen. 'En dit is Hekla. Het spijt me zo dat er niemand was om je in te checken. We hadden vandaag helemaal geen gasten verwacht.'

'Klopt, dit is inderdaad heel vreemd. Had je gereserveerd?' vroeg Hekla met haar prachtige, zangerige stem.

'Ik ben geen gast, ik ben...' Lucy slikte. Nee, ze ging niet huilen. Het was al erg genoeg dat ze helemaal doorweekt was. 'Ik ben de nieuwe manager, Lucy Smart.' Gedachteloos stak ze heel zakelijk haar hand uit, maar liet die snel weer zakken toen ze zich realiseerde hoe belachelijk dat eruit moest zien nu er water uit haar mouwen droop.

'O!' riep de jonge vrouw verbaasd. 'Maar je zou pas volgende week komen!'

'Alles is per mail bevestigd,' zei Lucy, iets sneller en iets scherper dan ze had gewild, doordat ze opeens in paniek raakte en niet wilde dat zij dachten dat ze ongeorganiseerd was of zo.

'Maar we kregen gisteren een telefoontje en toen zeiden ze dat je plannen waren gewijzigd en dat je volgende week zou komen.'

'Nou, dat was ik dus niet.'

'Dan waren het de *huldufólk*,' zei Hekla, met een knikje en een uitgestreken gezicht. 'Maar je bent er nu en we moeten je snel mee naar binnen nemen.' Ze zweeg even en zei met een ondeugende blik die Lucy vroeger misschien heel leuk had gevonden: 'Het is meestal beter om te wachten tot het licht is voordat je in een warme bron stapt.'

'Ik wacht al minstens een halfuur om naar binnen te kunnen,' mompelde Lucy. Ze kromp ineen doordat haar voetstappen een zompig geluid maakten op de houten vlonder, het water uit haar lievelingslaarzen droop en er enorme wolken waterdamp uit haar kleren opstegen. Deze mensen waren natuurlijk haar nieuwe collega's, en ze had nog wel een goede eerste indruk willen maken!

'Maar de deur is open,' zei Hekla. 'Die is altijd open.'

Door de vanzelfsprekendheid waarmee ze dit zei, voelde Lucy zich nog dommer. De deur had echt op slot gezeten. Toch? Dat wist ze zeker. Ze had alles geprobeerd.

'Nou, nu dus niet,' snauwde Lucy narrig. 'Waarom zou ik hier anders in het pikkedonker rondlopen op zoek naar een manier om binnen te komen?'

De deur had echt op slot gezeten. Haar scherpe woorden werden afgezwakt toen ze uitgleed. Ze klemde haar lippen op elkaar en boog haar hoofd alsof ze al haar aandacht nodig had om dat niet opnieuw te laten gebeuren, terwijl ze opeens weer bijna begon te huilen.

'Wacht, ik help je wel,' zei Alex zacht en vriendelijk.

Ze keek hem aan en zag zijn warme en meelevende blik, terwijl hij haar bij haar elleboog pakte. Ze had het gevoel dat hij haar veel te lang ernstig aankeek, alsof hij dwars door haar heen kon kijken en de constante aanwezigheid van verdriet in haar borstkas kon zien. Toen hij haar met een geruststellende glimlach aankeek, maakte haar hart opeens een gek sprongetje.

Gezond verstand vocht met haar drang tot zelfbehoud. Ze had de neiging zich los te rukken uit zijn stevige en tegelijkertijd zachte greep, en schrok van haar gevoelens. Lucy liet toe dat hij haar de steile helling op hielp, terwijl ze uit alle macht probeerde het niet prettig te vinden dat iemand een keer voor haar zorgde.

Lucy keek een beetje verbaasd om zich heen terwijl ze haar doorweekte kleren uittrok. Ze had een gezellig appartement met een heerlijk zachte schapenvacht op de honingkleurige vloer van brede planken. Dit was een fantastische personeelsaccommodatie, en de badkamer was helemaal geweldig. Er steeg al stoom op in de grote inloopdouche met regendouche.

Hekla, die met haar vlasblonde haar duidelijk van een Vikingprinses afstamde, had haar via het hotel naar haar appartementje gebracht. Lucy had een glimp opgevangen van houten balken, grote frisse ruimtes en enorme ramen. Haar nieuwe collega ratelde maar door en overvoerde haar met informatie, waarvan Lucy maar een paar dingen onthield. Alex was de hoofd-barkeeper. Hekla was de assistent-manager. Het hotel was halfvol, of was dat halfleeg? Het noorderlichtseizoen begon bijna. Ze noemde andere namen, die soms rechtstreeks afkomstig leken uit de Noorse mythologie: Brynja, Olafur, Gunnar, Erik, Kristjan, Elin, Freya...

Lucy liep de badkamer in, waar het gelukkig aangenaam warm was. Het had een luxueuze designerstijl, door de rustieke houten plank waar de ronde waskom op stond, de zwarte vloertegels en de grote, rechthoekige inloopdouche.

Lucy stapte onder de douche en boog haar hoofd toen het zalige hete water op haar natte haar regende.

Goed gedaan, Lucy. Zo imponeer je je nieuwe collega's. Waarom dachten ze eigenlijk dat ze pas volgende week zou komen? Ze zouden wel denken dat ze niet goed snik was. Ze had zich toch zeker niet vergist in de datum? Dat kon toch niet? Natuurlijk was ze de laatste tijd behoorlijk van slag geweest en haar organisatietalent was al een paar maanden niet meer wat het was geweest, maar zich vergissen in de datum? Nee, onmogelijk! En de deur had echt, zeker weten, op slot gezeten.

Na de heerlijke douche wreef Lucy zich stevig droog met een handdoek die perfect donzig en zacht was. Ze voelde zich veel beter, al was de pluk haar op het doucheputje nog steeds deprimerend.

Ze droogde haar haar heel voorzichtig, bang om nog meer haren te verliezen, en keek expres niet in de spiegel, omdat ze zeker wist dat ze dan het nichtje van Morticia Addams zou zien. De afgelopen maanden was haar huid vaal geworden, waren haar wangen ingevallen en door de donkere wallen onder haar ogen leek ze op een kruising tussen een pandabeer en een demon. Bovendien had ze eigenlijk altijd last van haar maag. Haar uitgemergelde gezicht leek de volkomen puinhoop van haar leven te reflecteren.

Ze rilde, legde de föhn neer en keek langs haar spiegelbeeld door de deuropening naar de kamer met het verleidelijke tweepersoonsbed. De hoes om het dikke dekbed was wit en de sprei lichtblauw.

Voordat ze toegaf aan haar vermoeidheid verkende ze snel de kamer die de komende twee maanden haar thuis zou zijn. Hoewel ze het gevoel had dat ze door de mangel was gehaald, merkte ze dat ze vrolijker werd. Het bed met houten ombouw stond voor een grote open haard die midden voor de hoge ramen stond. Dat leek haar een ongebruikelijk, maar opvallend ontwerp dat ze niet eerder had gezien. Misschien was het typisch IJslands. De indrukwekkende haard was gebouwd van rustieke stenen, de schoorsteen liep omhoog tot in de punt van het schuine houten plafond. Dat gaf de kamer een loftachtige, open sfeer, maar de kamer voelde niet kil aan dankzij het honingkleurige hout op de wanden en het plafond, de zachte vloerkleden en de kleurrijke geweven wandkleden.

Rechts was een kleine zithoek. Daar stond een leuke tweezitsbank met een superzachte kasjmieren plaid erop waar ze zich op een koude dag heerlijk in kon nestelen, voor de haard stonden twee fauteuils en daarachter was een keukenhoek met een ontbijtbar en twee krukken.

Met een vermoeide glimlach besloot ze dat ze op haar eerste vrije dag de plaid om zich heen zou slaan, een vuur zou maken (iets wat ze nog moest leren) en naar de vlammen zou kijken.

Ze gleed tussen het koele beddengoed en voelde onmiddellijk de zachte omhelzing van de dikke topmatras. Haar hoofd zakte weg in het donzen kussen en het dekbed vouwde zich om haar lichaam. Ze zuchtte zacht. Hou op met denken, zei ze tegen zichzelf. Zoals gebruikelijk lukte dat niet, zodat ze werd gekweld door een beeld van zichzelf terwijl ze als een verzopen katje uit de hottub klom. Wat een eerste indruk. Ze zuchtte opnieuw, rolde op haar zij, genoot van de heerlijke zachtheid van het bed en voelde dat ze wegdreef. Wat zouden Hekla en Alex wel niet denken van hun nieuwe baas? In het slechtste geval vonden ze haar een onhandige, getikte sukkel. Ze hadden geen idee wat ze had gedaan... nog niet. Hopelijk bleef dat ook zo. Ze slikte de irritante tranen weg die opeens vanuit het niets kwamen opzetten. Zou Alex haar met dezelfde vriendelijke blik in zijn bruine ogen aankijken als hij ooit die stomme video van haar zag? Zou Hekla's snelle en gemakkelijke glimlach veranderen in een blik van afkeer als ze op internet op zoek ging naar Lucy Smart? Lucy kneep haar ogen stijf dicht, zakte verder weg in de matras en viel in deze zachte cocon in slaap.

Iets had Lucy wakker gemaakt en ze luisterde een beetje verward naar de loodzware stilte. Het duurde een paar seconden voordat ze wist waar ze was. IJsland. In the middle of nowhere. Fronsend duwde ze het lichtgroene dekbed van zich af, dat nu verstikkend warm aanvoelde. Wacht, was het dekbed groen!? Ze keek wazig om zich heen in de kamer, die was ondergedompeld in een zacht, onwerkelijk licht. Het duurde opnieuw even voordat ze het begreep. Ze kwam overeind, steunde op haar ellebogen en keek slaperig naar buiten. Het was zo donker geweest toen ze naar bed ging dat ze niet de moeite had genomen de gordijnen dicht te doen.

Wauw! Klaarwakker ging ze recht overeind zitten, waardoor ze de koude lucht om haar schouders voelde.

Een stille symfonie van pulserend groen licht verlichtte de hemel in ongrijpbare golven. Lucy duwde het dekbed helemaal van zich af, pakte de plaid van de bank, wikkelde hem om haar schouders en liep naar het raam. Gefascineerd legde ze een hand op de ijskoude vensterbank, alsof ze het pad van de dansende lichten wilde volgen.

Het mysterieuze magische licht onthulde een beschaduwd landschap, waar de zee en het land in een verleidelijke baai samenkwamen en de rotsachtige heuvels baadden in koele kleuren. Ze trok de plaid steviger om zich heen en ging op de vloer zitten, volkomen in de ban van het serene, geluidloze spektakel dat zich even gracieus als een trage balletvoorstelling voor haar ontvouwde.

Het licht danste als flarden zijde in de wind op een onhoorbare melodie, langzaam en vredig. Ze kreeg er kippenvel van. Dit noorderlicht schonk haar een gevoel van bewondering en onverwachte tevredenheid. Al haar zorgen en al haar angsten van de afgelopen maanden waren opeens onbelangrijk, nietig en irrelevant vergeleken met een van de constanten van de natuur. Ze vroeg zich af hoeveel duizenden jaren de aurora borealis al was verschenen en hoe oude volkeren dit hadden verklaard. Door magie? Door de aanwezigheid van een god? Hadden zij het als een teken beschouwd?

Ze keek omhoog en voelde zich opeens sterker, bijna alsof ze kosmische energie absorbeerde. Daar was een heel universum en zij was niet meer dan een minuscuul puntje erin. Op dit moment was ze niets en was ze alles, en maakte ze deel uit van de natuurlijke cyclus. Ze balde haar vuisten in een onuitgesproken belofte.

Vooruit. Kijk vooruit. Beschouw je verblijf in IJsland niet als een straf waar je het beste van moet maken, maar als een tweede kans. Ze zou zich niet laten vormen door haar fouten. Hoe prachtig het ook was, dit was een teken, daar was ze van overtuigd. Ze zou deze kans benutten en al haar vaardigheden en ervaring gebruiken om ervoor te zorgen dat het voor de mensen die naar The Northern Lights Lodge kwamen een gedenkwaardig verblijf werd.

Hoofdstuk 4

De volgende ochtend kleedde Lucy zich met veel zorg aan, vastbesloten om een betere indruk te maken dan de vorige avond. Ze volgde haar neus en vond de weg naar de verlaten receptie. Ze hoorde luide, ruzieachtige stemmen. De harde medeklinkers van de voor haar onbekende taal vermengd met wat Engels. Ze kwamen uit het kantoor achter de receptiebalie. Lucy bleef in de deuropening staan en kon de spanning die in de lucht hing bijna voelen.

Hekla stond achter een van de twee bureaus en tikte met haar pen op het bureaublad. Tegenover haar stonden twee vrouwen in een soort uniform. Hekla's zonnige glimlach van de vorige avond was afwezig. Ze stond met een vertrokken gezicht te discussiëren, hoewel het leek alsof ze het niet echt meende, met een van de andere vrouwen.

Deze vrouw was keurig verzorgd en had een perfect lichaam, en Lucy vroeg zich af hoe ze er in vredesnaam in was geslaagd om de eyeliner op haar beide oogleden volkomen identiek aan te brengen. Ze zag eruit alsof ze onderweg was naar een chic winkelcentrum om te shoppen en niet, zoals haar uniform suggereerde, hotelkamers ging schoonmaken. Ze zwaaide met haar keurige bruine bob en klapte haar mond stevig dicht toen ze Lucy zag, alsof ze haar volgende opmerking binnen wilde houden.

Hekla sloot haar mond ook en het werd ongemakkelijk stil, terwijl de drie vrouwen vreemd genoeg niet in staat leken elkaar aan te kijken.

'Goedemorgen, kan ik jullie helpen?' vroeg Lucy beleefd, maar streng. Ze liep naar binnen en bleef staan, vastbesloten om vanaf het begin autoriteit uit te stralen. Toen pas zag ze dat de barkeeper die haar de vorige avond uit de hottub had gevist er ook was en met zijn armen over elkaar en een ongeduldige blik tegen de muur leunde.

De grotere, blonde vrouw tegenover Hekla keek op en liet haar lange soepele armen langs haar zij vallen. Ze leek onzeker en tegelijkertijd bezorgd.

Hekla klemde haar lippen op elkaar, keek met een gekwelde blik naar de twee jonge vrouwen en zei tegen Lucy: 'We hebben een probleempje met de huldufólk.'

'Sorry?' Lucy dacht dat ze dat woord de vorige avond ook al had gehoord, maar wist niet zeker of ze het goed had verstaan. Ze vroeg, terwijl ze probeerde Hekla's eigenlijk best wel schattige accent te kopiëren: 'Huldufólk?'

Wat zijn dat in vredesnaam?

De beide jonge vrouwen knikten heftig.

Hekla zuchtte. 'Ze hebben muizien achtergelaten. Freya...' – ze wees naar de vrouw met het donkere haar – '... Elin...' – ze knikte naar de blonde vrouw – '... en de andere personeelsleden die in de personeelsverblijven wonen willen vertrekken, maar dan hebben we niemand om de kamers schoon te maken of om het ontbijt vanochtend te serveren.'

Lucy keek even op haar horloge. Het was acht uur, dus hoewel het buiten nog steeds donker was, moest het ontbijt toch zeker allang zijn opgediend?

'Muizien?' Ze begon zich ongelofelijk dom te voelen, doordat ze alles wat Hekla zei herhaalde.

'Ja, je weet wel, van die harige kleine muizies.'

'O, muizen,' zei Lucy, die het eindelijk begreep. 'Jullie hebben muizen.' Ze keek naar haar voeten en naar de vloer. Dit kon ze wel afhandelen. Ze keek glimlachend naar de beide vrouwen en zei: 'Oké, we kunnen wel een paar muizenvallen kopen. Ik weet zeker dat daarmee het probleem wordt opgelost. Niemand hoeft te vertrekken.'

Nu begreep ze waarom Hekla zo in paniek had geleken. Het zou moeilijk, zo niet onmogelijk zijn om hier op zo korte termijn personeel naartoe te halen. Tijdens de taxirit de vorige dag had ze wel gezien dat dit hotel heel afgelegen lag. De dichtstbijzijnde stad was minstens twintig minuten hiervandaan. 'Diervriendelijke vallen.' Daarna vroeg ze voor de zekerheid: 'Of kunnen we misschien een kat lenen?' Ze was altijd trots geweest op haar vermogen oplossingen te vinden voor problemen. Zelfs Chris had haar geprezen omdat ze buiten vaste kaders kon denken.

Alex, de barkeeper, schoot in de lach.

Ze keek hem even onderzoekend aan. Wist hij soms een betere manier om van de muizen af te komen?

Hekla wreef met haar voet over haar kuit. 'Nrrr.' Ze schudde haar hoofd. 'Het probleem is niet de muizies, maar de huldufólk.'

Alex stapte met een wrevelige blik naar voren en zei met een strakke mond: 'Verborgen mensen. Zoals elfjes.'

'Elfjes?' herhaalde Lucy bedaard.

Alex knikte en rolde met zijn ogen.

Omdat ze twijfelde of ze het echt goed had verstaan trok ze vragend een wenkbrauw op. 'Jullie hebben elfjes?'

Zijn mond vormde een nog strakkere lijn.

'Ja, huldufólk,' zei Freya. 'In onze slaapkamer.'

Lucy fronste. 'Hebben jullie ze gezien?'

Freya rilde en zei met een blik vol afschuw: 'Nee! Het brengt ongeluk als je de huldufólk ziet.'

'Juist...' Lucy keek naar Alex, die zijn armen weer over elkaar sloeg en haar strak aankeek. 'Er zijn dus muizen in de slaapkamer.'

Hekla nam haar ooievaarshouding weer aan, duidelijk bijzonder opgelaten.

'Ja, op de kussens,' zei Freya. 'Achtergelaten door de huldufólk.' Ze bukte zich om de rugzak die op de grond stond te pakken en deed hem om, waarna Elin hetzelfde deed.

'Wacht!' Lucy probeerde de puzzelstukjes op hun plaats te leggen, maar verder dan de buitenste randen was ze nog niet. 'Jullie gaan weg?'

De vrouwen knikten en keken haar verontschuldigend aan. 'Het is... De bus naar Reykjavik komt er zo aan.'

'Wacht even.' Lucy keek naar Hekla, die weigerde haar aan te kijken.

'De meeste personeelsleden wonen hier,' zei Alex met dat verrukkelijke Schotse accent dat haar deed denken aan David Tennant. Hij voegde er niet bepaald behulpzaam aan toe: 'Als ze weggaan komen we mensen tekort.'

Dank je wel, slimmerik, dat had ik zelf nog niet bedacht.

'Dat is waar.' Hekla knikte. Haar blonde haar glansde in het zachte licht van het vertrek.

Elfjes? Verborgen mensen? Serieus? Hielden ze haar, de nieuweling, voor de gek? Alex keek haar nog steeds aan alsof hij vroeg: En, wat ga je hieraan doen? Tot ze begreep wat hier precies aan de hand was moest ze heel behoedzaam te werk gaan.

'En deze huld... hulder...'

'Huldufólk,' zei Hekla behulpzaam.

'Vinden ze het leuk om grapjes uit te halen?'

Elin zei: 'Soms, en dan verplaatsen ze dingen. Veroorzaken chaos.'

Lucy knikte peinzend, terwijl ze diep nadacht. Tijdens haar horeca-opleiding had ze een module doorgenomen over plaatselijke gebruiken. In Zuid-Korea mocht je je eigen drinken niet inschenken, en in verschillende landen werd het beledigend gevonden als je in het openbaar je neus snoot, maar ze had nog nooit gehoord van een probleem met elfjes.

Volgens haar betekende een dode muis op een kussen dat iemand een grapje met een ander wilde uithalen, hoewel zij dat niet echt grappig kon vinden. En dit was haar eerste dag. 'Dus, wat gaan we eraan doen?' vroeg Lucy.

Alex keek haar vol ongeloof aan, alsof hij wilde zeggen: Luister je naar deze onzin?

Hoezo, had hij alle antwoorden soms?

Hekla keek haar met grote ogen aan. 'We kunnen niets doen.'

'Oké,' zei Lucy, die zich afvroeg waar ze in vredesnaam mee bezig was. 'Ik ben niet vertrouwd met de hulder... elfjes, maar ik weet zeker dat we dit kunnen oplossen.'

Als Alex nog harder met zijn ogen rolde, konden ze zomaar uit hun kassen vallen.

Elin en Freya haalden verontschuldigend hun schouders op en stonden een beetje te schuifelen. Het viel Lucy op dat ze nog geen stap in de richting van de deur hadden gezet, waardoor ze de indruk kreeg dat ze aarzelden, alsof ze wilden dat ze een oplossing bedacht.

'Wacht!' Ze hief haar hand, dankbaar dat die niet trilde. Ze kon gewoon niet geloven dat dit op haar eerste dag hier gebeurde. 'Stel dat...' Kom op, denk na! 'Stel dat we...'

Hekla, Elin en Freya keken haar hoopvol aan.

'Stel dat we...' Ze zweeg opnieuw, maar toen kreeg ze inspiratie en zei ze snel: 'Stel dat we het personeel tijdelijk naar de gastenkamers verhuizen?'

Alex leek niet onder de indruk. *Wat was zijn probleem?*

'Allemaal?' Hekla fronste, terwijl ze snel begon te rekenen en de namen aftelde op haar vingers: 'Olafur, Brynja, Gunnar, Olga, Freya, Elin, Dagur... Magnus, Odin, Alex.' Ze keek spijtig en zei: 'We krijgen de komende dagen een heleboel gasten.'

Lucy stak haar neus in de lucht en negeerde de leeglopende ballon in haar maag. Er moest een oplossing zijn. Dat moest gewoon! Dit was bijzonder vreemd. Freya en Elin leken eigenlijk te willen blijven, zodat ze deze situatie dus niet als excuus probeerden te gebruiken om ervandoor te gaan. Lucy dacht diep na, wreef over haar hals en raakte afwezig haar halskettinkje aan, dat Daisy voor haar had gekocht om haar succes te wensen. Ze voelde aan de minuscule hoorn van de zilveren eenhoorn die onder haar trui verborgen zat en trok aan het kleine puntje alsof het een talisman was.

'We hebben een eenhoorn nodig,' zei ze zo autoritair mogelijk. Ze genoot toen ze zag dat Alex' mond openviel, hoewel ze niet wist of dat uit bewondering of van verbazing was. 'In mijn land hebben elfjes en feeën veel respect voor eenhoorns, dus zouden ze het niet in hun hoofd halen om het territorium van een eenhoorn te betreden. Zelfs het symbool van een eenhoorn is voldoende om ervoor te zorgen dat elfjes en feeën zich wel twee keer bedenken voordat ze een huis binnengaan.'

Hekla knikte, hoewel ze duidelijk geen idee had waar Lucy het over had. Kwamen er in de IJslandse folklore eigenlijk eenhoorns voor?

Alex stond met zijn lippen op elkaar geklemd en met zijn handen in zijn zakken naar de vloer te staren.

Maar ze had wel Freya's en Elins aandacht. Ze haalde haar halsketting uit haar trui, maakte hem los en liet hem zien.

'Aha, Einhyrningur,' zei Hekla. Ze stak een vinger uit om de ketting aan te raken. 'Ongeveer veertig kilometer hiervandaan is een berg die Einhyrningur heet. Eenhoorns.' Ze knikte met een belachelijk opgeluchte blik. 'Dat is interessant.'

'Ja, hun magie is kennelijk heel sterk.' Lucy ging rechtop staan. 'Ze staan erom bekend dat ze...' Wat doen? Ze wist helemaal niets van eenhoorns, omdat... ze niet bestonden. Maar ja, elfjes bestonden ook niet.

Alex slaakte een diepe zucht, zette zich af van de muur en keek Lucy berustend aan, alsof hij wilde zeggen: *Ik kan niet geloven dat ik dit doe,* en zei: 'De huldufólk mijden ze, omdat eenhoorns hun magie kunnen stelen.'

Zijn onmiddellijke aanvulling kwam zo snel dat ze het zelf bijna geloofde

'Ja!' Hekla keek opgewonden en klapte in haar handen. 'Als we die eenhoorn meenemen naar de personeelskamers gaan de huldufólk ervandoor.'

'En,' zei Lucy, 'hij is gemaakt van zilver. Jullie weten toch wel dat weerwolven en vampiers zilver niet kunnen aanraken, en dat dit ook geldt voor huldufólk?'

'Natuurlijk,' zei Elin peinzend.

Lucy vroeg zich af of Elin echt geloofde in dingen als verborgen mensen. Misschien was geloven in een zilveren eenhoorn een nuttige manier om haar gezicht te redden.

'Fantastisch!' zei Hekla met een brede glimlach en een stralende blik nu alles weer in orde was.

Lucy had zin haar te omhelzen. Misschien moest ze Hekla waarschuwen om niet te snel iets te geloven, want dat kon slecht voor je uitpakken. In plaats daarvan zei ze: 'Hekla, waarom brengen jij, Elin en Freya...' – ze was blij dat ze hun namen had onthouden – '... de eenhoorn niet naar de personeelsvertrekken en zoeken jullie een goed plekje om hem op te hangen? Als je daarna terugkomt, kun je me het hotel laten zien en me voorstellen aan de rest van het personeel.'

Zodra ze waren vertrokken, draaide ze zich om naar Alex. Ze trok een wenkbrauw op en wachtte tot hij iets zei.

'Prima opgelost,' zei hij, 'hoewel je al die onzin niet had hoeven te vertellen. Nu worden de problemen alleen maar groter.'

Ze rechtte haar rug en streek de stof glad van haar zwarte mantelpakje, dat het meest van al haar kleren op een harnas leek. Ze was net gearriveerd, had al maanden niets meer voor elkaar gekregen en nu wilde hij dat ze op dag één alle antwoorden paraat had? En wacht eens even, hallo! Hij was nota bene zelf barkeeper!

'Wat had jij dan gedaan?' vroeg ze koeltjes. 'Jij had het zeker geen enkel probleem gevonden om in te springen door de bedden op te maken en de badkamers schoon te maken?'

'Je had die hele elfjes-onzin niet moeten pikken. Dat gaan ze gebruiken zodra ze iets van je gedaan willen krijgen.'

'Misschien had ik oog voor plaatselijke overleveringen.'

Alex snoof. 'Ze hielden je voor de gek, op je eerste dag.'

'Dat weet je niet zeker,' zei ze verdedigend.

'Kom op, zeg! Elfjes? Serieus?' Zijn strenge blik werd zachter en hij keek haar geamuseerd aan.

'Nou, ze leken die dode muizen heel erg te vinden.'

'Tja. Zo te horen heb je een personeelslid dat gek is op practical jokes.'

Dat hoopte Lucy niet. Ze had al meer dan genoeg op haar bordje zonder dat ze daar ook nog eens mee moest dealen.

Hoofdstuk 5

'Hij is heel leuk,' zei Hekla in de gastenlounge waar Lucy de vorige avond net een glimp van had opgevangen.

'Wie?' Lucy deed alsof ze niet wist wie Hekla bedoelde.

'Alex, de barkeeper. Heel leuk.'

'Hm.' Lucy kneep nietszeggend haar lippen op elkaar. 'Was me niet opgevallen. Hoelang werkt hij hier al?'

Hekla keek haar geschrokken aan.

Lucy hief haar kin met dat hooghartige gebaar dat men van haar kende. Correctie: dat men haar van hád gekend. Vroeger was haar reputatie dat ze een baas was met wie niet te spotten viel haar vooruit gesneld.

'Pas twee weken. Ik heb niet de indruk dat hij van plan is lang te blijven. Volgens mij is hij hier maar tijdelijk.'

Lucy had in haar werk heel veel mensen zoals Alex gekend. Altijd in beweging, altijd op reis. De horeca was afhankelijk van mensen zoals hij.

'Wel jammer, want hij is erg populair bij de gasten,' zei Hekla met een slimme grijns. 'Misschien kun jij hem overhalen langer te blijven.'

Lucy keek haar aan alsof ze wilde zeggen: Dan ben je aan het verkeerde adres.

Oké, het ontging dus niemand hoe aantrekkelijk Alex was. Hij bezat waarschijnlijk het monopolie op aantrekkelijk zijn met zijn warme bruine ogen en de schattige lijntjes eromheen. Lucy was wel gedreven, maar niet blind. Toch wilde ze de komende twee maanden alles op alles zetten om de allerbeste manager te zijn die The Northern Lights Lodge ooit had gehad, zodat meneer Pedersen haar zou smeken om te blijven. Ze was dus niet van plan om naar wie dan ook... 'Jemig!' Haar gedachten werden abrupt verstoord door het spectaculaire uitzicht door de kamerhoge ramen die één hele wand in beslag namen.

'Wauw!' zei ze ademloos. Ze liep naar het raam. 'Dit is...' Direct onder haar was een steile helling die haar het gevoel gaf dat ze zweefde. De slimme architect had dit gebouw zo ontworpen dat het uitzicht en de contouren van de heuvelrug volledig tot hun recht kwamen. Rechts kronkelde de rotsachtige kust uit het zicht achter een smalle strook land die als de tong van een slang de zee in stak en bedekt was met een paar hoge rotsen die in dit licht op antieke, ruw uitgesneden schaakstukken leken. Links bestond de skyline uit ruige heuvels die steeds hoger werden tot ze onder hun majestueuze, met sneeuw bedekte top verdwenen. Geen wonder dat de mensen hier in elfjes en andere mysterieuze wezens geloofden. Dit landschap bezat een serieus soort *Lord of the Rings*-magie. Het was heel gemakkelijk om je voor te stellen dat ruiters met een cape om de schouders beneden bij de zee over de weilanden geloppeerden. *Alex leek met zijn lange donkere haar wel een beetje op de mysterieuze Aragorn.*

Waar kwam die gedachte opeens vandaan? *Concentreer je, Lucy!* Het noorderlicht van de afgelopen nacht had haar hoofd geen goed gedaan.

'We krijgen sneeuw deze week,' zei Hekla, die achter Lucy aan naar het raam was gelopen.

Ze keken naar de loodzware witte wolken met stukjes blauwe lucht ertussen, waardoor zonnestralen op de zee dansten en de golven lieten schitteren en fonkelen.

Lucy draaide zich om en bekeek het vertrek. Ze keek fronsend naar de geboende houten vloeren, de kleurrijke vloerkleden en de balken die tot het hoogste punt van het dak liepen. De stijlvolle banken met pootjes van beukenhout en groenblauwe bekleding waren dezelfde die ze op de website van het hotel had gezien, net als ontelbare lampen die het vertrek in een zacht licht doopten. Maar er ontbrak iets. Het duurde even voordat ze wist wat dat was. Waar waren de gezellige plaids en uitnodigende kussens gebleven? En de boeken en de houten zeevogels die op de planken hadden gestaan? Misschien had de vorige manager ze alleen gebruikt om de boel op te sieren voor de fotoshoot.

Ze zei: 'Volgens mij moeten we hier een paar plaids en kussens neerleggen.' Had ze maar een notitieboekje en een pen meegenomen uit het kantoor. 'Je weet wel, meer hygge?'

Daisy in Bath was gewoon geobsedeerd door de Deense manier om een gezellige sfeer te creëren. Ze bezat een fraaie collectie comfortabel uitziende meubels en een bijzondere aardewerken beker voor de dure Chinese thee waar ze zichzelf op trakteerde.

Hekla's gezicht klaarde op. 'Hier in IJsland hebben we *huggulegt*.' Ze draaide langzaam om haar as, fronste, streek over de stof van de bank en zei: 'Hier lagen een paar bijzonder luxueuze kussens.'

'Van fluweel,' zei Lucy, die zich de felle kleuren van de foto's herinnerde.

'Dat klopt! Heel veel fluwelen kussens en kleurrijke plaids. Ik weet niet waar die zijn gebleven.'

'O, maar wat is dat mooi!' Lucy werd afgeleid door de mooie glans van de kastanjehouten halfronde bar in het vertrek ernaast.

Een jongeman zette glazen op de planken boven de bar en keek op. Aan de stenen muur achter hem hingen op verschillende plaatsen stijlvolle, niet even lange planken. Op elke plank stonden drankflessen in aantrekkelijke groepjes bij elkaar, afgewisseld met kruiden in glanzende koperen potjes die glansden in het gedempte licht.

'Dat is Dagur. Dagur, dit is Lucy, onze nieuwe manager.'

'Hoi, welkom!' Een snelle glimlach verlichtte zijn lichtblauwe ogen toen hij even salueerde, zodat ze haar uitgestoken hand snel terugtrok.

Alles ging er hier kennelijk veel ontspannener en informeler aan toe dan ze gewend was in eerdere hotels, hoewel dat op zich niet verkeerd was.

Na een kort gesprek liepen Hekla en Lucy door. Via de receptie kwamen ze in een slim ontworpen glazen gang die het hoofdgebouw verbond met een ander gebouw. Deze supermoderne glazen constructie tussen de beide panden had zomaar vanuit Manhattan hiernaartoe getransporteerd kunnen zijn en volkomen misplaatst moeten lijken, maar hij paste verrassend goed in dit verder kale landschap.

'En dit is de bibliotheek.' Hekla bleef midden in het vertrek staan.

'Een bibliotheek.' Lucy maakte een draai van driehonderdzestig graden en keek met een opgetogen glimlach naar het schitterende plafond en het balkon dat helemaal rondom liep. 'Dit is geweldig!' zei ze tegen Hekla terwijl ze omhoogwees. Alle boeken waren gesorteerd op kleur, waardoor er een eclectische regenboog was ontstaan van rood, oranje, geel, groen, blauw en paars.

'Wij IJslanders zijn gek op boeken,' zei iemand achter hen. Lucy draaide zich om en zag een magere vrouw met donker haar, die met een boek in haar hand in een chesterfieldachtige leunstoel zat.

'Hoi Brynja,' zei Hekla hartelijk. 'Dit is Lucy, de nieuwe manager. Brynja is een van onze receptionistes. Dit is haar vrije dag.'

'Hoi,' zei Brynja.

'Ik vind het te gek dat jullie een echte bibliotheek hebben,' zei Lucy. Ze keek nog een keer naar de overvolle boekenplanken. 'En zoveel boeken.'

'Ja, dat is een heuse traditie van ons. Je hebt vast weleens gehoord over de *jólabókaflóð*.'

Lucy schudde haar hoofd.

'Dat kun je vertalen als 'kerstboekenvloed', jólabókaflóð,' vertelde Hekla en Brynja knikte instemmend.

Lucy glimlachte. 'Een boekenvloed? Dat klinkt echt geweldig!'

'Iedereen geeft boeken cadeau met Kerstmis,' vertelde Brynja met een enthousiaste blik in haar felle donkere ogen. 'Leuk je te ontmoeten, Lucy. Laat het maar weten als ik je ergens mee kan helpen. '

'Dank je. Het zal wel even duren voordat ik hier mijn draai heb gevonden.' Lucy zag dat Brynja en Hekla haar verbaasd aankeken en ze schoot in de lach toen het tot haar doordrong dat de vrouwen weliswaar uitstekend Engels spraken, maar dat er ondanks dat nog taal- en culturele verschillen waren. 'Dat is bij wijze van spreken.'

Brynja knikte peinzend, alsof ze de uitdrukking in haar geheugen prentte en aan haar eigen woordenboek toevoegde.

'Jullie maakten je dus geen zorgen over de huldufólk?' vroeg Lucy toen ze besefte dat Brynja, ondanks haar vrije dag, niet van plan was geweest te vertrekken.

Hekla leek opnieuw niet helemaal op haar gemak.

Brynja keek haar een beetje beschermend aan en zei opgewekt: 'Nee.' Ze haalde haar schouders op en voegde eraan toe: 'Ik geloof er misschien niet in, maar soms gebeuren er dingen waardoor je denkt dat ze misschien toch bestaan. Dus dan zou het dom zijn ze te negeren.'

Lucy begreep dit niet helemaal. 'Je zegt dus eigenlijk dat mensen niet per se geloven in huldufólk, maar toch niet uitsluiten dát ze bestaan voor het geval dat wel zo is.'

'Zo is het precies,' zei Brynja.

Lucy was uitgeput van de reis, de kennismaking met haar nieuwe collega's en Hekla's enthousiasme, dus vroeg ze aan Erik, de kok van het hotel, of hij een broodje voor haar had.

Erik leek door zijn brede schouders, gespierde lichaam en enorme warrige baard een onwaarschijnlijke figuur in zijn witte koksjas. Hij gaf haar een enorme sandwich van Deens roggebrood gevuld met dun gesneden lamsvlees. Hij lachte hartelijk toen hij haar stomverbaasde blik zag en zei snel iets in het IJslands, wat volgens haar betekende dat ze wel wat eten kon gebruiken. Daar had hij gelijk in, want eten stond al maanden heel laag op haar prioriteitenlijstje.

Lucy had behoefte aan rust én aan frisse lucht. Ze trok de donsjas aan die ze van Daisy had moeten kopen en nam het nog warme, in folie gewikkelde broodje mee naar het kiezelstrand voor het hotel. Comfortabel in haar warme jas gehuld ging ze op een rotsblok zitten. De frisse wind leek haar eetlust op te wekken, zodat de verrukkelijke sandwich als sneeuw voor de zon verdween. Dit was waarschijnlijk de grootste maaltijd die ze in lange tijd had gehad, hoewel ze de calorieën vanochtend alleen al met denken had verbrand.

Ze belde haar beste vriendin en bevond zich gelukkig nog steeds binnen het bereik van de wifi van het hotel, zodat ze een WhatsApp-gesprek kon voeren. 'Hoi, Daisy.'

'Lucy! Hoe gaat het?'

'Verbazingwekkend, interessant... Er is hier veel werk te doen, maar dat lukt me wel.'

'Goed zo, dát is de Lucy die ik ken. Hoe is het daar? Hoe zijn de mensen?'

'Tot nu toe prima,' zei Lucy een beetje vaag. 'Ik heb een assistent-manager, Hekla. Ze is... heel enthousiast en een echte aanpakker. Dat is nogal...' - ze had bijna irritant gezegd, maar dat zou Daisy niet leuk vinden – '... verfrissend.'

'Ha!' Daisy lachte. 'Ik ken jou, *Miss Organised and Practical.* Ze irriteert je mateloos.'

'Weet je... eigenlijk niet. Ze is ontzettend aardig en geeft me het gevoel dat ik hier heel welkom ben.'

'Ze klinkt geweldig!'

'Hm, zover wil ik niet gaan, maar ze werkt echt heel hard. Ik heb niet de indruk dat hier het afgelopen jaar veel leiding is geweest.'

'Nou, als iemand leiding kan geven, dan ben jij het,' zei Daisy vrolijk en optimistisch.

Toch zette Daisy's opmerking Lucy aan het denken. Daisy's snelle diagnose was niet bedoeld als kritiek, maar toch zat die haar dwars. Zij was de voorspelbare, georganiseerde Lucy Smart. Dat kon je ook vertalen als routinematig, fantasieloos, saai.

'Ik ga mijn best doen.' Ze verzachtte de korte opmerking met een zucht. Ondertussen keek ze naar de opvallende architectuur van het hotel, de combinatie van modern en traditioneel, waardoor het gebouw versmolt met de omgeving. 'Het hotel is... schitterend. Het heeft heel veel potentie, maar het heeft ook liefde en aandacht nodig.' Ze zweeg even. 'Je zou de gastenkamers moeten zien. Jij zou ze geweldig vinden. Zo gezellig, met honingkleurig hout, en elke kamer heeft een echte open haard of houtkachel. Overal liggen schapenvachten en er hangen schitterende wandkleden met witte Scandinavische hartjes. Ik heb zelfs een open haard in mijn kamer!'

'Hygge!' riep Daisy. 'O, ik wil naar je toe. Dat klinkt te gek.'

'Dat was nog een reden om je te bellen: je moet me meer vertellen over dat hygge-ding.'

'Ha! Ik wist wel dat je je zou bedenken.'

'Niet té enthousiast worden, hoor,' zei Lucy sarcastisch. 'Ik wil het gebruiken als inrichtingsthema.'

'Lucy! Hygge is geen inrichtingsthema, maar een mindset!' Daarna gaf ze Lucy een zeker tien minuten durend college over tevredenheid, welbevinden en gezelligheid.

Lucy nam de informatie in zich op zonder Daisy in de rede te vallen, omdat ze dacht dat dit goed zou vallen bij zowel de gasten als Hekla. Zelf vond ze het nog steeds grote onzin.

'Ik hou je op de hoogte van de dingen die ik kan veranderen,' zei ze, nadat Daisy haar had gesmeekt foto's te sturen.

'Cool!' Daisy lachte. 'Of heet, door je open haard. Zijn er ook leuke mannen met wie je op een schapenvacht voor de open haard kunt gaan liggen? Hm, misschien moet ik snel naar je toe komen.'

Lucy kreunde. 'Dat geloof ik meteen. Maar voorlopig blijf ik uit de buurt van mannen, dat weet je.'

'Lucy, Chris was een klootzak! Je mag niet toelaten dat hij je in een uitgedroogde ouwe trut verandert.'

'Dat doe ik ook niet, maar ik heb het nu te druk.' Ze dacht aan het lijstje dat ze in haar hoofd aan het opstellen was: het schilderwerk moest worden bijgewerkt, het personeel moest onder handen worden genomen en veel plekken waren minder schoon dan zij acceptabel vond. 'Er zijn al een heleboel managers geweest, want ik ben de elfde in een jaar. Niemand is lang gebleven.'

'Tot jij kwam,' zei Daisy vol overtuiging.

'Ja, ik denk dat ik hier wel een verschil kan maken.'

'Zo te horen heb jij je draai al gevonden.'

'Hm, dat weet ik zo net nog niet.' Lucy dacht aan haar korte kennismaking met Eyrun, de huishoudster, een ietwat angstaanjagend, maar petieterig vrouwtje van onbestemde leeftijd die hen had weggejaagd toen zij en Hekla de wasserij bezochten. Eyrun had hen begroet met een stroom woedend klinkend IJslands dat zelfs Hekla liever niet had vertaald. Zo te horen regeerde Eyrun over haar hete, dampige koninkrijk als een boze trol die de leiding had over het wassen van alle beddengoed en handdoeken en zelden uit haar hol kwam. Dat was niet echt handig voor iemand die verantwoordelijk hoorde te zijn voor het schoonhouden van de kamers.

'Het is nogal chaotisch. Ik kan niet ontdekken hoe de roosters van het personeel in elkaar zitten, dus daar moet ik maar eens mee beginnen.' Ze wist inmiddels dat niemand verantwoordelijk was voor het inroosteren van het personeel, laat staan dat de personeelsbehoefte werd afgestemd op komende en vertrekkende gasten. Hekla had haar verteld dat kamers soms niet eens klaar waren voor nieuwe gasten, en dat zij en Brynja daardoor nogal eens moesten fungeren als kamermeisje of serveerster.

'Maar als iemand dat kan, dan ben jij dat, Lucy,' zei Daisy zoals altijd heel bemoedigend.

Lucy zuchtte. Deze prachtige, maar imperfecte lodge was niet te vergelijken met de hotels waar zij aan gewend was. Het hotel in Manchester had een duidelijke hiërarchie en draaide als een geoliede machine. Hoewel The Northern Lights Lodge heel mooi was, leek alles te haperen als een verroeste oude grasmaaier. Ze zou ontzettend veel kunnen doen met dit hotel, maar zou ze in twee maanden genoeg voor elkaar kunnen boksen om de eigenaren over te halen haar een vaste aanstelling te geven?

Hoofdstuk 6

Alex leunde tegen een rotslaag die boven de aarde uitstak. De bijtende koude lucht die sneeuw voorspelde, waaide in zijn gezicht. Het was fijn om buiten te zijn na de motregen van gisteren, hoewel hij de afgelopen weken had ondervonden dat het weer in IJsland enorm veranderlijk was. Het ene moment viel er een striemende regen en was het zwaarbewolkt, maar even later stak de wind op om de wolken te verdrijven en zag je de blauwe lucht en de zon. Hij had zich meteen na deze nieuwe weersomslag omgekleed, omdat hij wilde genieten van de droge dag en wat vrije tijd.

Helaas, elk plezier in het buiten zijn zou worden verpest. Zijn ene hand rustte op zijn bovenbeen en in zijn andere hield hij zijn telefoon. Hij keek er vol afkeer naar, aangezien hij zijn baas moest bellen, en slaakte een diepe zucht.

Zijn blik verplaatste zich naar de woeste zee. Hij genoot van de golven die tegen de rotsen langs de kust sloegen en wenste dat hij nog wat langer kon genieten van de schone, frisse lucht in plaats van die te vervuilen met een zakelijk gesprek, waardoor hij zich ook inwendig shit zou gaan voelen. Hij worstelde de hele ochtend al met zijn geweten. In principe had het een korte worsteling kunnen zijn, maar dat verdomde 'aardig'-gen van hem bleef zich daartegen verzetten. Hij keek nog even naar de horizon, waar de lucht en het water elkaar ontmoetten, en tikte op de sneltoets.

Helaas was de verbinding met Parijs uitstekend.

'Hi Alex, dat werd tijd! Ik heb je twee uur geleden al gebeld!'

'Sommige mensen moeten werken, Quentin.'

'Werken! Wat doe je dan in vredesnaam? Je wordt geacht voor mij te werken. Daar heb je de vorige keer dat we elkaar spraken niets over gezegd.'

'Nee, want toen was de nieuwe manager er nog niet. Wat dacht jij dan dat ik zou gaan doen? Twee maanden een beetje rondhangen in de gastenkamers? Bovendien heb ik op deze manier een beter excuus om wat meer rond te kijken en een degelijk verslag te schrijven. Ik heb toegang tot elk vertrek en dat zou, als ik hier als gast was, heel moeilijk zijn.'

'Lieve help! Zeg niet dat je daar als piccolo werkt.'

'Nee, die hebben ze hier niet. Ik ben de hoofd-barkeeper en ober.'

'Het moet niet gekker worden, McLaughlin, waar ben je mee bezig? Had je geen schrijver kunnen zijn, of op z'n minst een verdomde ornitholoog?'

'Aangezien ik de vaardigheden voor beide beroepen mis, leek me dat moeilijk, zo niet onmogelijk,' zei Alex droog. 'Bovendien moest ik iets doen om niet gek te worden. En ik vind het geen enkel probleem om de handen uit de mouwen te steken. Niemand houdt me in de gaten, dus kan ik zo ongeveer doen waar ik zin in heb.'

'Je zegt dus dat de nieuwe manager er nog niet is. Waar blijft die vent? Pederson vertelde me dat ze iemand hebben aangenomen.'

'Hij is een zij en zij is er al. Ze is er echt.' Hij dacht aan zijn eerste glimp van Lucy Smart die als een doorweekte zeemeermin uit de hottub opstond, met slierten lang haar voor haar gezicht en haar afstandelijke weigering zich door hem te laten helpen. Hij begreep nog steeds niet waarom ze bleef volhouden dat de voordeur op slot had gezeten, al waren ze teruggegaan naar de receptie en hadden ze gezien dat de deur echt open was geweest.

'En?'

Alex fronste toen hij dacht aan haar en haar eenhoorn-idee. Hij liep bij de rots vandaan en begon naar de kust te lopen. 'Ze heeft een onorthodoxe manier om problemen op te lossen.'

'Ik hou niet van onorthodox,' bromde Quentin. Wat wel een beetje bijzonder was, aangezien hij zelf behoorlijk excentriek te werk kon gaan. 'Is ze een beetje een strenge baas?'

'Ze is gisteravond pas gearriveerd.' Alex hield een slag om de arm. Zelf zou hij veel strenger zijn voor het personeel. Lucy had moeten doorzien dat ze haar voor de gek hielden met dat elfjesgedoe. Een echte manager had dat meteen de kop ingedrukt en duidelijk laten merken dat ze niet van dergelijke onzin gediend was. Op deze manier vroeg ze gewoon om problemen. Toch was haar spontane oplossing best goed geweest.

'Ik dacht dat ze pas over een week zou komen.'

'Misverstand over de data.' Alex rilde, want dat was echt heel vreemd. Hij was erbij toen Hekla het telefoongesprek voerde. Waarom zou iemand het hotel bellen en de datum veranderen? Had Lucy zich bedacht, iemand anders namens haar laten bellen en zich daarna opnieuw bedacht? Een andere verklaring kon er toch niet zijn?

'Nou, dat stelt me niet echt gerust. Denk je dat ze goed is? En ik wil een eerlijk antwoord!'

Alex klemde zijn lippen op elkaar en schopte tegen een steentje, dat vervolgens over de andere grijze steentjes op het kiezelstrand stuiterde.

Quentin wachtte op antwoord en bleef zwijgen tot Alex de stilte zou verbreken. Alex kende de trucjes van zijn baas. Quentin was uitzonderlijk slim. Dat kon ook niet anders, want hij was multimiljonair en eigenaar van The Oliver Group, die een serie boetiekhotels bezat. Hij wilde een eerlijk verslag, over het potentieel van dit hotel, over de aanpassingen die nodig waren om te voldoen aan de standaard van The Oliver Group en over de vraag of Lucy en de huidige personeelsleden daar de juiste mensen voor waren. Eerlijk gezegd was Alex daar nog niet echt van overtuigd.

De opgejaagde indruk die ze maakte baarde hem zorgen, net als het feit dat ze de vorige avond zo kortaf en fel was geweest en absoluut niet bereid hulp aan te nemen. Hij vermoedde dat ze eenzelvig was, als je dat al kon opmaken uit haar afwijzende houding. Verder leek ze niet sterk genoeg in haar schoenen te staan om de eisen die de functie aan haar stelde aan te kunnen. Het werk betekende lange dagen en verstand hebben van marketing, budgettering en de dagelijkse gang van zaken, tot en met leiding geven aan het personeel. Bovendien moest een goede manager constant in beeld zijn, beschikbaar en benaderbaar zijn voor de gasten én voor het personeel. Zou hij deze voorlopige twijfels moeten uitspreken? Hij bleef staan, raapte een platte steen op en gooide hem zo weg dat hij over het wateroppervlak stuiterde. Drie keer, zal ik het doen, zal ik het niet doen, zal ik het doen?

De steen stuiterde geen vierde keer, dus besloot hij het niet te doen.

Aardige mannen eindigen altijd het laatst.

'Dat kan ik nog niet zeggen,' zei hij gespannen. Dat was de waarheid.

'Denk je dat zij de noodzakelijke vaardigheden bezit?' drong Quentin aan.

Nee, zei Alex bijna, maar in plaats daarvan trok hij rimpels in zijn neus, dankbaar dat Quentin dat niet kon zien. 'Dat weet ik niet, nog niet.'

'Kom op!' gromde Quentin. 'Probeer me niet af te schepen. Je bent een uitstekende mensenkenner. Aarzel niet zo en vertel me je eerste indruk.'

Alex zuchtte. Hij was Quentin veel verschuldigd. Zijn baas had een groot risico genomen door hem zijn eerste grote hotel te laten managen, ondanks het feit dat Alex de jongste en de meest onervaren kandidaat was geweest. En inmiddels waren ze zo ongeveer, nee... ze wáren familie. Hij raapte nog een steentje op en liet ook dit steentje stuiteren over het wateroppervlak. 'Er zijn een heleboel problemen. Ik moet eerst zien hoe ze die oplost.'

Helaas had Lucy zich teruggetrokken in het kantoor om de administratie door te nemen. Alex zou in haar plaats prioriteit hebben gegeven aan kleine, snelle veranderingen die meteen zichtbaar waren voor de gasten – de mensen die hun salaris betaalden. Meer personeel inzetten tijdens het ontbijt zodat de gasten het hotel 's ochtends eerder konden verlaten, zorgen dat de kamers voor de lunch klaar waren, zorgen dat de open haarden in de gemeenschappelijke ruimtes brandden als de gasten 's middags terugkwamen en regelen dat de gasten bij aankomst een gratis drankje in de bar aangeboden kregen om hen aan te moedigen daar 's avonds ook naartoe te gaan.

'Wat zou jij doen als jij de manager was? Je prioriteiten.'

Opgelucht door deze nieuwe insteek dacht Alex diep na.

Zijn haar waaide voor zijn gezicht. Hij draaide zijn hoofd zodat hij het gebouw op de heuveltop achter hem kon zien. Het hotel zou fantastisch kunnen zijn. 'Het personeel is een probleem. Niemand is verantwoordelijk voor de roosters. Alles verloopt op het laatste moment. Dat zou ik meteen oplossen. Ik zou ook een inventarisatie maken van alles wat in en aan het hotel moet gebeuren, want nu ziet het er verwaarloosd uit. En ik zou gisteren al met die lijst zijn begonnen. Het komt er dus op neer dat de nieuwe manager nog niet genoeg doet.'

'Heb je de laatste TripAdvisor-recensies gezien?' vroeg Quentin, waarmee hij zoals zo vaak over iets anders begon.

'Nee.' Dat was helemaal niet nodig, want dat kon hij wel aflezen aan de reacties van de gasten. Ze waren niet bepaald lovend over het hotel.

'Niet geweldig. Niet heel slecht, maar matig. En wij doen niets matig. Als ze echt shit waren, had je iets om mee te werken. Middelmatigheid is erger. Wanneer kun je een gedetailleerd rapport over die tent inleveren, denk je? Ik begin er spijt van te krijgen dat ik dat hotel heb gekocht.'

'De zaak is toch nog niet beklonken?'

'Nee, maar al wel bijna. Pedersen is een slimme klootzak en ik kan er nog wel onderuit, maar... Wat denk jij? Het heeft potentie, ja toch? Ik dacht dat IJsland de porfolio in een nieuwe richting zou stuwen.'

'Het heeft enorm veel potentie, maar moet alleen goed gemanaged worden. Waarom wacht je niet gewoon tot ik meer heb kunnen uitzoeken?' opperde hij, hoewel hij het helemaal niet leuk vond om in het hotel rond te sluipen en zijn neus in dingen te steken als er verder niemand was.

Hij had echt de pest aan dit undercovergedoe, maar in dit geval moest het gebeuren. Hij wist dat personeelsleden door directe vragen vaak meteen in de verdediging schoten en dingen achterhielden, waardoor je geen goed beeld kreeg. Nog belangrijker was dat, zodra bekend werd dat The Oliver Group belangstelling had voor het hotel, concurrenten gingen speculeren en een aantal van hen misschien ook belangstelling kregen, wat de prijs enorm zou opdrijven.

'Ik stuur je mijn verslag binnen een paar weken toe. Eerst moet ik nog veel meer te weten komen over hoe bijvoorbeeld de housekeeping functioneert.'

'Niet geweldig, volgens de recensies. Ik had jou die baan moeten geven,' zei Quentin.

'Dat was lastig geweest, aangezien het hotel nog niet van jou is, en bovendien staat er in Parijs een mooi vijfsterrenhotel op me te wachten. Hoe gaat het daar? Al vorderingen?'

'Nee, en daar baal ik behoorlijk van. Die achterlijke bureaucraten! Willen gewoon geen besluiten nemen. Zo zijn er nog steeds twijfels over de ouderdom van het skelet. Al het werk is stilgelegd. Het duurt nog zeker vier maanden voordat de vloer opnieuw gelegd kan worden en droog genoeg is om het hotel te openen.'

'Nou ja, nu ik hier ben, kan ik in elk geval het noorderlicht zien.'

'Ik wil je hier weer hebben om toezicht op alles te houden. Maak het je daar niet te gemakkelijk..'

'Zal ik niet doen.'

'Goed.' Meteen daarna verbrak Quentin de verbinding.

Alex keek opnieuw naar het gebouw op de rand van de kleine klif boven de kust. Hij had dit nog niet eerder bedacht, maar ooit kon hij misschien teruggaan naar een hotel als dit. Dit was niet het soort hotel waar hij over het algemeen naartoe ging, maar deze lodge bezat een bepaalde rustieke charme en een bovennatuurlijke magie die hem intrigeerden. Hoewel zijn werk in Parijs uitdagend was geweest en er daar altijd wel iets gebeurde, besefte hij dat zijn nieuwe hotel alleen maar meer van hetzelfde zou worden. Probleemloze chic, geen onverwachte gebeurtenissen, geen avontuur. Hij had het al heel ver geschopt, was onderaan begonnen als barkeeper in het hotel van zijn familie – een klein, maar bijzonder prestigieus voormalig kasteel aan de rand van Edinburgh dat ooit van hem zou zijn. Het was zijn droom om daar, zodra het zover was, een hotel van te maken dat vergelijkbaar was met het beroemde Gleneagles. Tot hij het hotel van zijn moeder zou overnemen, wat nog lang niet zou gebeuren, wilde hij de best mogelijke ervaring opdoen.

Hij schrok er bijna van toen hij zich realiseerde dat hij dit alles zo had gemist: de scherpe frisheid van de buitenlucht, de jammerende kreten van de zeemeeuwen boven zijn hoofd, het hele dagen buiten zijn, ongeacht het tijdstip of het weer, en de zeelucht. Zelfs na al die jaren in Frankrijk, Zwitserland en Italië, was 'thuis' nog altijd de kust van Leith in Edinburgh met het eeuwige geluid van de golven. Nu hij hier in IJsland op een vochtig rotsblok zat, riep het vertrouwde lied van de zee een gevoel op van saamhorigheid en thuis. Hij had dit gemist, het ritme van de golven, de bulderende wind en de weidse luchten. In de stad had hij de heuvels gemist, en de rotsen achter hem herinnerden hem aan Arthur's Seat. Het verbaasde hem enorm dat hij Parijs niet miste, en hoe snel dit magnifieke landschap en de rustieke lodge steeds meer als zijn thuis voelden... Wat natuurlijk volkomen belachelijk was, omdat er in een van de mooiste steden ter wereld een te gekke baan op hem wachtte. Werken op een plek die vergelijkbaar was met dit hier zou een grote stap terug zijn. En dus niet iets wat hij ooit in overweging zou nemen.

Hoofdstuk 7

Hekla kwam met twee bekers koffie het kantoor binnen.

Lucy keek dankbaar op. Ze probeerde al vier dagen tevergeefs orde aan te brengen in de chaos op haar bureau. 'We moeten hier een koffieapparaat neerzetten,' zei ze toen ze zag dat Hekla met koffie had geknoeid onderweg van de keuken aan de andere kant van het hotel.

'Goed idee,' zei Hekla enthousiast. 'Zal ik je een keer meenemen naar Hvolsvöllur? Dan kunnen we zo'n apparaat kopen dat ook warme chocolademelk en thee kan maken.' Ze nam een slok koffie en vertrok haar gezicht. 'Hete koffie zou nóg fijner zijn, hoewel Erik me dan misschien geen koekjes meer geeft.' Ze haalde iets wat in een servetje was gewikkeld uit de zak van haar vest. 'Loganbes en walnoot. Nog warm...' Ze trok haar neus op. 'Ze waren warm.' Ze keek ontdaan om zich heen.

'Ik weet het, ik weet het!' Lucy kon wel gillen, want er lag nog steeds heel veel achterstallige administratie op haar bureau. De vorige manager, die zes weken was gebleven, was voorstander geweest van stapelen in plaats van archiveren. Onder de tweede stapel onder haar bureau (waar ze drie stapels had ontdekt plus de vier op haar bureau) had ze een stuk of tien onbetaalde rekeningen gevonden.

Hekla zei: 'Ik kan je wel helpen zodra ik klaar ben met de roomservice.'

Lucy aarzelde. 'Het zou niet nodig moeten zijn dat je dat doet. Ik heb je hier nodig.'

Vandaag hadden ze echter geen keus gehad, doordat er niet genoeg personeel was ingeroosterd voor het aantal gasten dat zou uitchecken.

'Ik moet het met Eyrun hebben over het inroosteren van het schoonmaakpersoneel.' Ze was nu zo gestrest en boos dat dit misschien het perfecte moment was om de leeuwin in haar hol te trotseren.

Hekla keek haar met een droge blik aan.

Lucy snauwde: 'Dit is belachelijk! Daar hoort de housekeeper verantwoordelijk voor te zijn.'

'Ze... weigert papierwerk te doen.'

'Toch zal ze dat wel moeten doen,' zei Lucy gedecideerd. 'Zo kunnen we niet doorgaan. Jij hebt al genoeg te doen zonder dat je bedden moet afhalen en badkamers moet schoonmaken.'

'Ik vind het niet erg, hoor,' zei Hekla schouderophalend. 'En ze runt de wasserij wel heel goed.'

'Nou, ik vind het wel erg!'

Hekla glimlachte om Lucy's vastberadenheid en zei: 'Dank je.' Met een ondeugende schittering in haar ogen vroeg ze: 'Ga je haar dat nu vertellen?'

Ze schoten allebei in de lach toen Lucy rilde.

Lucy zei: 'Belachelijk toch, dat ik bang voor haar ben?'

'Nrr.'

Toen Lucy zag dat Hekla haar hoofd schudde en haar mondhoeken naar beneden trok nam ze een besluit. Ze sprong op. 'Het is wél belachelijk en nu is het afgelopen! Ik ga naar beneden, nu meteen. Ik heb wel even genoeg van de administratie. Blijf hier. Ik ben zo terug.'

Eyruns donkere ogen spoten vuur en ze keek met een minachtende blik naar het papier in Lucy's hand.

Lucy zei met een geforceerde vriendelijke glimlach: 'Ik wil dus dat jij de organisatie van het inroosteren van de kamermeisjes overneemt. Ik heb een paar schema's geprint die je kunt invullen, en kijk, dit zijn de reserveringen voor de komende week. We hebben een echt rooster nodig. Het kost de arme Hekla te veel tijd en ze moet alles uit haar handen laten vallen om te helpen met het schoonmaken van de kamers.'

Er kwam geen enkele reactie van Eyrun. Ze bleef Lucy zwijgend en met een harde blik aankijken.

'En het is heel rustig.' Dat was een understatement, want het aantal reserveringen liep elk jaar met vijftig procent terug. 'Maar heel binnenkort wordt het druk,' loog Lucy dapper, terwijl ze het angstige gevoel in haar maag negeerde.

Dat móést gewoon. Ze balde haar vuisten. Hekla hield haar een wortel voor door te beweren dat het in de loop van de maand drukker zou worden. Lucy was niet overtuigd. Ze vond het zorgwekkend dat er de afgelopen maanden kennelijk helemaal niets aan marketing was gedaan, vooral omdat zij maar twee maanden de tijd had om zichzelf te bewijzen – of eigenlijk nog maar één maand en vijfentwintig dagen.

Eyrun snoof en draaide zich om, waarna ze een paar handdoeken uit de nog warme droger haalde.

'Eyrun!' snauwde Lucy. Ze wist wel dat het onterecht was dat ze haar frustratie op deze vrouw botvierde, maar ze móésten zorgen dat de recensies op TripAdvisor, waarin stond dat het hotel onverzorgd leek, beter werden. 'De kamers moeten elke dag worden geïnspecteerd. Dat is jouw taak.' Ze merkte dat ze zich bijna liet meeslepen door haar woede en alle managementtrainingen vergat, dus haalde ze diep adem. *Toon vastberadenheid. Geef duidelijke instructies. Jij bent de baas. Blijf rustig.* 'Ik heb een checklist voor je opgesteld.' Lucy legde de papieren op een plank en haalde er de getypte lijst uit die ze die ochtend had opgesteld.

'Oké. Ik controleer de kamers,' zei Eyrun, zichtbaar geërgerd terwijl ze een stukje bij de papieren vandaan stapte. 'Geen lijst. Nu weggaan. Ik heb het druk.' Ze knikte naar de zachte handdoeken die ze vasthield.

'Dat zal tijd schelen.'

'Nrr.' Eyrun schudde heftig met haar hoofd en hield de stapel handdoeken als een schild voor zich.

'Je gaat de kamers elke dag inspecteren?' drong Lucy aan. Ze besefte dat dit een kleine overwinning was, hoewel de dienstroosters nog een verloren zaak waren.

Eyrun keek haar nors aan, maar knikte.

'En laat me weten wat moeten worden opgeknapt, gerepareerd of verwisseld. Heel veel spreien moeten gereinigd of vervangen. Je doet uitstekend werk met de was, maar sommige... zijn zelfs ongevoelig voor jouw magie.'

Lucy glimlachte bijna toen Eyrun trots haar hoofd hief. De oudere vrouw sprak veel beter Engels dan ze liet merken en ze was, net als de meeste mensen, niet ongevoelig voor vleierij. 'Ik heb er een paar weggehaald,' zei Lucy. Dat had ze gisteren gedaan toen ze de administratie voor die dag voor gezien hield. 'Maar kun jij een lijst opstellen van wat we kunnen houden en hoeveel nieuwe we moeten bestellen? Omdat jij dat het best kunt beoordelen, zal ik je voorstel uitvoeren.'

Er verscheen een verbaasde blik in Eyruns kraaloogjes, waarna ze als een argwanende merel haar hoofd schuin hield.

Lucy hield de lijst omhoog. Dit was niet onderhandelbaar. Naast elk item was een kolom voor een vinkje en onderaan een regel waar Eyrun haar handtekening kon zetten als bevestiging dat alles was uitgevoerd.

'Ik zal deze voor je op het prikbord hangen, en ik laat een paar nieuwe voor je achter. Als ze op zijn, kunnen Hekla of Brynja er meer voor je printen.'

Eyrun keek nijdig toe toen Lucy naar het vilten prikbord liep dat boven het bureau in het vertrek ernaast hing.

'Dit is je lijst,' zei Lucy, terwijl ze de lijst met twee punaises op het prikbord bevestigde.

Eyrun maakte een minachtend geluidje en beende terug naar het vertrek waar de drogers stonden. Ze liet de handdoeken boven op Lucy's papieren vallen, pakte er een en schudde die uit voordat ze hem met snelle, handige bewegingen opvouwde.

Lucy liet haar even haar gang gaan, stapte achteruit en fronste. Ze had het gevoel dat er iets niet in orde was. Ze keek naar het prikbord. Moest dat niet volhangen met gezondheids- en veiligheidsinstructies, noodtelefoonnummers, evacuatieplannen bij brand of andere basisinstructies? Ze keek om zich heen en zag niets van dat alles. Dat deed haar ergens aan denken, maar ze wist niet precies aan wat.

'Grr,' zei Lucy tegen Hekla toen ze het kantoor weer binnenkwam. 'Dat ging goed. Niet echt, dus.'

'Je bent niet verscheurd.'

Lucy draaide zich snel om en zag Alex, die haar met een plagerige glimlach aankeek. 'Ik hoorde dat je draken wilde temmen.'

'Eh...' zei ze een beetje onbeholpen, verbaasd over zijn onverwacht vriendelijke blik. Shit, hij was echt leuk. 'Ik betwijfel of dat temmen is gelukt,' zei ze na een tijdje. Ze streek haar rok glad, alsof ze zich daardoor wat professioneler zou voelen. 'Ik heb een kleine slag gewonnen, maar ik heb weinig hoop dat Eyrun de roosters zal opstellen.'

'Dat kan ik wel doen,' zei Hekla.

'Nee.' Lucy zei het zo gedecideerd dat Alex goedkeurend knikte, hoewel ze geen idee had waarom hij daar iets mee te maken had. Daarom keek ze hem boos aan. 'Ik zal dat voorlopig doen, maar misschien geef ik een van de andere meisjes wel een promotie en laat ik het door haar doen. Wat vind je van Elin of Freya?'

Hekla grijnsde. 'Elin Jónsdóttir en Freye Flókisdóttir. Jón en Flóki zijn neven van mijn vader.'

Lucy herhaalde fronsend: 'Jón en Flóki?'

'Hun vaders. In IJsland nemen we de naam van onze vader of moeder als achternaam. Ik ben Hekla Gunnesdóttir. Mijn vader heet Gunnar. Elin en Freya zijn mijn achternichtjes. Je zou tussen hen moeten kiezen, maar volgens mij zijn ze allebei heel geschikt.'

'En Alex, wat kan ik voor je doen?'

Hij was op de rand van haar bureau gaan zitten alsof hij alle tijd van de wereld had en was volkomen op zijn gemak. Na haar vraag leek hij gek genoeg een beetje van zijn stuk. 'Ik eh... vroeg me af of je misschien wilt dat ik de voorraad van de bar inventariseer? En ik wilde vragen hoe je je voelt na je val in de hottub. Geen ziekteverschijnselen? Je moet ontzettend zijn geschrokken,' zei hij meelevend en weer meer op zijn gemak. 'Ik heb je niet eens gevraagd of je je pijn had gedaan.'

'Nee, hoor. Nou ja, niet heel erg.' Afwezig wreef ze over haar heup. 'Alleen een paar blauwe plekken.'

'En je laarzen?'

Ze sloot haar ogen, opeens verdrietig om de staat waarin haar laarzen verkeerden. Ze had ze in de badkamer laten staan en er niets mee gedaan. 'Zien er niet goed uit. Zijn vanbinnen nog steeds een beetje vochtig.'

'Je moet ze volproppen met papier, daar ligt een hele voorraad van in dit kantoor.' Hij keek Hekla grijnzend aan en zei: 'Hekla heeft een chronische vendetta met de printer en ik heb schoensmeer...' Hij zweeg, keek haar even dom aan en schoot toen in de lach. 'Schoensmeer! Superheld Alex komt je redden!'

'Dat is eh...' Lucy glimlachte, gecharmeerd door zijn jongensachtige grijns. Gecharmeerd en iets anders, waardoor een minuscuul stukje van haar bevroren hart een heel klein beetje ontdooide.

'Ik lijk wel een padvinder,' zei Alex lachend. 'Op elke situatie voorbereid!'

Lucy verbaasde zich over zijn onverwachte vriendelijkheid. Haar gezicht betrok. 'Dat was ik ook altijd,' zei ze, fluisterend bijna.

'De printer mag me niet,' zei Hekla verrassend narrig.

'Nee,' zei Alex, die in de lach schoot om Hekla's pruilmondje.

Lucy kon haar wel kussen om de timing van haar tussenkomst. Waarom had ze zich opeens zo ellendig gevoeld? Ze hief haar kin en zette snel een zo ondoorgrondelijk mogelijk gezicht op.

Hekla keek op van de computer en zei ongerust: 'Lucy, we krijgen net een reservering binnen voor volgende week.'

'Ja?' Ze waren een hotel, dus wilden ze toch zeker reserveringen?

'Deze is bij meneer Pedersen gemaakt en ik heb verder geen bijzonderheden. Geen namen. Niets. Maar het is een gratis verblijf.'

Ze zag dat Alex geïntrigeerd keek en vroeg zich opnieuw af waarom een barkeeper in het kantoor rondhing en zoveel belangstelling voor alles toonde. 'Dat is wel vreemd. Zijn het soms vips die we moeten imponeren? Relaties van meneer Pederson?'

'Dat weet ik niet. Het gaat om vijf kamers.'

'Vijf!' Haar tong schoot automatisch naar het pijnlijke plekje op haar lip. Dat waren heel veel kamers om gratis weg te geven. Wat was er aan de hand?

'In de originele e-mail staat alleen "media".' Hekla keek op, veel opgewekter nu. 'Ik denk dat ze van de pers zijn of zo.'

'Van de pers?'

Oké, dat kon ze wel aan. Het hotel in Manchester had heel dicht bij de BBC en ITV gezeten én dicht bij twee voetbalclubs uit de eredivisie, zodat ze gewend was om te dealen met journalisten, beroemdheden en voetballers.

'De Britse pers. Een filmploeg.'

O shit! Automatisch schoot haar hand naar haar lip en ze begon erop te bijten.

'Voel je je wel goed?' vroeg Alex met een bezorgde blik. Hij liep naar Lucy toe, waardoor haar adem even stokte, en streek zacht over haar pols. 'Niet doen, dan maak je het alleen maar erger.'

Ze trok haar hand weg, maar ze proefde al bloed in haar mond. Dit was echt een slechte gewoonte.

'Voel je je wel goed?' vroeg hij opnieuw.

'Ja. Ja hoor, uitstekend.' Lucy merkte dat ze lijkbleek werd, dat haar hartslag versnelde en dat alles aan haar waarschijnlijk *Nee!* riep.

Ze voelde zich helemaal niet goed en op dat moment had ze niet kunnen zeggen of dat het onverwachte gevolg was van Alex' aanraking of door het vooruitzicht dat er een filmploeg zou komen.

Ze haalde diep adem en probeerde rustig te worden. Ze gedroeg zich belachelijk. Die filmploeg zou het personeel echt niet gaan filmen; daar zouden ze waarschijnlijk helemaal geen aandacht aan besteden. Niemand zou haar herkennen.

Hoofdstuk 8

Zodra Lucy wakker was, werd ze onmiddellijk weer gespannen. Ze staarde naar de bewolkte lucht die, hoewel het nog donker was, een vreemd lichte kleur had. Ze had zin om hier de hele dag te blijven liggen, naar de lucht te staren en toe te geven aan het loodzware gevoel in haar lichaam. Ze was hier nu al bijna twee weken, maar het kostte tijd om iets in gang te zetten. Door de snelle opeenvolging van managers was er nog zoveel niet gedaan. Vanochtend leek het zelfs te veel moeite om haar dekbed op te tillen. De minuten verstreken, het werden er tien... twintig... Ze keek naar buiten. Was dat een sneeuwvlok? Zagen de wolken er daarom vandaag anders uit, doordat ze vol sneeuw zaten? Ze volgde een paar vlokken die traag naar beneden dwarrelden en werd helemaal enthousiast, hetzelfde gevoel dat ze als kind had gehad. Ze rilde, want vroeger had ze, zodra ze de eerste magische sneeuwvlokken zag, laarzen aangetrokken, zich dik ingepakt als een sjerpa en gepopeld om naar buiten te gaan. Door de vieze smurrie van sneeuw in de stad was dat magische gevoel verdwenen.

Ze zuchtte, dwong zichzelf op haar zij te draaien, haar benen uit bed te zwaaien en te gaan zitten. Ze moest opstaan. Ze had deze baan nodig. Ze stelde zich aan. De filmploeg zou zich echt niet voor haar interesseren. Ze zouden het landschap filmen en het hotel als uitvalsbasis gebruiken. *Ik stel me aan, ik stel me aan!* Steeds opnieuw herhaalde ze die woorden, als een mantra, en ze sleepte zichzelf naar de badkamer.

Ze kleedde zich aan, verliet haar kamer en toen ze door de gemeenschappelijke ruimte in de personeelsafdeling naar het kantoor liep, hoorde ze een luide kreet.

'Lucy! Lucy!' riep Hekla met haar gebruikelijke tomeloze enthousiasme.

'Goedemorgen,' zei Lucy stijf. Ze zag dat Hekla's glanzende huid en schitterende ogen een scherp contrast vormden met haar eigen doffe teint en de donkere wallen onder haar ogen.

'Kom mee!' Hekla haakte haar arm door die van Lucy. 'Ik wil je mijn favoriete ding laten zien. Nou ja, een van mijn favoriete dingen.' Ze trok haar als een onstuitbare Sint-Bernhard op een reddingsmissie mee naar het hoofdgebouw van het hotel.

Lucy kon Hekla's enthousiasme niet weerstaan en liet zich dus zonder klagen meeslepen naar de lange glazen gang die de beide gebouwen met elkaar verbond.

Hekla bleef abrupt staan, keek op en hief haar armen, zodat ze het glas aan beide kanten bijna aanraakte. 'Dit voelt alsof je buiten bent, maar dat ben je niet.' Ze keek Lucy met een vrolijke, bijna kinderlijke glimlach aan en zwaaide haar armen op en neer alsof ze een sneeuwengel maakte. 'Kijk!'

Buiten viel de sneeuw, die de schemerige lucht oplichtte, in dikke vlokken naar beneden. Ze dansten een langzame wals en dwarrelden als tere ballerina's rondom de glazen gang. Ze kwamen bijna in aanraking met het glas, maar schoten op het laatste moment opzij alsof ze de dood tartten voordat ze ontsnapten.

Lucy keek gefascineerd omhoog door het glazen plafond. Het was een bijna duizelingwekkend gezicht, doordat de ene na de andere laag in een niet-aflatende stroom naar beneden leek te komen. Dit voelde bijna alsof ze in een sneeuwbol zat, dacht ze, terwijl de minder fortuinlijke vlokken, gedoemd tot een vroegtijdige ondergang, het glas met zachte pff-geluidjes raakten en de ijskristallen op het oppervlak uit elkaar vielen.

'Ik heb nooit eerder zulke grote sneeuwvlokken gezien,' zei Lucy vol bewondering, terwijl ze één bepaalde sneeuwvlok volgde die zo groot leek als haar hand.

'*Hundslappadrifa*,' zei Hekla stralend. 'We hebben een naam voor dit type sneeuw. Dat betekent hondenpotensneeuw.'

Lucy klapte opgetogen in haar handen. Dat was de meest perfecte beschrijving. 'Dat vind ik mooi. Hoewel ik bang ben dat we vanochtend niet naar Hvolsvöllur kunnen gaan.'

De sneeuw was het afgelopen halfuur blijven liggen. Er lag nu al een laag van bijna drie centimeter langs de hekken en de dakgoten buiten. Ze had zich erop verheugd om het hotel te verlaten en iets van IJsland te zien, al was het maar de dichtstbijzijnde stad op twintig minuten rijden hiervandaan.

'Natuurlijk kan dat wel,' zei Hekla. 'In IJsland laten we ons niet tegenhouden door de sneeuw. *Petta reddast.*'

'Wat betekent dat?'

Hekla glimlachte en zei: 'Dat vertel ik je onderweg in de jeep.'

Met hun gordels om, in de warme bedompte auto, reden ze over de rechte wegen naar de lichten van de stad in de verte, die gloeide als een baken.

'Redden we het wel?' Lucy keek vertwijfeld naar de snel dikker wordende laag sneeuw.

Hekla sloeg zorgeloos en vol vertrouwen op het stuur. 'Ja hoor, dit schatje brengt ons probleemloos heen en terug.'

'Thuis was alles allang tot stilstand gekomen.' Lucy dacht aan de vorige winter en de vele ingesneeuwde hotelgasten die niet meer thuis konden komen.

'Ja, maar dit is IJsland. Wij zijn van sterk materiaal gemaakt. Zoals ik al eerder zei, hier zeggen we 'petta reddast' en dat betekent: alles komt goed. De mensen die hier wonen zijn ervan overtuigd dat we alles aankunnen. Er is altijd wel iets, stormen, overstromingen, sneeuw, ijs en vulkanen. Dit is het land van hitte en vuur, maar wij IJslanders zijn tot grote dingen in staat. We vertrouwen op onszelf. Denk maar aan ons voetbalteam.' Ze keek Lucy met een ironische glimlach aan. 'Wij hebben de Engelsen verslagen, een klein team uit een land met driehonderdveertigduizend inwoners. Onze bondscoach was parttime tandarts.'

'Dat weet ik nog,' zei Lucy droog. Ze dacht aan Chris' hooghartige en minachtende houding voorafgaand aan de wedstrijd over de dreiging van het IJslandse team, en aan zijn woedende geschreeuw tegen de tv tijdens de wedstrijd toen IJsland twee keer scoorde en Engeland één keer.

'Dat is een positieve instelling.' Ze wees naar het landschap. 'Het is zwaar om hier te wonen, echt een kwestie van overleven. De Vikingen die hier vanuit Europa naartoe kwamen, moesten hun leven hier vormgeven en sterk zijn. Daardoor ontstaat teamgeest. Samen kunnen we dingen laten gebeuren. Elin bijvoorbeeld gelooft dat ze haar boek zal schrijven en publiceren, Freya wordt ooit een goede actrice en Brynja traint voor de marathon. Ze zijn er allemaal van overtuigd dat ze zullen slagen.'

'En jij?'

'Ik ga reizen. Als kind ben ik met mijn ouders op veel plaatsen geweest, maar ik wil doen wat jij hebt gedaan: naar een ander land gaan en in een goed hotel werken.' Hekla grijnsde. 'Maar voordat ik vertrek, wil ik van The Northern Lights Lodge het beste hotel maken. Ik heb op veel plaatsen gewoond, maar dit is de plek waar ik me thuis voel. Ik wil dat de mensen hiernaartoe komen om te zien hoe fantastisch mijn land is. Ik wil dat ze hun verblijf hier nooit vergeten.'

Lucy zei: 'Dat geldt ook voor mij. Ik hoop dat je niet van plan bent om al gauw te vertrekken.'

Hekla haalde haar schouders op. 'Dat hangt van de nieuwe eigenaren af.'

'Nieuwe eigenaren?' vroeg Lucy ontdaan. 'Wat bedoel je?'

Hekla keek haar geschrokken aan. 'Je weet toch dat het hotel te koop staat?'

'Te koop?' Paniek bekroop Lucy en haar maag verkrampte van angst. Een andere eigenaar betekende vaak een ander management. 'Wat, nu?'

'Ja, er is ook al een potentiële koper. Ze zijn in onderhandeling, maar meneer Pedersen zei dat de kans groot is dat de contracten in december worden ondertekend.'

Lucy slikte moeizaam. December. Haar contract liep tot en met december. Ze hapte naar adem.

Hekla keek naar haar en zei: 'Maak je geen zorgen. Zij hebben ook een manager nodig.'

'Ja, maar... dat betekent niet dat ze mij nodig hebben.'

Nu was dat contract voor slechts twee maanden heel logisch, realiseerde ze zich ontmoedigd. Die proeftijd was er niet omdat ze geen goede referenties kon laten zien, zoals zij had aangenomen, maar omdat ze haar niet lang nodig hadden.

'Petta reddast,' zei Hekla vriendelijk. 'Het komt wel goed. Volgens mij heb je al goede ideeën. Je hebt goede ervaring, toch?'

Lucy knikte. Ze had verdomd goede ervaring. De beste. Ze kon dit in orde maken. Misschien moest ze in zichzelf geloven, dat had ze vroeger ook altijd gedaan. Alles was in orde geweest tot die verdomde video een hype was geworden, tot het hoofdkantoor haar had ontslagen en tot Chris haar zo ongelofelijk had belazerd.

Hvolsvöllur was zelfs nog kleiner dan Lucy had verwacht. Het stadje lag in een vlak dal met slechts enkele wegen en langs de weg stonden huizen met rode daken. Hekla wees aan waar haar neven hadden gewoond, een oom, de moeder van haar schoolvriendin. Ze wist precies waar ze naartoe moesten voor het koffieapparaat dat hun voornaamste doel was, zodat ze een halfuur later al waren geslaagd.

'Wil je naar de souvenirwinkel, Una Local? Daar hebben ze wel een paar mooie dingen.'

'Dat lijkt me leuk,' zei Lucy somber. 'Misschien moet ik kerstcadeautjes kopen voor als ik dan alweer thuis ben.' Iets voor Daisy, die het afgelopen jaar zo goed voor haar was geweest, en iets voor haar vader en moeder, die dachten dat dit één groot avontuur was en geen idee hadden waarom ze zo'n radicale carrièreswitch had gemaakt.

Hekla schudde haar hoofd. 'Petta reddast. Je bent nu een IJslander. Er komt wel een oplossing.'

'Dat hoop ik,' mompelde Lucy, die bewust nog steeds niet verder had gekeken dan half december.

'Dat gebeurt,' zei Hekla met wat Lucy inmiddels haar Vikingprinsesveerkracht noemde.

Het gebouw waarin de winkel was gevestigd was niet echt mooi. Het leek meer op een rij vliegveldhangars die rood, geel en blauw waren geverfd, met een grote papegaaiduiker op de voordeur geschilderd. Binnen was de witte en grote ruimte gevuld met mooi gepresenteerde traditionele IJslandse kunst en cadeaus op houten tafeltjes. Aan het plafond hing feestverlichting. Lucy keek aandachtig naar een fiets die op zijn zij was opgehangen en naar de ornamenten die aan de spaken hingen. Aan de wanden hing een fraaie collectie dikke wollen jurken die zij met Noord-Europa associeerde, versierd met de vertrouwde Scandinavische patronen, maar ook wollen ponchoachtige truien, sjaals en hoeden. Ze zag prachtige aquarellen van papegaaiduikers, foto's van geharde IJslandse pony's, trollen van papier-maché, bedrukte kussens en kleurrijke theedoeken. Alles was schitterend gemaakt, maar gruwelijk duur, zodat Lucy hier een vermogen had kunnen uitgeven. In een hoek stond een Noorse Viking die was gemaakt van schapenvacht met een gebreide helm op het hoofd, en eromheen stonden toeristen lachend en glimlachend selfies te maken. Zelfs Lucy moest glimlachen toen ze naar de grote houterige figuur keek.

Terwijl Lucy door de winkel dwaalde, stond Hekla met de verkoopster te kletsen. Lucy keek naar een aantal aquarellen van papegaaiduikers. Eenvoudig maar effectief, dacht ze. Die zouden perfect staan in de gastenlounge. Ze pakte er een en liep ermee naar Hekla.

'Ga je een schilderij kopen?'

Lucy schudde haar hoofd. 'Ik wil graag een paar van deze ophangen in het hotel. Dan kunnen we de gasten die ze willen kopen hiernaartoe sturen.' Ze keek de verkoopster met wie Hekla had staan praten aan en zei: 'Als je daar belangstelling voor hebt.'

De vrouw had er zelfs heel veel belangstelling voor, zoals Lucy al had gehoopt. Algauw hadden ze een deal gesloten waar ze allebei tevreden mee waren. Lucy en Hekla namen drie aquarellen mee naar de auto, nadat ze hadden beloofd dat ze er over een paar dagen nog een paar kwamen halen.

'Goed gedaan,' zei Hekla, 'dat was een goed idee.'

‘Klopt,’ zei Lucy met een ondeugende glimlach. Ze had het gevoel dat ze iets nuttigs had gedaan. ‘Gratis wandversiering. De gastenlounge is prachtig, maar heeft meer nodig. We hebben Eyrun nog niet gevraagd wat er met de andere dingen is gebeurd.’

‘Nee, dat is waar.’

Lucy giechelde om Hekla’s reactie. ‘Jij bent ook bang voor haar!’

Hekla probeerde onschuldig te kijken, maar dat mislukte. Dus begon ze ook te giechelen en ze knikte. ‘Ik ben doodsbang voor haar. Daarom ben jij de baas. Jij moet het haar vragen.’ Hekla keek haar uitdagend aan. ‘Twee shots. Morgenavond.’

‘Waar heb je het over?’

‘Morgen. We doen kaartspelletjes in de personeelslounge. Drinkspelletjes.’ Hekla keek haar ondeugend aan. ‘Uitdagingen. Als je het niet aan Eyrun vraagt, moet je twee shots drinken.’

Lucy lachte. ‘En wat ga jij doen als ik het wel vraag?’

Hekla haalde haar schouders op. ‘Dan zal ik wel twee shots moeten drinken.’

‘Gebeurt dat vaak?’

‘De avonden hier zijn lang en donker, dus vinden we het fijn om bij elkaar te komen. De kaartspelletjes zijn Elins idee. Zij, Brynja en Freya zijn grappig. En Brynja’s vriend, Dagur, en Gunnar zijn ook heel grappig. Olafur kan soms een beetje saai zijn, maar soms vergeet hij dat en dan is hij heel aardig. De nieuwe, Alex, is ook grappig en ziet er ook nog eens leuk uit.’

Op de terugweg naar het hotel herinnerde Hekla Lucy aan de uitdaging.

Lucy haalde haar schouders op. Ze was nog nooit een uitdaging uit de weg gegaan, al moest ze zich echt vermannen voor een nieuwe confrontatie met Eyrun.

‘Eyrun?’ Lucy was boos op zichzelf omdat ze zo schuchter was, terwijl zij hier verdorie de leiding had! Ze hoorde alleen het doffe ritme van handdoeken in de enorme wasdroger, maar zag het hoofd Housekeeping nergens. Lucy zuchtte, een beetje opgelucht.

Eigenlijk was het niet vreemd dat Eyrin haar kleine grot zelden verliet, want het eentonige gerommel van de droger had iets troostends. De droge, warme lucht gaf Lucy een aangenaam ontspannen gevoel. Een paar minuten hield ze haar ogen gesloten en dacht ze nergens aan. Hekla's positieve houding en haar opmerkingen van deze ochtend over petta reddast hadden Lucy aan het denken gezet. Ze was altijd heel georganiseerd en succesvol geweest dankzij haar harde werk en toewijding, maar tot voor kort had ze nooit zoveel tegenslagen hoeven incasseren.

Alle woedende bijen die al zo lang in haar hoofd hadden rondgevlogen en haar 's nachts wakker hadden gehouden met 'wat als' en 'als ik' waren verdwenen en hadden een heerlijke leegte achtergelaten. De cyclus van constante beschuldigingen en de vrees alles fout te doen die haar het afgelopen jaar had verlamd en uitgeput, was eindelijk tot stilstand gekomen. En nu Hekla's woorden in vruchtbare aarde vielen, besloot ze veerkrachtiger te zijn en Chris niet te laten winnen. Ze moest de leiding nemen en autoriteit uitstralen, en niet alleen bij Eyrun.

Nu de droger eindelijk klaar was, weerkaatste de stilte van de lodge in haar oren. Het was zo stil dat ze bijna kon horen dat stof en vezels neerdaalden en bleven liggen.

Ze gaf zich heel even over aan de vredige rust, zakte een beetje tegen een rolkarretje en liet haar hoofd op het metalen handvat rusten.

Opeens zag ze dat het kiertje licht groter werd toen de deur heel, heel langzaam werd geopend.

Iemand sloop naar binnen en keek steels om zich heen, maar zag haar niet in haar donkere hoekje. De man liep door naar het andere vertrek, waar de reusachtige industriële wasmachines en een paar plafondhoge voorraadkasten stonden. Ze zag dat hij behoedzaam de deur, op een klein kiertje na, achter zich sloot.

Wat was hij in vredesnaam van plan? En wie was dit? Lucy vond het erg onplezierig om de man te bespioneren, maar als iemand in het hotel ongewenste spelletjes speelde was dat gerechtvaardigd, al waren er de laatste tijd geen trucjes uitgehaald met dode muizen en zo. Zou ze de dader zo dadelijk op heterdaad betrappen? Ze pakte een paar lakens van een rolkar als excuus voor haar aanwezigheid hier, sloop naar de deur van de voorraadkamer en keek door het kiertje naar binnen.

Alex! Wat deed hij hier in vredesnaam?

Ze bleef een paar seconden naar hem kijken, terwijl hij een stapel dekbedovertrekken onderzocht, in een stapel kussenslopen prikte, een paar kasten opende en zich bukte om de dozen wasmiddel en schoonmaakmiddelen op de plank beter te kunnen bekijken.

Lucy duwde de deur zo luidruchtig mogelijk open.

Hij draaide zich vliegensvlug om en zijn knappe gezicht zei alles.

Knap! Lieve help, Lucy, hij ziet er leuk uit, dat is alles. Toch voelde ze zeker weten vlinders in haar buik.

Gedurende een moment dat heel lang leek te duren keken ze elkaar aan als twee cowboys die zich afvragen wie als eerste zijn pistool trekt.

'Alex!' Haar stem klonk iets te hoog. 'Leuk je hier te zien, maar help je nu ook met de was?'

'Nee, ik...' Hij keek om zich heen alsof hij hoopte op inspiratie.

'Het leek alsof je iets zocht?' Ze voelde dat ze gespannen raakte omdat ze wanhopig graag wilde dat hij eerlijk zou vertellen wat hij hier deed.

'Eh... Ja, een paar handdoeken, voor de keuken. Theedoeken.'

Lucy kneep haar ogen tot spleetjes. Daarna keek ze nadrukkelijk naar het vertrek achter hem en naar de planken vlak bij de deur, waar keurige stapels kleine doeken en theedoeken lagen die in de keuken werden gebruikt.

Alex bloosde toen hij haar blik volgde. 'Sorry, ik dacht niet na. Helemaal vergeten. Je weet hoe het is als je in een heleboel verschillende hotels hebt gewerkt. Dan haal je dingen soms door elkaar.' Zijn gebrabbel vormde zo'n schril contrast met zijn gebruikelijke ontspannen en beheerste houding dat Lucy bijna medelijden met hem kreeg. Tot hij snel over iets anders begon.

'En, hoe bevalt het je hier?' vroeg hij op zijn ontspannen en autoritaire, maar toch charmante manier, alsof hij hier de leiding had. 'Ik hoorde dat je Elin hebt bevorderd.'

'Ja,' zei ze stijfjes, terwijl ze zich afvroeg wat hij daarmee te maken had. 'Ze is nu assistent-housekeeper en doet het geweldig.'

'Goede zet.'

'Dank je,' zei ze een beetje sarcastisch. Was hij soms vergeten wie hier de baas was?

Hij haalde zijn schouders op, met een sussende glimlach die haar zelfs nog meer stoorde.

Hoe was het mogelijk dat hij haar altijd in een nadelige positie maneuvreerde?

'Kom je hier nog meer halen?' vroeg ze, omdat ze heel graag autoriteit wilde uitstralen.

Hij keek op zijn horloge. 'Nee. Ik moet ervandoor.' Daarna slenterde hij met een snelle glimlach weg, alsof hij alle tijd van de wereld had.

'Je vergeet je theedoeken!' riep ze hem triomfantelijk achterna, maar hij was al vertrokken. Ze keek boos naar de deur waardoor hij was verdwenen. Het was niet echt gelukt om de leiding te nemen.

Hoofdstuk 9

De volgende ochtend hoorde Lucy de ongewenste woorden: 'Hi, ik ben Clive Tenterden van See The World Productions.'

Ze rende het kantoor uit en voegde zich bij Brynja in de receptie.

'We hebben een reservering voor vijf personen.' Hij knipoogde. 'Bedden voor mijn ploeg.' Hij wees met zijn duim naar achteren. 'Cameraman, geluidsman, productieassistent en grip.'

'Goedemorgen, ik ben Lucy Smart, general manager. Welkom in The Northern Lights Lodge. Ik heb begrepen dat jullie hier in de omgeving gaan filmen en bij ons logeren.'

'Hoi, Lucy. Leuk je te ontmoeten. Dit is de filmploeg, ik zal jullie later aan elkaar voorstellen. Je zult ons de komende weken heel goed leren kennen.'

Achter hem stonden drie mannen en een vrouw bij een hoge stapel zwarte dozen zacht met elkaar te praten. Alex, die zoals zo vaak even bijsprong, hielp een van de mannen om de bagage naar de kamers te brengen.

Lucy knikte glimlachend, al deden haar wangen er pijn van. De komende weken? Waar was de memo hierover? Was hun verblijf hier echt gratis? Er waren gelukkig kamers genoeg, want ze hadden nog steeds heel weinig reserveringen, ondanks de idioot dure advertentie die ze deze week in een paar internationale reistijdschriften had laten plaatsen. 'Ik hoop dat jullie hier een aangenaam verblijf hebben. Ik heb jullie een paar prachtige kamers gegeven en The Northern Lights Lodge is een fraaie uitvalsbasis voor het verkennen van de omgeving. Misschien willen jullie nu allemaal inchecken en je installeren. Het diner vanavond is tussen zeven en negen uur in de eetzaal. Zal ik een tafel voor jullie reserveren?'

'Dat zou geweldig zijn. Misschien kun je ons gezelschap houden tijdens het diner, dan kunnen we doornemen wat we van je nodig hebben en in welke ruimtes we willen filmen.'

Lucy probeerde zijn 'dit wordt echt geweldig'-blik met professionele onverschilligheid te beantwoorden, maar inwendig raakte ze volledig in paniek. Toegang!?! Wat had dat te betekenen?

'Je lijkt een beetje onzeker, Lucy. Je hoeft je echt nergens zorgen over te maken, hoor. Zodra je gewend bent aan de camera's merk je niet eens meer dat we er zijn. Je weet maar nooit, wie weet word je een ster.'

Lucy verstijfde. Dit was echt het laatste wat ze ooit wilde worden. 'Camera's?'

'Nou ja, eigenlijk is het er maar één, maar die staat wel recht voor je neus.'

'Sorry hoor, maar ik begrijp hier niets van.'

Clive keek haar met een ietwat ongeruste blik aan. 'Je weet toch dat we een fly-on-the-wall-documentaire gaan maken met alles erop en eraan? We verblijven in een IJslandse lodge en gaan op zoek naar de magische aurora borealis, maar tussen onze bezoekjes aan de toeristische topattracties door filmen we hoe hier een lodge wordt gerund.'

Nee, dat had ze niet geweten. Het hotel was nog lang niet klaar voor zoveel aandacht. Er moest nog steeds veel te veel gebeuren. En... opeens drong het tot haar door. Verdomme! Het kwam allemaal terug. Iedereen die naar haar keek. Valse opmerkingen achter haar rug om. Suggestieve blikken. Geroddel over haar. Het zou allemaal opnieuw beginnen. Heel even dacht ze dat ze door haar knieën zou zakken. Ze kreeg geen lucht en... en ze kon niet...

'Excuseer me even,' stamelde ze. Ze zwaaide naar Brynja. 'Ik moet de... de... K-kun jij...?'

Tot haar grote opluchting stapte Brynja naar voren. Ze nam het soepel van haar over en schoof de registratieformulieren naar de man toe.

Lucy wilde weg. Ze moest naar het kantoor. Ze moest ademen. Er normaal uitzien. Ze zag dat iemand naar haar keek, een lid van de ploeg. Verbeeldde ze het zich of keek hij naar haar alsof hij dacht: Ken ik jou niet ergens van? Ze boog haar hoofd, stapte achteruit en was blij dat ze met haar rug tegen de deur stond.

Veilig in het kantoor deed ze de deur stevig achter zich dicht. Ze leunde met haar handen tegen de deur. Alles om haar heen werd zwart en haar borst verkrampte, terwijl ze wanhopig probeerde adem te halen. Het lukte niet. Ze probeerde het opnieuw, en opnieuw. Haar hoofd leek te knappen.

'Lucy?'

De stem leek heel ver weg.

'Lucy, voel je je wel goed?'

Ze dwong zichzelf om naar Alex' stem te luisteren. Ze dwong zichzelf centimeter voor centimeter uit de donkere tunnel te komen. Er zat een strakke band om haar borstkas. Ze hapte naar adem, probeerde opnieuw adem te halen, maar dat mislukte.

Hij pakte haar vast, leidde haar naar een stoel en duwde haar behoedzaam naar beneden tot ze zat. 'Het is oké, Lucy. Je bent veilig. Het komt goed. Luister naar me. Je bent oké.'

Ze voelde dat hij zijn hand tegen haar maag drukte.

'De volgende keer dat je probeert te ademen, duw je je maag tegen mijn hand als je inademt en probeer je door je neus uit te ademen.' Hij zei het nog een keer.

Ze probeerde te begrijpen wat hij zei. Uitademen. Niet inademen. Neus. Ze sloot haar ogen en luisterde naar zijn stem.

'Adem in door je neus. Duw tegen mijn hand. Opnieuw: inademen, duwen, inademen, duwen.' Zijn stem had een rustige en ritmische monotonie, die troostend en geruststellend was. 'Zo is het goed. Je doet het goed, Lucy. Je doet het goed. Het komt weer in orde.'

Ze voelde de paniek langzaam wegebben en hoewel haar hartslag nog steeds veel te hoog was begon ze zich te ontspannen. Alex' hand lag nog steeds op haar maag, iets boven haar middenrif, terwijl hij met zijn andere hand troostende, ronde bewegingen over haar rug maakte. Ze knipperde, keek naar hem op en probeerde alles te verwerken, dankbaar voor zijn rustige aanwezigheid. In de receptie, achter de dichte deur, hoorde ze de stem van Brynja, lachende mensen en rolkoffers die over de geboende tegels van lavasteen rolden.

'Gaat het weer?'

Het duizelde haar, ze knikte. Ze dreigde in tranen uit te barsten toen de schrik en het gevoel van schaamte terugkwamen. Ze mompelde: 'Het... spijt me.' Het was ongelofelijk dat ze zich zo belachelijk had gedragen. En ook nog eens in het bijzijn van Alex, de man die zoveel zag. Ze dacht weleens dat híj dit hotel zou moeten managen, omdat hij een aangeboren autoriteit bezat en altijd volkomen op zijn gemak leek. Ze snikte en probeerde zich af te wenden.

'Hé, niet huilen.' Door de klank van zijn stem maakte haar hart een sprongetje. Hij trok haar voorzichtig tegen zich aan. Hoewel ze het normaal gesproken onaangenaam vond om als een zielig vrouwtje te worden behandeld, vond ze het heel prettig om met haar hoofd tegen zijn borst te leunen. En toen hij zijn armen om haar heen sloeg, leunde ze helemaal tegen hem aan en liet ze de rest van de wereld met alle problemen helemaal los. Eigenlijk was het heerlijk dat iemand haar zo vasthield. Zonder dat er iets werd gezegd, alleen een ander lichaam tegen het hare waardoor ze zich veilig voelde. Door zijn dunne katoenen overhemd heen voelde ze zijn borstkas in een gestaag en geruststellend ritme op en neer gaan.

Hij rook goed, mannelijk en schoon, met een vleugje ceder en sandelhout. Ze sloot haar ogen en realiseerde zich dat het al heel lang geleden was dat een man haar op deze manier had vastgehouden. Na alles wat er was gebeurd had ze andere mensen gemeden, zelfs Daisy. Ze had geen troost gewild, daarvoor was ze te kwaad en te vernederd. Ze had zich vast voorgenomen om flink te lijken, alsof ze nergens last van had, terwijl ze vanbinnen doodging van schaamte.

Ze ademde Alex' geur in en was dankbaar voor zijn rustige steun en voor het feit dat hij niet probeerde iets te zeggen. Dat was een teken van zijn kalme zelfvertrouwen en pretentieloze autoriteit. Vandaag voelde hij als een havenpier die diep de zee in stak en ontelbare keren bescherming had geboden tegen woeste zeeën en daar altijd zou zijn om dat opnieuw te doen.

Sinds wanneer was ze zo fantasievol?

Ze maakte zich los uit zijn armen en keek naar hem op.

Hij keek haar aan met zijn ogen vol amberkleurige vlekjes, ernstig en vast, en zijn blik straalde vriendelijkheid en bezorgdheid uit.

'Dank je.' Ze probeerde te glimlachen, maar dat mislukte. 'Je hielp hen toch met hun bagage?'

'Ik zag dat jij hulp nodig had.'

'Ontzettend bedankt.'

'Graag gedaan.' Zijn ernstige toon en eenvoudige antwoord stelden haar gerust. Geen gemeenplaatsen. Geen ophef. Geen zogenaamd medelijden. Alleen echte, onuitgesproken steun, alsof hij precies wist waar ze behoefte aan had.

'Sorry dat ik...' Ze kromp ineen. Die hele afschuwelijke toestand was nog te vers en te afschuwelijk. 'Ik-ik...'

'Lucy.' Hij legde een vinger op haar lippen. 'Je hoeft niets uit te leggen.' Hij kneep zacht in haar bovenarmen. 'Kan ik iets voor je halen? Een kop koffie? Iets te eten?'

Ze ademde diep in en weer uit, en schudde haar hoofd.

'Heb je vanochtend al iets gegeten?'

'Nee, mama. Ik heb een kop koffie gehad.'

Godzijdank voor het nieuwe koffieapparaat, dat een geweldige aankoop was gebleken.

'Koffie? Tss...'

'Daar heb ik geen tijd voor gehad,' protesteerde ze, zich maar al te zeer bewust van haar rommelige bureau. Ze had het gevoel dat er elke dag meer te doen was.

'Zie je nou wel, domme vrouw die je bent,' zei hij met een overdreven Schots accent. 'Je had je havermoutpap moeten opeten.'

Nu keek ze hem glimlachend aan. 'Havermoutpap, natuurlijk! Dus dáár kwam het door.'

'Je moet hier waarschijnlijk ook even weg. Heb je al een echte vrije dag gehad sinds je hier bent?'

Ze haalde haar schouders op.

'Wanneer is je eerstvolgende vrije dag?'

Ze sloeg haar blik neer en mompelde: 'Vandaag... denk ik?'

Met twee vingers hief hij haar kin en hij trok een wenkbrauw op. 'Heel toevallig ben ik vandaag ook vrij. Ik ga naar een waterval die volgens Hekla een van dé dingen is die ik moet zien: Gullfoss.'

Lucy glimlachte. Zo te horen was hij heel trots op het feit dat hij de naam kon uitspreken. 'Uitstekend IJslands accent,' zei ze plagend.

'Eerlijk gezegd is dit de enige naam die ik kan uitspreken. Ach, ik moet toch ergens beginnen?' Zijn gezicht betrok en toen vroeg hij: 'Dus, waarom ga je niet met me mee?'

Er stopte een auto voor haar, een kleine witte Toyota Aygo. Alex zat achter het stuur, draaide het passagiersraam naar beneden en zwaaide. 'Stap in!'

'Ik heb helaas geen havermoutpap, maar...' Ze liet hem twee in folie verpakte pakketjes zien. 'Ik heb voor onderweg een paar broodjes bacon meegepikt.' Ze stapte in en maakte haar gordel vast.

'Uitstekend. Je mag het aan niemand vertellen, maar ik mis havermoutpap niet echt,' zei Alex met een ondeugende grijns. 'Niet als ik een broodje bacon kan krijgen.' Hij gaf haar een wegenkaart en zei met een vrolijke glimlach: 'Ik verwacht niet dat de 3G-ontvangst onderweg geweldig is. Hoe zijn je navigatievaardigheden?'

'Gaat wel.' Ze vouwde de kaart open en keek ernaar. 'Maar hier zijn niet echt veel wegen. Het lijkt vrij duidelijk. Ik heb even op Google Maps gekeken.'

'Dat had ik moeten weten. Je bent immers een planner. Maak je geen zorgen, we volgen bijna de hele tijd de hoofdweg langs de kust en tegen dat het licht wordt moeten we rechtsaf. Hekla zegt dat het duidelijk met borden is aangegeven. Misschien hoef je helemaal niet te navigeren.'

'Ik vraag me af of het weer gaat sneeuwen.' Lucy keek naar de lucht, die al dagen niet meer zo licht was geweest. De sneeuw was gesmolten, zodat de wegen sneeuwvrij waren, en het was een paar graden warmer dan eerst. 'De weersvoorspelling voor vandaag is heel goed. Het ziet er zelfs naar uit dat de zon gaat schijnen.' Zelf was ze er niet van overtuigd, maar Brynja had per se drie verschillende weerwebsites willen bekijken toen ze hoorde waar Lucy naartoe ging.

'Ja, het schijnt in de loop van de dag op te klaren. Je hebt je hopelijk op elke mogelijke weerssituatie gekleed? Het weer hier is erg veranderlijk.' Hij zette de auto in de versnelling, reed de parkeerplaats af en de weg op.

'Dat zeggen Hekla en Brynja ook steeds.' Lucy lachte, leunde naar achteren en verstelde de rugleuning. Het was fijn om even niet in het hotel te zijn. 'Hekla gedraagt zich alsof ze mijn moeder is. Drie lagen kleding. Drie lagen, want laagjes kun je uittrekken. Trek laagjes aan.' Ze probeerde Hekla's accent na te doen. 'En geen spijkerbroek. Die drogen veel te langzaam. Vandaar deze nogal onaantrekkelijke kakibroek die ik van Brynja moest lenen.' Ondanks het feit dat Brynja bijna tien centimeter korter en een hele maat kleiner was. Gelukkig bedekten de dikke wollen sokken het blote stukje boven haar wandelschoenen en ze had haar enkelwarmers aangetrokken om er niet volslagen belachelijk uit te zien.

'Dat zei ze ook tegen mij,' zei Alex, die geconcentreerd naar de weg keek. 'Mijn fleece kon haar goedkeuring wel wegdragen.'

'Goed zo! Mijn waterproofjack niet. Dat werd uit mijn handen gegrist met een IJslandse woordenvloed die duidelijk afkeuring inhield, waarna ze op zoek ging in de doos met gevonden voorwerpen in het kantoor en daar dit vond.' Lucy liet Alex de rand van de dikke marineblauwe Berghaus-jas zien, die ze vervolgens uittrok en op de grond bij haar voeten legde. 'Diezelfde preek geeft ze de gasten ten minste één keer per dag. Volgens mij is ze een undercoveragent voor het Mountain Warehouse.' Lucy keek naar haar kleurloze, maar praktische kleding en dacht aan de wervingsconsulent in haar rode pakje. Thuis leek heel ver weg.

'Leuke theorie, maar misschien wil ze gewoon dat iedereen geniet van de tijd hier. Ik heb gemerkt dat ze heel enthousiast is over haar eigen land. En niets is erger dan het koud hebben en je ellendig voelen.'

Het wolkendek was zo dicht dat het onwaarschijnlijk leek dat de beloofde zon zou verschijnen. Het was nog steeds vrij donker, zelfs toen de zon om kwart voor negen opkwam. De koplampen van de auto wierpen een felle lichtbaan op de weg, die overwegend een eenbaansweg was.

Lucy zei: 'Vertel mij wat. Ik heb vier jaar nodig gehad om aan het weer in Manchester te wennen.'

'Dan zou je je in Edinburgh prima thuis voelen.'

'Daar ben ik voor mijn werk een paar keer geweest en ik vond het daar geweldig. Het bedrijf waar ik voor we... Ik ben daar naar een paar conferenties geweest. Ik vind Edinburgh zo bijzonder, vooral met het kasteel hoog boven de stad.'

'En het is er nat en koud in de winter,' zei Alex. 'Waar kom je eigenlijk vandaan?'

'Portsmouth, maar ik kan me niet voorstellen dat ik ooit terug zou gaan. Ik vind het fijn om in het noorden te wonen.'

'Zo noordelijk als hier?'

'Hm, ik denk niet dat ik hier altijd zou kunnen wonen.' Ze werd een beetje somber. 'Ik was van plan om hier minstens een jaar te blijven, maar ik hoorde kortgeleden dat het hotel te koop staat. Helaas.' Ze hief haar hand voordat hij kon zeggen dat dit wel heel dom van haar was. 'Ik heb een tijdelijk contract.' Ze zweeg even omdat ze dacht dat hij daar wel iets over zou zeggen, maar hij zweeg, dus zei ze: 'Ik dacht dat het een soort proeftijd was, maar nu besef ik dat de nieuwe eigenaren daardoor hun eigen mensen kunnen sturen. En ja, je mag gerust zeggen dat dit dom van me was.'

Alex zei niets en leek zich te concentreren op de weg.

In de stilte, waarin alleen het gezoem van de motor te horen was, dacht ze somber aan de toekomst. Omdat ze Alex, die geconcentreerd reed, niet wilde storen, keek ze voor zich uit naar de eindeloze grijze weg die alleen werd verlicht door het licht van de koplampen.

Het landschap was bijna helemaal onbebouwd. Onderweg zag ze maar heel weinig huizen, die bovendien ver bij elkaar vandaan stonden. Er waren heel veel schapen, waarvan enkele gevaarlijk dicht bij de weg liepen.

Ze volgden de borden naar Reykjavik, waardoor Lucy terugdacht aan de eerste keer dat ze hier had gereden. Ze vond het ontmoedigend dat de lodge zo ver bij een relatief grote stad vandaan stond. 'Ik kan bijna niet geloven dat ik hier alweer bijna twee weken ben.'

'De tijd vliegt als je je vermaakt,' zei Alex plagend.

'Of dubbele diensten draait. Ik ben blij dat het personeel al wat aan me gewend is en niemand meer over die verdomde elfjes praat. Toch vraag ik me nog steeds af waar die dode muizen vandaan kwamen en waarom ze niet zijn teruggekomen.'

'Bedoel je dat dat niet door die magische eenhoorn kwam?' vroeg Alex met opgetrokken wenkbrauwen.

'Daar heb ik je nooit voor bedankt. Volgens mij zal ik jouw opmerking dat eenhoorns hun magie kunnen stelen nooit vergeten. Dat was briljant!' Ze lachte.

Alex grijnsde. 'Lang niet zo briljant als jouw eenhoorn.' Zijn blik verzachtte en hij keek haar aan. 'Ik moet je mijn excuses aanbieden. Je hebt die zaak goed aangepakt. Ik zou hebben gezegd dat ze moesten ophouden met die onzin als ze betaald wilden worden, maar inmiddels besef ik dat sommige mensen dat elfjesgedoe heel serieus nemen.'

Lucy herinnerde zich zijn strenge en afkeurende blik van die ochtend. 'Ach, het werd vooral ingegeven door mijn wanhoop. Het was mijn eerste dag en ik raakte in paniek. Ik zou niet weten wat ik had moeten doen als al het personeel was vertrokken. Vreemd dat zich niet opnieuw zoiets als die "muizies" heeft voorgedaan. Heb jij daar iets over gehoord?'

Alex schudde zijn hoofd. 'Nee, het is een mysterie.'

'Een mysterie? Ja, zo kun je het ook noemen. Volgens mij was het een gemeen trucje, zogenaamd een grapje dat helemaal niet grappig was. We moeten maar hopen dat zoiets niet opnieuw gebeurt nu de filmploeg er is.'

Ze zwegen allebei, diep in gedachten.

'Wil je misschien naar muziek luisteren?' vroeg Alex, met zijn hand al uitgestoken naar de radio.

'Hm, geen idee. Behalve Björk ken ik helemaal geen IJslandse muziek.'

‘Maak je geen zorgen, ik heb een playlist op mijn telefoon.’

‘Zou interessant kunnen zijn. Wat voor playlist?’

Alex keek bezorgd. ‘Gewoon, een playlist.’

‘Geen playlist voor tijdens het rijden, dus.’

‘Nee,’ zei hij, niet op zijn gemak. ‘Een playlist van nummers die ik mooi vind.’

Ze liet hem haar telefoon zien. ‘Ik heb verschillende playlists, voor hardlopen, autorijden en schoonmaken.’

‘Schoonmaken? Jij hebt een schoonmaakplaylist?’

‘Ja. Dat heeft iedereen toch?’

‘Echt niet. Hoewel dat niet iets is waar ik veel over nadenk. Ik doe het absolute minimum als het echt moet.’

‘Echt iets voor een man.’

‘Ik noem het liever een efficiënte benadering van tijd en inspanning. Wat staat er op jouw playlist? Is die bestemd voor menselijke consumptie?’

‘Natuurlijk. Vertrouw je me niet?’

‘Nee. Misschien ben je een Metallica-fan.’

‘Ja, dat zou zomaar kunnen.’

‘Ben je dat?’

Lucy giechelde, maar hield er ook meteen weer mee op. Ze was dat een beetje verleerd. Ze had al heel lang geen goede aanleiding meer gehad om te giechelen. ‘Ik zou zelfs niet één nummer van ze kunnen opnoemen.’

‘Nee, jij lijkt me meer een Take That-fan.’

‘Hoe ziet zo iemand eruit?’ Ze trok dreigend een wenkbrauw op.

‘Eh... je weet wel... normaal.’

‘Oké, met normaal kan ik wel leven. Eerlijk gezegd weet ik niet veel van muziek. Ik heb nooit veel tijd gehad om ernaar te luisteren.’

‘Laat je playlist maar horen, ik bereid me voor op het ergste.’

Gelukkig leek Alex geen bezwaar te hebben tegen haar muziek. Hij zei zelfs een paar keer dat hij een nummer leuk vond. Eén keer vroeg hij haar een nummer door te klikken, maar ze was zelf ook geen echte Justin Bieber-fan.

'Kijk, de zon komt op!'

Ze hadden al veertig minuten gereden, het dichte wolkendek loste een beetje op en de wolken kregen een lichtroze en gouden rand. Tussen de wolken door zag Lucy lichtblauwe lucht.

Ze zei: 'Ik denk dat Hekla misschien gelijk had en dat het een mooie dag wordt.'

'Kijk eens, volgens mij moeten we hier afslaan. O ja, daar is een bord.'

Ze volgden de duidelijke borden. Lucy bedacht dat je hier natuurlijk ook niet wilde verdwalen, het landschap was onherbergzaam en op sommige plekken zelfs nogal angstaanjagend, alsof je op een andere planeet was. Ze hadden kilometers gereden zonder enig teken van menselijke bewoning en ze was blij dat Alex reed.

De weg begon te klimmen en algauw reden ze de parkeerplaats bij Gullfoss op.

'Jeetje, je kunt de waterval zelfs horen!' zei Lucy toen ze het voetpad op liepen. Ze kwamen mensen tegen die ook vroeg op pad waren gegaan en drijfnat waren, maar een vrolijke grijns op hun gezicht hadden.

Ze bleven staan toen ze de eerste glimp opvingen van de stortvloed van water die langs de rotsen naar beneden viel. De lucht was vol van een soort regensluier die uit de diepe rivierbedding opsteeg.

'Wauw!' Lucy keek naar de bruisende, schuimende stroom water die over de rand van de donkere rotsen spoelde.

'Heel indrukwekkend.'

Een tijdje stonden ze vol bewondering naar de waterval te kijken.

'Wil je naar boven, daar, op die richel?' Alex wees naar de richel midden in de waterval. Daar stonden al een paar mensen die heel klein afstaken tegen het witte schuim van het water. Het water viel in constante schuimende en bruisende stromen langs de rotsen naar beneden, waar de brede rivier in een diepe spelonk verdween.

'Of daar naar boven?' Hij draaide zich om en wees naar het veel veiligere uitkijkpunt op de heuvel boven de waterval.

Lucy hief haar gezicht en genoot van de ijskoude nevel op haar huid. Ze keek naar de met een houten hek omgeven uitkijkpost boven op de heuvel en toen weer naar de richel waar het water omheen raasde. Daarbeneden zou het geluid oorverdovend zijn, de lucht vol waterdruppels en de nabijheid van de rand angstaanjagend. 'De richel,' zei ze terwijl er een golf adrenaline door haar lichaam schoot. Ze draaide zich glimlachend om naar Alex, haar haren, die uit haar muts waren ontsnapt, plakten tegen haar gezicht.

'Oké,' zei Alex. Hij beantwoordde haar glimlach, pakte haar hand en liep snel en doelbewust weg. 'Kom mee.'

Tegen de tijd dat ze het rotsachtige plateau hadden bereikt, waren ze allebei een beetje buiten adem en was hun gezicht bedekt met een dun laagje water dat in stroompjes langs hun kin en neus naar beneden stroomde.

Alex stapte als eerste op de rots, liep behoedzaam om plassen en scherpe uitsteeksels heen, en stak toen zijn hand naar haar uit.

Ze aarzelde, bang maar tegelijkertijd opgewonden. Toen zag ze dat hij naar haar knikte en haar bemoedigend aankeek. Met een beverige glimlach pakte ze zijn hand, waarna ze achter hem aan over de platte rots liep.

Ze liepen hand in hand naar het midden van de richel, aan twee kanten omringd door water, en bleven daar staan. Het gebulder van het water was oorverdovend.

Lucy was diep onder de indruk van de enorme kracht van het water en van het besef dat dat water haar kon vernietigen.

Alex ving haar blik en ze keek hem stralend aan. 'Dit is geweldig!' riep ze boven het lawaai uit, niet in staat haar emoties te verbergen. Haar enthousiasme stroomde door haar lichaam. Zoiets als dit had ze nog nooit gezien of gehoord, en heel even wist ze zeker dat ze de hele wereld kon veroveren.

Hij glimlachte en streek zijn drijfnatte haar uit zijn gezicht, dat bedekt was met minuscule waterdruppels. Ze bleven hangen in de stoppels op zijn kin en schitterden als diamanten in het licht van de opkomende zon.

Lucy glimlachte toen ze dat zag.

'Wat is er?' riep hij.

Omdat ze hem niet kon verstaan, moest ze liplezen. Ze riep terug: 'Je schittert!'

'Wat?'

Ze ging op haar tenen staan en riep het opnieuw, vlak bij zijn oor. 'Je schittert!' Ze hief haar hand en streek over zijn kaak.

Hij draaide zijn hoofd en trok zijn kin weg alsof ze hem kietelde, waardoor haar vingers per ongeluk over zijn lippen streken.

Een fractie van een seconde flikkerde er iets tussen hen toen hij haar blik ving.

Al haar zintuigen werden wakker, ze zag de kleine amberkleurige vlekjes rondom zijn pupillen, was jaloers op zijn dikke wimpers en voelde zijn stoppels onder haar vingertoppen. Er ging een warme en felle schok door haar heen.

Het geraas van de waterval viel weg, ze waren hier helemaal alleen en hielden elkaars blik vast alsof het een reddingslijn was. Ze liet haar hand niet vallen zoals ze had moeten doen, maar verkende met haar vingertoppen het intrigerende deukje in zijn onderlip. Zijn warme adem streelde haar huid en zijn bovenlip streek over haar mond in een bijna-kus en toen... voelde ze zijn tong. Ze schrok van het volkomen onverwachte warme gevoel tussen haar benen, liet haar hand vallen en hapte naar adem.

De intensiteit van zijn blik verzachtte en werd vervangen door de warmte en de vriendelijkheid die ze van hem kende, bijna alsof hij wist dat ze enorm was geschrokken door haar begeerte.

'Wie zou niet willen schitteren?' Hij keek haar opnieuw aan met zijn gebruikelijke vriendelijke en blije glimlach, waardoor hij de betovering tot haar grote opluchting verbrak. 'Wil je dichter naar de rand toe lopen?'

'Echt wel!' riep ze terug, wat haar zelf verbaasde. Dit zou de oude Lucy hebben gedaan. Hoelang was het geleden dat zij was verschenen?

Besproeid door de nevel liepen ze over het oneffen oppervlak van de rotsen, inmiddels helemaal doorweekt.

Lucy was ontzettend blij met haar wollen muts en de volkomen waterdichte jas die ze van Hekla had moeten meenemen. Door het oorverdovende gebrul van de enorme hoeveelheid water die over de rotsen stroomde, kon ze Alex onmogelijk verstaan, maar hij vroeg zonder geluid te maken: 'Ben je oké?'

Ze stak haar duim op, al wist ze niet zeker of ze doodsbang was of helemaal enthousiast. Toen ze haar telefoon uit haar zak haalde om een paar foto's te maken, was het scherm al na een paar seconden bedekt met waterdruppels. Ze besloot dus snel dat dit het risico niet waard was.

Nu ze zo dicht bij het water op het plateau stonden, was het alsof ze zich in het oog van een storm bevonden. Water, gedonder, razernij. Stromen water vielen razend en schuimend over de trapvormige rotsen naar beneden.

Lucy voelde zich omringd door pure kracht, terwijl de fijne nevel in de naden van haar jack drong en haar gezicht bedekte. Ze was diep onder de indruk, haar hartslag versnelde en ondanks al het vocht kreeg ze een droge mond. Lucy bleef ver bij de rand vandaan, waar een groen touw het enige was wat het einde van de veilige zone en de rand van de rots markeerde. Als je over de rand viel was het voorbij. Je kon nooit meer terug. Het was niet moeilijk je voor te stellen dat je werd meegesleurd naar het diepste van de aarde. Vanaf dit punt viel de waterval zeker dertig meter naar beneden op een ander plateau. Daarna maakte het water een andere hoek, waar een nieuwe waterval was, en toen stroomde de rivier in de diepe canyon en verdween uiteindelijk in de zee.

Lucy en Alex stonden naast elkaar te kijken naar de machtige show van wilde kracht. Hij keek naar haar, schudde zijn hoofd en zei zonder geluid te maken: 'Wauw! Verbazingwekkend.' Ze knikte.

Nu ze dit zag, leken haar eigen problemen nietig en onbelangrijk. De wereld, de natuur, was zoveel groter dan de rest. Het was alsof er iets in haar loskwam wat haar bevrijdde van het web van angst dat zich om haar heen had gewikkeld.

Ze hief haar hoofd en ademde heel diep in. Ze genoot van het water op haar gezicht en van het gebulder in haar oren. Alex ving haar blik en keek ongerust, maar ze keek hem met een stralende glimlach aan en zei: 'Ik ben oké.' Ze wilde dit verrukkelijke gevoel met hem delen en zei opnieuw: 'Ik ben oké.'

Toen hij haar met een lieve glimlach aankeek, ging er volkomen onverwacht een pijnlijke steek door haar heen, voelde ze een acuut verlangen, hoewel ze niet wist waarnaar. Kwam het doordat ze samen zo klein leken vergeleken met deze natuurkracht of door het subtiele gevoel van solidariteit tijdens deze gemeenschappelijke ervaring? Ze wist het niet, maar er veranderde iets tussen hen. Hij sloeg een arm om haar schouders en trok haar tegen zich aan. Zo keken ze samen naar het water dat met een enorme kracht om hen heen raasde.

Nadat ze zich hadden afgedroogd en waren opgewarmd, gingen ze naar het café en namen een kop koffie en een kom heerlijke groentesoep met lamsvlees. Toen stapten ze weer in de auto. Ze wilden de geisers zien. 'Dat zijn bronnen in geothermisch actieve gebieden,' las Lucy hardop voor uit een brochure die ze uit het bezoekerscentrum had meegenomen. Omdat ze vond dat ze zich veel te slecht had voorbereid op haar komst naar IJsland las ze de brochure eerst helemaal door en trakteerde ze Alex daarna op allerlei feiten. Wat was er in vredesnaam gebeurd met de koningin van TripAdvisor die alles van tevoren plande, waar Chris haar altijd van had beschuldigd? (Het was niet bedoeld geweest als compliment.)

'Wist je dat de laatste keer –'

'Genoeg!' riep Alex plagend. 'Neem even pauze, Reisgids Lucy. Ik weet genoeg voor de specialistische ronde bij Mastermind.'

'Als we er zijn zul je me dankbaar zijn,' zei Lucy stijfjes, waarna ze zich zogenaamd beledigd in de brochure verdiepte. Even later zei ze met een ondeugende glimlach: 'Wist je dat ze vroeger zeep in de geiser gooiden om die te laten spuiten?'

'Echt waar?' Alex keek haar ongelovig aan.

'Echt waar.'

Omdat het weer volledig was omgeslagen tegen de tijd dat ze bij de parkeerplaats aankwamen, lieten ze hun waterdichte jassen in de auto achter.

'Pff, hier is het veel rustiger.' Lucy rekte zich uit en genoot van de warme zon en van de stilte na het continue geraas van het water, dat ze toen ze de waterval allang hadden verlaten nog steeds hoorde.

'En droger.' Alex streek door zijn warrige haar.

'Wat is het fijn om buiten te zijn,' zei Lucy. Ze realiseerde zich dat ze sinds ze in IJsland was veel te veel binnen was gebleven.

Ze staken de hoofdweg over en liepen naar de rand van het geothermische veld. Er stonden geen borden die hen de weg wezen, maar dat was ook niet nodig. De enorme wolken stoom waren duidelijk genoeg.

'Ben je veel op pad geweest toen je in Manchester was? Het gebied eromheen is heel mooi, hè? Heidevelden. Niet heel ver van het Lake District.'

'Zegt een Schot. Het is twee uur rijden!'

'Is helemaal niet ver,' zei hij met een overdreven Schots accent.

'Misschien niet.' Lucy voegde er verdrietig aan toe: 'Toch leek het alsof ik er daar nooit tijd voor had.'

Ze wandelden over het pad en Lucy hief haar gezicht naar de zon.

'Zo te horen heb je keihard gewerkt toen je in Manchester was. Waarom ben je hiernaartoe gekomen? Naar de lodge? Dat is een radicale verandering.'

Op een bepaald moment had Alex haar hand weer gepakt, wat gek genoeg helemaal niet vreemd voelde.

Hoewel ze zich bij hem volkomen op haar gemak voelde, vertelde ze hem de gebruikelijke leugen. Ze moest er niet aan denken dat hij haar teleurgesteld aankeek. 'Ik had behoefte aan verandering. Ik was een beetje opgebrand. Helemaal klaar met het werken voor een grote anonieme onderneming. Ik wilde...'

Ze zag een heleboel mensen die in een halve cirkel stonden. Iedereen keek naar een kleine krater in het midden van een plas borrelend en pruttelend water. Ze wist hoe dat voelde. Als ze aan haar vroegere baan dacht, borrelde diezelfde woede in haar omhoog. Ze maakte haar hand los uit de zijne en stak haar beide handen in haar zakken, terwijl ze zichzelf dwong om een rust uit te stralen die ze absoluut niet voelde.

'Je wilde...?' vroeg Alex toen ze naar de groep mensen toe liepen.

Afgeleid door de verwachtingsvolle groep mensen vroeg ze zich af wat ze zou zeggen. Zodra ze in IJsland was gearriveerd, had ze een ongedwongen antwoord bedacht: dat ze weer contact wilde met de gasten en dat ze haar collega's wilde leren kennen. Even was ze de leugen vergeten, alsof ze zichzelf er niet toe kon brengen om deze dag met leugens te bederven.

Ze keek naar de gladde bol water waar de mensen in een halve kring omheen stonden. Het oppervlak begon te bewegen, de mensen fluisterden met elkaar, het water leek heel even zijn adem in te houden en daarna uit te ademen. Toen kwam er een krachtige uitbarsting. Lucy sprong achteruit toen een straal heet water omhoogspoot, wegdreef en de mensen vlakbij doorweekte.

'Wauw! Ik schrok ervan, ook al verwachtte ik het,' zei Lucy een beetje geschrokken, met haar hand op haar borst. 'De kracht van het water is wel een beetje eng.' En heel zuiverend, besefte ze. Het woedende gesis en geborrel voor de explosie en de serene stilte erna. Misschien was het toch niet zo'n goed idee om alles binnen te houden.

Ze gaf toe aan haar woede en zei: 'Weet je, er zitten heel veel voordelen aan inkrimping, aan bezuinigingen. Ik ben hier niet vrijwillig naartoe gekomen.'

Ze keek hem aan, met een gespannen blik en haar kaken op elkaar geklemd. 'Dat mag je best weten.' Ze zweeg even en zei toen, witheet van woede: 'Ik was ontslagen.' De explosie van deze eerlijke woorden veroorzaakte, net als de geiser, een gevoel van vrijheid.

Nu pas besefte ze hoe kwaad ze daarover was. Woedend. Eerder was ze te verbijsterd en te versuft geweest door het besluit en door het overweldigende gevoel van machteloosheid.

Alex keek oprecht geschokt.

'En ik wil er niet over praten!' snauwde ze. 'IJsland was mijn laatste optie.'

Alex zei natuurlijk niets. Hij was goed in dit soort dingen. Daarom liet hij haar uitrazen.

'Het einde. Omdat ik ongelofelijk was besodemieterd.' Ze zweeg en wachtte tot de geiser weer zou uitbarsten.

De andere mensen stonden afwachtend te kijken en hapten allemaal naar adem toen de eruptie kwam en ze opnieuw nat werden.

'Mag ik je iets vragen?' vroeg Alex toen de geiser weer tot rust was gekomen, met een kalme, redelijke klank in zijn stem.

Ze knikte, verbaasd dat ze zich beter voelde door haar korte woede-uitbarsting.

'Als dit het einde is, vind je de lodge dan wel belangrijk? Of is het gewoon een andere baan?'

Zijn rustige vraag maakte dat ze zorgvuldig nadacht over een antwoord. Ze stonden bij het touw dat rondom de geiser was gespannen. Lucy pakte het touw stevig vast en keek naar het oppervlak van de geiser. Ze had tijd nodig om over alles na te denken. Ondertussen barstte de geiser twee keer uit, en niet één keer drong Alex aan op een antwoord of begon hij over iets anders. Hij straalde rustige kracht uit terwijl hij naast haar stond, zonder aan te dringen en zonder haar aan te sporen.

Uiteindelijk keek ze hem aan met een onverwacht gevoel van vrijheid. 'Volgens mij ben je een soort tovenaar, of je kunt gedachten lezen.'

Hij glimlachte een beetje, waardoor haar hart een sprongetje maakte.

Ze keken elkaar lang aan.

'Dank je wel dat je me hier vandaag mee naartoe hebt genomen. Ik heb het gevoel dat ik mezelf heb gereset. Ik voel me weer meer mezelf.'

'Blij dat ik je van dienst kon zijn.'

'Daar draait het allemaal om, nietwaar? Dienst. Hoewel "tot je dienst zijn" vroeger een vieze uitdrukking was, maar ik ben altijd trots geweest op mijn werk.'

'Vroeger had het te maken met klasse en onderdanigheid,' zei Alex. 'Met gebrek aan keuzes, denk ik. Tegenwoordig is het meer een vrije keus, voor sommige mensen dan.'

Ze haakte een arm door de zijne en liep doelbewust bij de geiser vandaan over het pad. 'Ja, het gaat om je carrière en de hiërarchische klim omhoog, maar het gaat ook om het gevoel van voldoening dat je krijgt als een gast je vertelt hoe goed de service was. Ik vind het heerlijk als ik in staat ben om gasten hun leven van alledag te laten vergeten – klusjes doen, de was doen, strijken – zodat ze even weg zijn van alles. En elke dag is anders, ik hou van het mechanisme dat alles samenwerkt en in elkaar past als de stukjes van een legpuzzel.'

Ze liepen een lichte helling op, langs andere borrelende geisers.

'Ik beschouwde mijn komst hier als een stap terug, als iets wat eigenlijk te min voor me was. Maar inmiddels weet ik dat het me in werkelijkheid heeft teruggebracht naar de basis. Ik ben me meer bewust van dingen. Ik waardeer meer wat ik heb. Dat klinkt een beetje pretentieus, maar ik ben nu veel meer in contact met mijn eigen vaardigheden.' Ze kneep in zijn arm. 'Nu ik hierover nadenk is het aan jou te danken dat ik me realiseer dat ik, al ben ik hier nog niet eens zo lang, geniet van mijn werk in de lodge. Ik krijg steeds meer ideeën over hoe ik de ervaring voor de gasten nóg beter kan maken. Toen ik in dat... andere hotel werkte, had ik het heel druk. Ik deed gewoon wat er gedaan moest worden, maar ik was helemaal vergeten waaróm ik eigenlijk in een hotel wilde werken.'

Toen ze bij alweer een ander maanlandschap bleven staan, waar witte stoom uit verspreid liggende geisers opsteeg, vroeg Alex een beetje peinzend: 'Waarom wilde je dat?'

'Omdat, en dat is het eenvoudigste antwoord, ik het fijn vind om voor mensen te zorgen.'

Alex knikte en volgde haar blik. 'Dat idee bevalt me wel. Het is echt belangrijk als ik... Als ik drankjes inschenk wil ik de mensen gelukkig maken.' Hij keek haar met een snelle glimlach aan.

Ze ontweek zijn blik en keek een andere kant op. 'Je vindt dus niet dat ik onzin uitkraam?' Ze hoefde niet naar hem te kijken, want het enthousiasme dat doorklonk in zijn woorden zei alles.

'Helemaal niet. Ik hou ervan om in de horeca te werken. Ik denk niet dat ik je precies kan vertellen waarom. Daar heb ik eigenlijk nooit echt over nagedacht.'

'Ik wel.' Lucy ontspande zich en liep door naar het hoogste punt van het gravelpad. 'Het managen van een groot hotel is een goed geoliede machine, alle losse onderdelen werken samen en helpen elkaar. En niets is mooier, als alles soepel draait.' Ze zuchtte zacht. 'Dat gevoel voor mijn werk heb ik al heel lang niet meer gehad. Ik raakte dat beeld kwijt. En toen het van me werd afgenomen... toen ik mijn baan kwijtraakte...' Ze vertrok haar gezicht.

Alex kromp ineen. 'Ach, dat vind ik heel erg voor je!'

Ze hadden een rondje gelopen en waren terug bij de eerste geiser, waar een nieuwe groep mensen in een halve kring omheen stond om naar de uitbarsting te kijken.

Opnieuw pakte Lucy het touw vast. 'Dat hoeft niet. Het was mijn eigen schuld.' Ze keek verdrietig en zei: 'Ik voelde me verloren, zeg maar. Je verliest je baan niet, weet je. Die wordt van je afgepakt.'

'Is dat wat er is gebeurd?' vroeg Alex nuchter.

'Ja. Je hebt me die eerste avond gezien. Ik stelde me behoorlijk aan, maar op dat moment voelde het als het einde van de wereld.' Ze staarde peinzend naar de rustige bol van water. 'Ik had nooit verwacht dat ik ooit in een veel kleiner hotel zou werken.' Ze hield het touw nog steviger vast toen het oppervlak opnieuw bobbelde en bruiste. Ze stapte achteruit toen de uitbarsting kwam en hief haar hoofd toen de krachtige waterstraal de lucht in spoot. Ze lachte. 'En nu besef ik dat ik het heerlijk vind.'

Hoofdstuk 10

'Alle personeelsleden moeten een vrijwaringsdocument ondertekenen, waarin ze verklaren dat ze het goed vinden dat ze worden gefilmd en dat de inhoud wordt uitgezonden op tv,' zei Clive, terwijl hij zijn dubbele whisky ronddraaide in zijn glas.

Het dagje uit had Lucy's hoofd leeggemaakt en ze voelde zich veel beter opgewassen tegen haar gesprek met Clive.

Alex had aangeboden om samen met haar en de regisseur te dineren, maar ze had zijn aanbod afgewezen. Ze moest dit alleen doen en was niet van plan om de arrogante regisseur met zijn kinderlijke enthousiasme en zorgeloze minachting voor de realiteit de lakens te laten uitdelen. Ze wilde niet met hem dineren, dus had ze om negen uur met hem afgesproken in de bar, omdat dit haar zakelijker leek.

Het was nu vijf over negen en ze had nu al spijt van deze afspraak met Clive. Voordat ze die ochtend met Alex was vertrokken had ze de personal assistant van meneer Pederson gemaild en toen ze terugkwam had ze al een aantal mailtjes ontvangen waarin het bezoek van de filmploeg werd bevestigd. Het was een waterdichte deal, waar ze zo te zien niet onderuit kon.

Clive had per se in een kleine nis willen gaan zitten, bij de andere gasten vandaan. Niet alleen omdat het daar rustiger was, maar ook omdat de rest van de filmploeg ook in de bar was en na elk drankje luidruchtiger werd. Het was wel duidelijk dat zij de rekening niet hoefden te betalen, maar dat gold ook voor haar, dacht Lucy grimmig. De e-mails hadden het heel duidelijk gemaakt: het verblijf omvatte alleen de accommodatie en de maaltijden.

Lucy nam een slokje van haar wodka, die behoorlijk was aangelengd met tonic omdat ze dit gesprek met een helder hoofd wilde voeren. 'Meneer Tenterden...'

'Zeg maar Clive.'

Lucy maakte een gebaar alsof het haar niets uitmaakte. Wat kon het haar schelen hoe ze hem aansprak? Het enige wat ze wilde was hem lozen, iets wat helaas niet meteen mogelijk bleek. Wat ze ook wilde was dit gesprek leiden, het was immers haar hotel. 'Ik wist helemaal niet dat jullie kwamen en niemand had me iets verteld over jullie documentaire.'

'Je hoeft je niet bezig te houden met de details, want alles is uitgebreid besproken met meneer Pederson.' Clive keek haar stralend aan en streek over de dunne donshaartjes op zijn hoofd. Hij keek om zich heen. 'Dit is een fantastisch hotel en het is eerlijk gezegd niet wat ik had verwacht.'

'O?' Lucy hield haar hoofd schuin, keek hem vragend maar ook verdedigend aan.

'Ja, ik verwachtte betonblokken. Zwart Ikea zonder primaire kleuren. Slaapzalen en eetzalen. Snap je, heel functioneel allemaal. Dit is best wel mooi. Voelt heel gezellig.'

'Dank je.' Lucy wilde dat ze de plaids en kussens had gevonden waar ze naar op zoek was geweest.

'Ja, de perfecte plek om een paar stoppers op te nemen, met gasten die zich ontspannen en met een paar fraaie uitzichten. Dat zal het publiek wat *inside* toeristische informatie geven. Het is geweldig dat we overal mogen komen.'

'Pardon? Is dat zo?' Lucy keek hem met een blik vol afschuw aan. De e-mails waren helaas niet heel specifiek geweest.

'Ja, dat is zo. Backoffice, keuken... personeelsvertrekken. Toegang tot alle vertrekken.' Hij zag dat ze verstijfde.

'Wat houdt dat precies in?'

'Wat ik zeg! Iedereen in dit gebouw is een doelwit, dus zodra iemand zich hier beweegt mogen wij dat filmen en zodra iemand hier iets zegt mogen wij dat opnemen. Ongefilterd. We moeten de opnamen voor de wekelijkse uitzendingen snel naar het VK sturen.

We monteren alles hier, versturen het en dan wordt het de volgende dag uitgezonden, als onderdeel van een nieuw reisprogramma op Channel Four.'

Lucy slikte moeizaam.

'Hé, je hoeft je echt geen zorgen te maken. Ik beloof je dat je niet eens zult merken dat we hier zijn.' Clive glimlachte, heel vrolijk en bijzonder geruststellend.

Lucy was echter helemaal niet gerustgesteld.

'Wij willen een minidocumentaire maken over de toeristen die het noorderlicht willen zien, met alle hoogtepunten, dieptepunten en teleurstellingen. En we denken dat er veel meer ruimte is voor menselijk drama als we het personeel hier ook filmen. Je weet wel, als ze voor de gasten naar de weersvoorspelling kijken, als ze met hen praten tijdens het ontbijt.' Hij knipoogde samenzweerderig. 'Feitelijk hebben we een kant-en-klaar verhaal nodig voor het geval de aurora borealis zich niet vertoont. We moeten natuurlijk een paar plaatsen bezoeken, maar verdomme, dat is al duizenden keren gedaan. Wij willen wat menselijk drama, dus is afgesproken dat we een fly-on-the-wall-documentaire gaan maken over de mensen die het noorderlicht willen zien. Geniaal toch? En iedereen wil op tv. We gaan alles filmen, het personeel, het eten en alle kamers. Dat betekent ook geweldige publiciteit voor dit hotel.' Hij hief zijn handen en maakte een soort aanhalingstekens in de lucht toen hij zei: 'Dit zal The Northern Lights Lodge op de kaart zetten.'

Lucy slikte en schoof onrustig heen en weer door deze tweezijdige belofte van publiciteit. Als ze te duidelijk liet merken dat ze die publiciteit helemaal niet wilde, zou hij zich afvragen waarom niet en gaan graven. En dat was natuurlijk het laatste wat ze wilde. Stel dat iemand haar op tv zag en haar herkende? Aan de andere kant waren er op dit moment weinig reserveringen en als daar verbetering in kwam, zou dat haar positie versterken en werd het moeilijker voor de nieuwe eigenaren om haar te ontslaan. Ze begon op het zere plekje op haar onderlip te bijten, maar weerhield zichzelf daar met een vage glimlach van. Alex zou opnieuw zeggen dat ze daarmee moest stoppen.

'Serieus, Lucy, dit is een potentiële PR-droom.' Clives blik verstrakte. 'Maar alleen als je het goed speelt.' In dat korte moment zag ze onder al zijn vriendelijkheid en valse charme iets van acute dreiging.

Ze keek om zich heen in de bar die er nu geweldig uitzag. Elin en haar team hadden vorige week hard gewerkt en nu had de lounge de gezelligheid die eerder had ontbroken. Ondanks de ongelofelijke dure drankjes werden de gasten hier 's avonds naartoe getrokken.

Het was aangenaam druk in de bar, de houtblokken in de grote open haard gloeiden en kraakten en er hing een fijne sfeer. Drie nieuwe Britse gasten praatten enthousiast met twee Noren over de kathedraal en het concertgebouw in Reykjavik, terwijl een Deens stel foto's van een gletsjerveld dat ze hadden bezocht liet zien aan twee jongelui uit Nieuw-Zeeland die eruitzagen als echte hikers.

Verdomme! Dit hotel verdiende al deze aandacht. Dit ging niet om haar. Zij was hier nog niet lang, maar ze had nu al gezien dat Hekla, Kristjan, Olafur en Brynja heel trots waren op hun land. Hoe erg ze het ook vond, ze zou zich moeten neerleggen bij deze fly-on-the-wall-documentaire, maar zelf zou ze zich zoveel mogelijk op de achtergrond houden.

'Oké, meneer Te-'

'Clive, Luce. Clive.'

'Ik heet Lucy,' zei ze met een moeizame glimlach in een poging de geïrriteerde klank in haar stem een beetje te verzachten. 'Clive.'

'Cool. Morgen maken we dus een paar algemene opnamen van het hotel en het uitzicht en zo, afhankelijk van het weer natuurlijk. En we moeten een hele stapel fotokopieën hebben van dit vrijwaringsdocument voor de gasten en het personeel.' Hij haalde een document uit zijn laptoptas.

'Mag ik dat even zien?'

'Ach, daar hoef je je echt geen zorgen over te maken, het zijn allemaal standaardformuleringen. Eerlijk gezegd hebben we ze gepikt van de BBC. Standaard in dit wereldje.'

'Ik wil het toch zien.' Ze keek hem met een onverbiddelijke blik aan.

Hij schoof het papier over de tafel naar haar toe.

Ze nam de tekst snel door, maar hapte naar adem toen ze deze clausule las: *U gaat ermee akkoord dat de productiemaatschappij onze bijdragen monteert, aanpast of interpreteert, en u neemt onherroepelijk afstand van uw eventuele 'morele rechten'.* Wat zou er gebeuren als ze weigerde dit te ondertekenen? Zouden ze haar dan niet filmen?

'Het personeel en alle gasten die we misschien filmen moeten dit formulier ondertekenen. Kun jij dat voor me regelen?'

'Ja. Dat zal ik door Hekla laten doen.'

'Die statige blonde Vikingvrouw? Ze zal er prachtig uitzien op film.'

'O, als ze jou laat zien hoe het kopieerapparaat werkt?'

'Heel grappig, Lucy.' Hij dronk zijn glas leeg en schoof het naar haar toe. 'En ik wil graag nog een glas als we onze jacht op het noorderlicht bespreken. Dat zal het leeuwendeel van de opnamen gaan uitmaken.'

De filmploeg in de hoek werd steeds luidruchtiger en brulde zelfs af en toe iets. Lucy zag dat Alex vanachter de bar af en toe wantrouwig naar hen keek, de situatie in de gaten hield en ook op de andere gasten lette om te zien of zij niet geïrriteerd raakten door dit volkomen onaanvaardbare gedrag. Ze ving zijn blik en knikte bijna onmerkbaar. Hij knikte terug alsof hij wilde zeggen dat hij alles onder controle had en ze alles aan hem kon overlaten.

Met een droge glimlach, omdat hij haar zo goed begreep, keek ze Clive weer aan. 'Voordat we de verdere bijzonderheden bespreken, wil ik even benadrukken dat het hotel voor zover ik weet wel gratis accommodatie en maaltijden aanbiedt, maar geen gratis drank.'

'Als ik me niet vergis is dit een zakelijke bespreking waarvoor jij me hebt uitgenodigd,' zei Clive met een volgens hem innemende glimlach.

'Prima,' zei ze met een beleefde glimlach, bereid om hem deze kleine overwinning te gunnen. 'Dit is van het huis.' Ze keek naar de luidruchtige groep. 'Ik hoop dat je collega's zich ervan bewust zijn dat hun drankjes niet gratis zijn, maar voor rekening van jullie bedrijf. Alcohol in IJsland is ongelofelijk duur.'

Clive bekeek de drankenkaart die op tafel lag en werd lijkbleek. 'Daar moet ik hen denk ik even aan herinneren.'

'Terwijl jij met je mensen praat, zal ik gaan kijken of Olafur even tijd voor je heeft.' Lucy had het gevoel dat ze een heel kleine discussie had gewonnen. 'Hij organiseert de noorderlicht-tours. Ik zal vragen of Alex hem nu even kan missen. En misschien kun je jouw mensen meteen vragen of ze wat minder lawaai kunnen maken.'

Lucy liep naar de bar en nam zijn glas mee.

Alex kwam naar haar toe en vroeg: 'Nog een dubbele?'

Ze rolde met haar ogen. 'Nee, die sukkel kan verdomme een gewone whisky krijgen.'

'En wat wil jij, of is dat te gevaarlijk? Je kijkt alsof je hem wel kunt vermoorden.'

'Ik beheers mijn inwendige IJslandse Viking. Hij is een lastpak,' zei Lucy zacht. 'Heb je er bezwaar tegen als Olafur naar hem toe gaat en hem vertelt hoe hij de aurora-tours organiseert?'

'Geen probleem. Vind je het goed als ik even naar die lui toe ga en zeg dat ze zich een beetje moeten inhouden?'

Lucy keek naar hen. 'Ik heb Clive gevraagd hun te vertellen dat ze zich gedeisd moeten houden en hem eraan herinnerd dat de drankjes niet gratis zijn. Ik weet zeker dat zij er niet voor betalen, maar ze moeten weten dat wij dat ook niet doen. Dat heb ik Clive al verteld.'

'Er is geen enkele garantie dat we het noorderlicht zullen zien,' zei Olafur even later. 'Of het noorderlicht te zien is, is afhankelijk van de juiste combinatie van weersfactoren, maar die komt door onze unieke locatie gelukkig vrij vaak voor: echte duisternis, de juiste wolken –'

'Hou je verkooppraatjes maar voor je, Olaf,' zei Clive. 'Denk je dat je ons deze week beelden van het licht kunt geven?'

De IJslander met zijn dikke baard keek hem streng aan. 'Dat is afhankelijk van het weer,' herhaalde hij. 'Een donkere en onbewolkte nacht en de juiste zonneactiviteit die we niet eerder dan een paar dagen van tevoren kunnen voorspellen.' Hij keek Clive ernstig aan. 'Je kunt het licht niet voorspellen. Soms kun je het hier gewoon door je raam zien, maar andere keren moet je een stuk rijden om een opening in het wolkendek te vinden. Dat is dus de reden dat we de tours organiseren.'

'Is dat een ja of een nee?'

Olafur gaf geen krimp. Hij streek over zijn baard en bleef Clive met zijn donkere ogen strak aankijken. 'Dat is de natuur. De natuur is niet voorspelbaar. Ik organiseer deze tours al jaren en ik woon hier al bijna mijn hele leven. Er zijn geen garanties.'

Lucy kon de IJslander wel omhelzen.

'Ik begrijp het... Het zou dus een vruchteloze onderneming kunnen zijn. Verdomme, ik denk dat we er wel een beetje drama aan kunnen toevoegen. Logeren hier een paar oude dames?'

'Wát?' vroeg Lucy.

'Je weet wel, van die bucketlist-types. Laatste kans om de aurora borealis te zien. Ik kan het al horen – ik vraag me af of we Jo Lumley als voiceover kunnen gebruiken – de zestigjarige Val die haar moeder van zesentachtig heeft meegenomen om nog een laatste wens van haar te vervullen – het noorderlicht zien. Dit is hun laatste nacht in IJsland... Dat soort dingen, je weet wel... Fantastische tv.'

'Weet je al wie een plekje voor de tour van deze week heeft gereserveerd?' vroeg Lucy aan Olafur.

Hij keek haar aan en zei schouderophalend: 'De lijst ligt in het kantoor. We gaan morgenavond.'

'Geweldig,' zei Clive. 'Denk je dat je mensen hebt die ons een goed human-interestverhaal willen geven?'

Lucy kromp ineen. 'Dat zou volgens mij hun privacy schenden. Ik weet het niet, dus kun je maar beter nergens van uitgaan.'

Clive grijnsde. 'Schatje, heb je onder een steen geleefd of zo? Iedereen wil tegenwoordig op tv of YouTube voor hun *five minutes of fame*. De meeste mensen willen niets liever dan voor een camera staan.'

Lucy dronk haar glas in één teug leeg, zette het met een ferme klap op de houten tafel en stond op. 'Ik kan je verzekeren dat dat absoluut niet zo is. Sommige mensen hebben helemaal geen behoefte aan roem of negatieve bekendheid. Ik wens je nog een goede avond. Ik moet namelijk nog een paar dingen doen. Ik moet dit hotel leiden.' Daarna verliet ze met haar neus in de lucht de lounge en liep langs de bar.

Alex keek haar met een goedkeurend knikje en met iets van bewondering in zijn blik aan, waardoor ze haar kin nog iets meer hief. Er was geen twijfel aan, ze begon zich echt steeds meer de oude Lucy te voelen.

Hoofdstuk 11

Gelukkig maar dat de gemeenschappelijke personeelsruimte ver bij de gastenverblijven vandaan was, dacht Lucy glimlachend. Ze hief haar glas in de richting van Brynja, die op vreemde, dikke wollen sokken op een koffietafel stond en in een gestage stroom wodka uitschonk.

Ze was met wild gejuich begroet toen ze binnenkwam met haar fles dutyfree wodka met kersensmaak. De feestelijke sfeer hier was een hele opluchting na haar onaangename bespreking met Clive.

Hekla's overdreven omhelzing, Elins enthousiaste gezwaai en Brynja's luide welkom maakten duidelijk dat ze hier niet vormelijk met elkaar omgingen, zodat ze zonder er echt over na te denken haar schoenen uitschopte, haar wijde blouse uit haar strakke kokerrok trok, het strakke knotje op haar achterhoofd losmaakte en zich meteen ontspande.

Deze ruimte kon Clive met zijn 'wij mogen overal komen' wel vergeten. Het personeel moest zich in hun vrije tijd kunnen ontspannen zonder zich druk te moeten maken over zo'n verdomde camera.

'Niet morsen, niet morsen!' riep Freya, die haar glas ophield.

Brynja, die een beetje wankel op haar benen stond, snoof afkeurend en zei: 'Echt niet!' Daarna schonk ze Freya's glas opnieuw vol. Dit was duidelijk een handigheidje waar zij beroemd om was tijdens feestjes, aangezien Gunnar haar zodra ze klaar was trots overlaadde met kusjes.

Hekla gooide nonchalant en onder luid gejuich van Gunnar en Dagur een paar flessen tonic naar haar toe, waarbij ze Brynja's hoofd maar net miste.

Lucy schonk tonic bij de grote hoeveelheid wodka in haar glas en ging tussen Elin en Hekla in op de bank zitten.

Hekla kwam meteen ter zake: 'Heb je Eyrun al naar de kussens gevraagd?'

Lucy hield haar glas tussen haar knieën en hief haar handen in een zogenaamd gebaar van overgave. 'Ze was er gisteren niet. Echt waar.'

Hekla kneep haar ogen tot spleetjes, waardoor haar dikke blonde wenkbrauwen elkaar bijna raakten, en keek haar grappig argwanend aan tot Elin snel zei: 'Ze was gisteren vrij.'

Lucy kneep Elin en fluisterde, zo luid dat Hekla het kon horen: 'Pfff, dank je wel. Volgens mij wilde Hekla me niet geloven en ik word helemaal licht in mijn hoofd door deze wodka. Ik denk niet dat ik ook nog shots op kan.'

'Maak je maar geen zorgen, Hekla is ook bang voor Eyrun,' zei Elin plagend. 'En de shots komen eraan. We gaan zo een spelletje doen.'

'Ik doe niet mee.' Hekla's rode wangen waren roder dan normaal. 'Oké, heel even misschien, maar dan moet Lucy ook.'

'Jullie zijn allebei gek,' zei Brynja. 'Jullie hebben de leiding.'

'Zou jij Eyrun dan wel vertellen wat ze moet doen?' vroeg Hekla.

Brynja lachte. 'Natuurlijk niet! Ik zou snel de andere kant op rennen, maar dat is mijn werk ook niet.'

Elin zei: 'Daarom verdienen jullie het grote geld en zijn wij alledaagse mensen.'

'Alledaagse mensen?' Lucy trok een wenkbrauw op. 'Ik hoorde dat jij een roman schrijft.' Dat klonk belangrijk en creatief, dus helemaal niet alledaags. Ze had nooit eerder iemand ontmoet die een boek schreef. Dat was zeker niet iets wat zij of haar ouders ooit zouden bedenken in hun keurige en opgeruimde rijtjeshuis in Portsmouth. Werken in een ziekenhuis of een hotel was alledaags werk.

Elin zei opgewekt: 'Ja, dat klopt.'

'Ooit ben je een beroemd auteur,' zei Brynja en ze hief haar glas om te toosten. 'En te belangrijk om samen met ons te drinken. '

'Nooit! Met jou zal ik altijd praten.' Elin klonk met Brynja. 'Maar misschien niet met Hekla,' zei ze met een harteloos schouderophalen en een ondeugende blik.

Hekla kneep haar en zei vol overtuiging: 'Echt wel! En ik koop al je boeken voor mijn familie en leg ze onder de boom.'

'Dan word je een bestsellerauteur,' zei Brynja.

'Dat zou ik wel willen.' Elin schoof naar achteren en verplaatste haar lange benen, waarmee ze volgens Lucy een alternatieve carrière kon nastreven. 'Ik moet een kans krijgen, gewoon iemand die ja zegt.'

'Elin heeft vijf boeken geschreven.' Hekla hief haar hand en wees vol trots op haar vingers en duim. 'In IJsland hebben we een mooie traditie van verhalen vertellen. Op donkere koude avonden zitten we om het vuur en vertellen elkaar volksverhalen.'

'Dat deden onze grootouders,' zei Brynja spottend en zoals gebruikelijk heel nuchter, zoals Lucy inmiddels wist.

Hekla keek haar vuil aan, alsof ze wilde zeggen: nou en?

Elin kwam terug op hun oorspronkelijke gespreksonderwerp: 'Klopt, en ze zijn alle vijf afgewezen. Ik zou de weg van hier naar Reykjavik kunnen vullen met al die afwijzingsbrieven.'

'Vijf?' Lucy was onder de indruk. 'Je hebt vijf hele boeken geschreven? En je blijft schrijven?'

Elin knikte. 'Klopt.'

'Dat is heel bijzonder. Ik denk niet dat ik daar voldoende uithoudingsvermogen voor had na één, laat staan twee, drie, vier en vijf.'

Niet meer.

Elin lachte snuivend. 'Dat is typisch IJslands. Ik kom er wel. Ik ga gewoon door met schrijven of ik vermoord de ene na de andere uitgever onderweg naar de top.'

'Klinkt wel een beetje extreem,' zei Lucy met grote ogen. Ze zag in gedachten allemaal lijken badend in bloed.

'Ze schrijft IJslandse thrillers,' vertelde Brynja, 'en ze zijn heel goed. Ik heb ze allemaal gelezen. Maar elke keer dat ze een afwijzing krijgt, noemt ze de volgende persoon die wordt vermoord naar de afzender.'

'Dat is ook een manier om met afwijzingen om te gaan.' Lucy giechelde, ook door de wodka. Dat was toch zeker beter dan je op te rollen en een maand lang te huilen op de bank van je beste vriendin?

Elin klemde haar lippen op elkaar. 'Wees maar niet bang. Ik huil de eerste keer, als ik het mailtje open, maar een uur later denk ik: Wacht maar, ik zal het je bewijzen!' Ze keek Lucy vastberaden aan. 'Wij IJslanders zijn gewend aan tegenslagen, daar gedijen we op.'

Lucy herkende iets in Elins woorden en in haar vastbeslotenheid, haar geheven kin en strakke lippen. Zij was ook altijd iemand geweest die koppig was, haar mouwen opstroopte en zorgde dat de klus werd geklaard. Ze had altijd gedacht dat ze alles kon. 'Ik moet ook maar een IJslander worden,' zei Lucy met een verlangende klank in haar stem. Hoefde ze maar niet te dealen met Clive en zijn camera's. Ze leunde met haar ellebogen op haar knieën en liet haar kin op haar handen rusten.

'Maar Lucy, je hebt al een verschil gemaakt,' zei Hekla. Ze sloeg een arm om haar heen en gaf een klopje op haar rug. 'Dat nieuwe koffieapparaat is echt te gek!'

Brynja keek Hekla goedkeurend aan. 'Ze bedoelt dat het hotel er al veel beter uitziet. Er is veel belangstelling voor de schilderijen. En de elfjes gedragen zich nu ook.' Ze gaf Lucy een samenzweerderige knipoog en keek toen naar het eenhoornhangertje, dat nu aan een van de muurlampen hing. 'En Hekla heeft al zeker drie dagen geen enkele kamer meer hoeven schoonmaken.'

'En de app voor onze diensten is goed.' Gunnar zwaaide enthousiast met zijn telefoon.

Lucy knikte tegen hem. Het was natuurlijk ontzettend seksistisch gedacht, maar het was gewoon zo, mannen waren altijd weg van technologie. De introductie van de telefoon-app *Sortmyshift* bleek een eenvoudige overwinning. Alex was heel behulpzaam geweest met het uploaden van de informatie in het systeem voor het barpersoneel. Hopelijk was hij ook bereid het Elin te leren, zodat ze dat er niet ook nog bij hoefde te doen.

'Ik maak me geen zorgen om het hotel, maar om de filmploeg.' De wodka maakte haar tong los. 'Ik heb dat soort fly-on-the-wall-documentaires weleens gezien. Dan zijn ze op zoek naar sensationele verhalen achter de schermen, naar schandalen waar het personeel bij betrokken is.'

Zoals hotelmanagers die zich in hotelkamers misdragen. Dat zou een geweldig verhaal opleveren. Iets wat als het aan haar lag nooit meer zou gebeuren, maar zodra die geest uit de fles was, bleef het dankzij social media voor altijd in de openbaarheid.

Elin, Hekla en Brynja keken neutraal tot Freya alles in snel IJslands uitlegde, waardoor Hekla knikte en haar ernstige blik een volkomen tegenstelling vormde met haar gebruikelijke zonnige stemming. 'Wij zullen ervoor zorgen dat ze geen slechte dingen vinden. Maak je geen zorgen, Lucy. Alles in het hotel zal perfect zijn.'

'We staan aan jouw kant,' verklaarde Brynja zoals altijd heel ernstig, terwijl alle anderen knikten alsof ze een eed aflegden.

Lucy keek hen opeens veel vrolijker aan. Ondanks haar korte verblijf hier wist ze al dat Hekla honderd procent loyaal en betrouwbaar was. Brynja was recht door zee en zou altijd zeggen waar het op stond. Elin, die oppervlakkig leek, was eigenlijk heel georganiseerd en een enorm harde werker. Freya kon ze nog niet doorzien, maar ze leek heel pragmatisch en behulpzaam. Dagur bleek Brynja's soulmate te zijn en Gunnar was grappig en ijverig en op een lieve manier bescheiden.

'Bedankt, allemaal.' Lucy ging rechtop zitten. Ze had een goed team en nu ze allemaal samenwerkten, zou alles tijdens het verblijf van de filmploeg soepel verlopen. En misschien waren de nieuwe eigenaren dan zo onder de indruk dat ze haar baan mocht houden.

'Nu is het tijd voor een spelletje,' kondigde Elin aan en ze haalde een pak kaarten tevoorschijn.

Lucy was algauw verwikkeld in het kaartspelletje Spoons. Verliezers moesten een shotje drinken van de plaatselijke drank Brennivin, waar Elin een hele rij van had klaargezet op de schoorsteenmantel boven de houtkachel, die veel warmte afgaf.

Gelukkig was Lucy scherp en redelijk snel, mede dankzij haar aangelengde wodka, anders was ze onder de tafel gedronken. Op een bepaald moment kwamen Alex en Olafur binnen, die de bar hadden gesloten. Hekla en Elin stonden gearmd te zingen en hitsten elkaar op, Brynja hing slaperig tegen Gunnars schouder en Dagur lag met zijn hoofd op Freya's schoot.

Olafur rolde met zijn ogen en nam de shot Brennivin aan die Hekla hem aanbood. Hij hief zijn glas om te proosten en glimlachte toen Elin een nieuw lied aanhief, haar armen spreidde en hem uitnodigde om samen met haar en Hekla te zingen.

Hij dronk zijn glaasje leeg en schudde zijn hoofd.

'Maar je kunt zo goed zingen, Olafur,' jammerde Hekla.

Hij lachte. 'En ik loop tien drankjes op jullie achter. Volgens mij is het bedtijd.'

'*Gleispillar*!' Dit mogelijk beledigende woord werd verzacht door Elins benevelde glimlach.

'Spelbreker,' vertaalde Hekla fluisterend voor Lucy.

Olafur gaf een klopje op Elins schouder, zei iets in het IJslands, zwaaide vrolijk en vertrok.

Lucy vermoedde dat zij de enige was die nuchter was, doordat ze haar drankje regelmatig had aangelengd met tonic.

Alex ving haar blik terwijl Hekla en Elin luider begonnen te zingen en liet zich naast haar op de bank vallen. 'Heb je een goede avond gehad?'

'Die is absoluut beter geworden,' zei Lucy. Opeens voelde alles lichter. 'Ze zijn allemaal getikt, maar heel aardig.' Oké, misschien was ze minder nuchter dan ze dacht, maar op dit moment hield ze van hen allemaal en stroomde ze over van vriendelijke gevoelens. Ze had zin ze allemaal te knuffelen, wat helemaal niets voor haar was, maar de vrouwen hadden haar het gevoel gegeven dat ze een nieuwe vriendin was in plaats van een collega. Zij en Daisy stuurden elkaar heel veel berichtjes, maar toch miste ze haar. Ze slaakte een tevreden zucht en zei: 'Ik heb me al heel lang niet zo goed vermaakt. Jammer van de cameraploeg. Bedankt voor je hulp met Clive. Zijn ze nog lang in de bar gebleven?'

'Verdomme, echt wel. Die cameraploeg kan heel veel op. Ik dacht dat ze nooit naar bed zouden gaan. Pas toen ik Clive de rekening gaf... Hij werd vuurrood en stuurde ze allemaal weg.'

Lucy slaakte een zucht. 'Wat een gladde man. Volgens mij ging hij ervan uit dat ze gratis drankjes kregen, maar dat was het enige waar de oorspronkelijke e-mails heel duidelijk over waren.'

'Ik moet naar bed,' zei Brynja. Ze knipperde, stond te zwaaien op haar benen toen Gunnar haar overeind trok en gilde toen hij haar op zijn schouder tilde. Hekla en Elin lachten en maakten volgens Lucy dubbelzinnige opmerkingen in het IJslands, liepen achter hen aan en vertrokken. Freya en Dagur waren er al vandoor.

Nadat de deur achter het luidruchtige groepje was dichtgevallen waren alleen Lucy en Alex nog over. De stilte werd geaccentueerd door het zachte geknetter van het houtvuur dat uitbrandde.

Alex vroeg aarzelend: 'Red je je wel straks? Ik kon wel zien dat de aanwezigheid van de filmploeg je een ongemakkelijk gevoel gaf.'

'Ik zal wel moeten. Deze reality-tv-series zijn helemaal niet wat de naam doet vermoeden, want we weten allemaal hoeveel er in scène wordt gezet. Clive heeft allang besloten wat hij wil.'

'Dat dacht ik al.' Hij keek haar meelevend aan. 'Uiteindelijk draait het allemaal om amusement.'

'Ja, maar als ik in de amusementsindustrie had willen werken, was ik het toneel wel op gegaan.' Ze rilde.

'Ik ben het helemaal met je eens, dit wordt verschrikkelijk. Misschien kun je ze overhalen om zich vooral op Hekla te concentreren. Begrijp me niet verkeerd, maar zij is heel aantrekkelijk.'

'Inderdaad!' Lucy lachte, absoluut niet beledigd. 'Ze is onze eigen vlasblonde Vikingprinses en ze is zo ontspannen. Ze zou dat waarschijnlijk helemaal niet erg vinden. Of Freya, zij is de actrice.'

'Zie je wel, probleem opgelost. Nu hoef je je geen zorgen meer te maken.'

'Dat is op dit moment niet het enige waar ik me zorgen over maak.'

'Dat weet ik.' Alex zuchtte en streek de rimpel boven haar neus zachtjes glad.

Ze verstijfden allebei. Hij alsof hij zich opeens realiseerde wat hij had gedaan en zij door de onverwachte aanraking.

'Sorry, ik... Je maakt je te veel zorgen. Dat rimpeltje was vandaag verdwenen.'

Hij bekeek haar aandachtig en ze keken elkaar met een verlegen glimlach aan.

Lucy werd zich opeens heel erg bewust van zijn bovenbeen tegen het hare en van het feit dat hij zo dicht bij haar was. Ze kon de ruwe stoppels op zijn kaak zien en een paar kleine donkere sproeten bij zijn mondhoek. En toen merkte ze dat ze naar zijn mond staarde. Ze slikte en keek snel op.

'Ik wilde –'

'Wil je –'

'Jij eerst,' zei Alex, zoals altijd een heer.

Ze had wel het idee dat hij een beetje geamuseerd keek. Verdomme, het leek wel alsof hij altijd in staat was haar gedachten te lezen.

'Ik maak me veel zorgen, maar vandaag... Ik had dit eerder moeten zeggen, maar dank je voor je geruststellende woorden in het kantoor en voor het uitstapje naar Gullfoss. Ik denk dat ik me te erg schaamde om je te bedanken. Ik krijg zelden een paniekaanval.' Ze probeerde dit zakelijk en kortaf te zeggen, als een soort overcompensatie voor het feit dat de alcohol haar had verzacht en ze domme dingen deed, zoals naar zijn lippen kijken en zijn blik iets te lang vasthouden. Nu deed ze het opnieuw, terwijl ze haar gedachten de vrije loop liet. Ze vermande zich. 'Eerlijk gezegd heb ik volgens mij niet eerder een paniekaanval gehad. Je hebt me met je woorden gerustgesteld voordat ik zelfs maar de kans kreeg het een naam te geven.'

'Hoort allemaal bij de service.' Door de snelle warme glimlach die hij aan zijn woorden toevoegde, maakte haar hart een sprongetje.

Snel zei ze: 'Echt? Maken eerste hulp en mixologie altijd deel uit van de bar-opleiding?'

Hou het zakelijk, Lucy.

'Zoiets ja,' zei Alex. 'Je moet overal op voorbereid zijn en...' Hij keek haar aan met alweer zo'n rustige glimlach, waarna hij een lok haar uit haar gezicht streek, '... je weet wat ze zeggen over barkeepers: iedereen neemt hen in vertrouwen. Voel je je nu beter?'

'Veel beter.' Ze probeerde het heerlijke gevoel dat zijn aanraking van haar wang had veroorzaakt te negeren. 'Volgens mij heeft het me goed gedaan om een tijdje uit het hotel te zijn. En nu ik eruit ben geweest, ben ik besmet. Je had gelijk. Er is hier zoveel te zien en te doen.'

'Met z'n tweeën is het leuker. Zin om weer met me mee te gaan?'

'Dat lijkt me...' Oké, hoe moest ze dit aanpakken? Was dit het voordeel van het feit dat ze hier allebei vreemd waren, waren ze daardoor automatisch toeristische maatjes? En was Alex gewoon een aardige, vriendelijke man? Of was het wat haar eigenzinnige hartslag suggereerde? 'Dat lijkt me leuk,' zei ze kortaf, terwijl ze probeerde nonchalant over te komen. Ze zette haar glas neer, waar nog een heel klein beetje drank in zat.

'Leuk?' Alex vertrok zijn gezicht. 'Ik kan meer dan leuk zijn. Vergeet niet dat ik schitterde!' Hij bewoog zijn handen snel op en neer.

Daardoor schoot ze in de lach. Ze pakte haar glas weer en dronk het leeg, maar de drank kwam in het verkeerde keelgat terecht, waardoor de tranen in haar ogen sprongen, ze dubbelklapte en begon te hoesten en te kokhalzen.

Alex klopte op haar rug tot ze niet meer hoefde te hoesten, en het geklop veranderde in een troostende beweging die haar de neiging gaf zich uit te rekken en op te krullen als een kat.

'Beter?' vroeg hij, volledig op haar geconcentreerd.

Ze knikte en fluisterde schor: 'Ja.'

'Ik dacht heel even dat ik de heimlichmanoeuvre uit de kast moest halen. Ik was...'

Hij maakte zijn zin niet af toen ze elkaar aankeken in een van die 'de wereld kwam tot stilstand'-momenten. Ze leken geen van beiden in staat hun blik los te rukken. Zijn hand gleed over haar ruggengraat naar boven en bleef rusten op haar nek. Al haar zenuwuiteinden spinden van onverwacht genot toen zijn vingers de blote huid langs haar haargrens streelden. Even later streken zijn lippen over de hare, heel licht.

Dit was verleidelijk en gevaarlijk. Dit zou ze niet moeten doen. Ze hief haar mond naar de zijne en genoot van de heerlijke sensatie en van de tedere aanraking van huid op huid. Hij werkte voor haar. Ze had al eerder haar vingers gebrand. Zijn mond bedekte de hare. Dit was verkeerd. Maar... o zo heerlijk. Haar hart bonsde in haar borstkas. Ze zuchtte in zijn mond, gaf zich bijna over. Zijn lippen gleden nog steeds over de hare en toen, met een nieuwe zucht, trok ze zich terug.

'Ik denk dat we dit eigenlijk niet moeten doen.'

Met een spijtige blik knikte hij. 'Je hebt gelijk.' Hij streelde haar wang. 'Ik wil het wel, maar het is laat en...' Zijn blik dwaalde naar het tafeltje vol lege flessen, '... ik vermoed dat je heel veel wodka hebt gedronken.'

Lucy knipperde. Dat had ze helemaal niet bedoeld en gek genoeg vond ze hem hierdoor nog veel aardiger.

Hoofdstuk 12

'Lucy! Lucy! We hebben een probleem!'

Haar gezicht betrok toen ze Olafur met een narrige blik de trap van de receptie af zag komen. Haar schouders verkrampten en ze pakte een van de vier nieuwe schilderijen die zij en Alex net hadden opgehaald. Het aangename gevoel, opgewekt door de koffie in Hvolsvöllur en te veel warme glimlachjes van Alex, verdween als sneeuw voor de zon. Ze was helemaal niet van plan geweest om 's middags met Alex weg te gaan. Na de vorige avond had ze eigenlijk gehoopt dat ze hem een beetje kon mijden. Hekla had echter andere plannen gehad en hem gevraagd Lucy mee te nemen om de schilderijen op te halen omdat niemand anders beschikbaar was – dat had ze tenminste gezegd.

'Wat is er?' vroeg ze met een angstig voorgevoel. Ze keek even verlangend naar de auto en voelde dat Alex geruststellend zijn hand op haar onderrug legde. Dit kleine, niet opdringerige gebaar maakte dat ze iets naar achteren leunde, dankbaar voor zijn stilzwijgende vertoon van solidariteit. Ze was niet meer alleen.

Olafur schudde met een spijtige blik zijn hoofd. 'De jeeps hebben de...' Hij maakte een kapgebaar met beide handen, '... *sprungio dekk*.'

Ze fronste.

Hij wees naar de banden van Alex' auto en maakte een sissend geluid.

'Lekke band?'

Hij knikte heftig.

'Je zei "jeeps"... Bedoel je beide jeeps?' vroeg Alex voordat Lucy dit kon doen, maar zij vroeg zich precies hetzelfde af. Beide jeeps leek veel te onwaarschijnlijk, maar Olafurs bevestigende knikje, waardoor zijn warrige baard zijn borstkas raakte, was een duidelijk antwoord.

‘Geen tour dus vanavond,’ zei hij vol afschuw. ‘En de weersvoorspelling is echt heel goed.’

Natuurlijk! Lucy rolde maar niet met haar ogen en vroeg in plaats daarvan, alsof ze er verstand van had: ‘Heb je geen reservebanden?’ Nu ze eraan dacht, hádden auto’s tegenwoordig eigenlijk nog wel een reserveband?

‘Ja,’ antwoordde Olafur, witheet van woede. ‘Zijn allebei weg!’

‘Verdorie!’ zei Lucy. ‘Hoe kán dat? Zijn ze gestolen?’

Olafur haalde zijn schouders op. ‘De filmploeg verwacht dat ze vanavond op pad kunnen. De omstandigheden zijn goed.’

Verdorie, dat is echt zo.

‘Hoe is het mogelijk dat ze allebei een lekke band hebben?’

Olafur schudde zijn hoofd. ‘Dat is een mysterie. Misschien zijn we over glasscherven gereden.’

‘Nee,’ zei Alex. ‘De kans dat een stuk glas de buitenband doorboort is heel klein en het is echt geen ongeluk als dat bij twee auto’s tegelijk gebeurt.’

‘Bedankt, Sherlock,’ zei Lucy, die dezelfde conclusie ook al had getrokken.

‘Dan betekent dit dat de...’ Olafur zweeg.

Lucy kneep haar ogen halfdicht en keek hem strak aan. Als hij het woord ‘huldufólk’ zelfs maar dácht, zou ze hem met haar blote handen wurgen.

‘Opzettelijk,’ zei Alex.

‘Pfff,’ zei Lucy. Ze had wel een vermoeden. Ze keek snel op haar horloge: kwart over vier. De blauwe lucht werd al donkerder en een groepje roze omrande wolken gloeiden in het licht van de ondergaande zon, die al naar de horizon zakte en over een kwartier helemaal zou zijn ondergegaan. Het beloofde een heldere nacht te worden. Perfecte omstandigheden. ‘Hoe laat zou je vertrekken?’

‘Om negen uur, na het diner.’

‘Weet de filmploeg het al? De gasten?’

Olafur schudde zijn hoofd. ‘Ik heb nog met niemand gesproken, alleen met Hekla.’

‘Goed, zeg het nog tegen niemand. Kom mee.’ Ze beende het hotel in.

Clive zou intens genieten van een crisis. Dat zou geweldige televisie opleveren.

Zodra ze binnenkwam, draaide een camera haar kant op die gericht was geweest op een stel dat bij Brynja incheckte.

Shit, dat kon ze net gebruiken.

Clive, achter de cameraman, zwaaide en gebaarde dat ze moest blijven staan, terwijl hij met heftige gebaren naar de man en de vrouw wees die bij de receptiebalie stonden.

Ze kon hem onmogelijk negeren, dus ze schudde haar hoofd en maakte een afwijzend gebaar waardoor hij haar hopelijk met rust liet. Bovendien wilde hij haar vast niet filmen nu ze er zo uitzag, want in haar vrijetijdskleding leek ze meer op een zwerfster dan op een professionele manager. Haar muts had haar haar geplet en het blonde haar dat onder de muts uit piekte was kroezig door de vochtige lucht. Het was een heel kleine troost dat niemand haar zou herkennen zonder feestelijke make-up, lingerie met bontrandje en dronken geknipper.

Clive negeerde haar en hield de camera op haar gericht.

Ze verstijfde. Elke spier in haar lichaam spande zich. O mijn god, ze ging overgeven. Haar kaak verkrampte door dat afschuwelijke ‘ik kan elk moment overgeven’-gevoel.

Clives wees naar haar en knikte steeds enthousiaster.

Het enige waar ze aan kon denken was de kille en valse blik van de camera die op haar was gericht, als een gemeen monster dat klaarstond om haar te bespringen. Ze dwong zichzelf een paar stappen naar voren te zetten, terwijl elke centimeter van haar lichaam stijf en onbuigzaam was. Natuurlijk kon de cameraman haar houterige bewegingen en bevroren blik zien. Clive straalde nog steeds en danste om de cameraman heen. Het koude zweet brak haar uit. Ze schaamde zich diep toen ze terugdacht aan haar stomme glimlach terwijl ze naar de camera keek en op een overdreven manier over haar rode lippen met te veel lipgloss likte.

Bijna in tranen dwong ze zichzelf ondoorgrondelijk te blijven kijken en zette opnieuw een stap naar voren. 'Goe... Goedenavond, hallo. Ik ben Lu... de general manager van The Northern Lights Lodge.'

De in het zwart geklede cameraman draaide om haar heen, waardoor ze zich een prooi voelde die in een hoek werd gedreven.

Ze slikte en probeerde de handheld-camera te negeren die ze vanuit haar ooghoek kon zien. Ze kon er niet aan ontsnappen. 'Ik eh... wil u graag verwelkomen.'

De vrouw leek een beetje nerveus en Lucy realiseerde zich dat dit door haar kwam. Ze plakte een nep-glimlach op haar gezicht en zocht de juiste woorden. 'Is dit uw eerste bezoek aan IJsland?'

Het gezicht van de vrouw klaarde op en ze zei opgelucht: 'Ja!' Haar donkerbruine ogen straalden enthousiast. 'Dit land staat al eeuwen op mijn bucketlist.' Ze keek naar haar man en zei: 'Peter houdt meer van de warmte, maar hij heeft deze reis geboekt als een verrassing voor mijn vijftigste verjaardag.' Ze keek hem met zo'n stralende en gelukkige blik aan dat er een vreemd gevoel door Lucy heen ging, vooral toen Peter met zijn ogen rolde en een kusje op het puntje van de neus van zijn vrouw drukte.

'Wat aardig!' Ik hoop dat jullie genieten van je verblijf. Laat het mij of het personeel weten als jullie iets nodig hebben.'

Ze keek snel naar Alex, die tot haar grote verbazing geschokt keek, achter Clive was gaan staan en zijn hoofd introk alsof hij zich probeerde te verstoppen.

'U kunt ons tips vragen voor bijzondere plaatsen die u kunt bezoeken. Ik zou de Gullfoss-waterval aanbevelen en het Thingvellir Nationaal Park.'

'Maak u geen zorgen,' zei Peter met een lankmoedige glimlach. 'Jane heeft zich in dit land verdiept vanaf het moment dat ik haar de vliegtickets gaf. Hoeveel reisgidsen heb je gekocht, liefje?'

'Ach, jij!' Ze knuffelde hem. 'We willen niets missen.'

'Goed, ik laat het aan Brynja hier over om jullie in te checken en ik wens jullie een aangenaam verblijf.'

'Cut!' riep Clive. ''Geweldig. Bedankt, Peter en Jane. Jullie waren fantastisch. Goed gedaan, Lucy. We zullen je dat nog een keer laten doen, zodat we een paar stukken kunnen knippen. Dingen als gestotter en eh's... Jullie zijn natuurtalenten. Lucy, volgens mij had je last van je zenuwen. Ga daar staan en zeg wat je net ook zei.'

Olafur en Alex bleven kijken, waardoor ze nog nerveuzer werd nu ze dit afschuwelijke moment steeds opnieuw moesten filmen. Stonden ze maar niet te kijken, want haar maag verkrampte steeds meer.

'Je went nog wel aan de camera,' zei Clive. 'Een heleboel mensen zijn in het begin gespannen.'

'Ik ben helemaal niet gespannen!' Lucy was woedend, omdat Chris dat ook vaak tegen haar had gezegd. En ook al was ze gespannen, wat had iemand anders daarmee te maken? Waar haalde hij trouwens het lef vandaan dit te veronderstellen? Hij kende haar helemaal niet.

'Oké, Bob. Volgens mij is het zo prima. Het lijkt me goed om, voordat we gaan eten, nog een paar gewone werkzaamheden te filmen en daarna op zoek te gaan naar de aurora borealis.' Hij sprak de Latijnse woorden genietend uit. 'Dat wordt helemaal geweldig. Maar Lucy, het zou geweldig zijn als jij eerst even samen met Alex en Olafur naar het kantoor gaat en daar met z'n drieën verder praat over waar jullie het over hadden toen jullie binnenkwamen.'

Jane keek abrupt om en trok aan de arm van Peter, die Dagur hielp om hun bagage mee te nemen. Ze leek iets te willen zeggen, maar Dagur nam haar man al mee de receptie uit.

'Dat doe ik liever niet.' Lucy probeerde dit bruusk en zakelijk te laten klinken, terwijl ze het liefst had geschreeuwd dat ze haar met rust moesten laten. 'We hebben het nu even erg druk. Ik moet van alles doen.'

Die stomme Alex was al snel naar het kantoor gelopen alsof hij op hete kolen liep, terwijl ze zijn hulp goed had kunnen gebruiken bij het intomen van de enthousiaste regisseur.

'Lucy, Lucy, Lucy. Je hoeft je echt geen zorgen te maken, je zult er geweldig uitzien op camera.'

Ze kneep haar ogen tot spleetjes. Het kon haar geen barst schelen hoe ze eruitzag op camera, ze wist al hoe ze eruitzag op camera en ze wilde niet op camera. Punt uit!

'Negeer ons gewoon. Het is juist beter als je dingen te doen hebt, dan lijkt het natuurlijker. Doe gewoon wat je normaal ook doet.' Hij keek snel op zijn horloge. 'Olafur, hoe laat vertrekken we vanavond ook alweer?'

Olafur keek Lucy met een paniekerige blik aan en leek op een vis op het droge toen hij zijn mond opende en weer sloot.

'Verdomme!' fluisterde Lucy terwijl ze voor iedereen uit naar het kantoor liep. Hoe moest ze dit in vredesnaam oplossen terwijl die verdomde camera in haar nek stond te hijgen?

Ze ging in het aangenaam warme kantoor achter haar bureau zitten, trok haar fleece uit en was blij dat ze haar trillende benen een beetje rust kon gunnen. Olafur stond zo stijf als een vogelverschrikker tegen de muur geleund. Alex was al begonnen met koffie maken en fronste, alsof iets hem dwarszat. Ze begreep niets van zijn gedrag, want het ene moment leek het alsof hij wilde voorkomen dat hij werd gezien en het volgende rende hij op Clives verzoek naar het kantoor.

Clive was vijf minuten bezig hen neer te zetten zodat ze 'natuurlijk' overkwamen, wat heel moeilijk was met zeven man in een kantoor dat voor maximaal vier was bedoeld.

'Goed,' zei Lucy, terwijl ze haar best deed opgewekt en normaal te praten en wanhopig probeerde niet naar de grote lichtreflector links voor haar te kijken. 'Waar is de dichtstbijzijnde garage voor de jeeps die we moeten laten repareren?' Ze keek Olafur strak aan, in de hoop dat hij de boodschap begreep.

Bob zoomde in op haar, met de camera vlak voor haar neus. Ze had de camera het liefst weggeduwd, en balde haar vuisten onder haar bureau.

'Er is er een in Hvolsvöllur, maar die is nu al gesloten.'

Lucy sloot haar ogen en kneep in de brug van haar neus.

Als de filmploeg ontdekte dat hun uitstapje niet doorging terwijl de weersomstandigheden perfect waren, zou dat er niet goed uitzien.

‘Welke andere voertuigen kan het hotel gebruiken? Heeft het personeel auto’s die...’ O mijn god, ze wist niet meer wat ze moest zeggen. Hopelijk liet Clive het haar niet opnieuw doen.

Olafur schudde zijn hoofd en keek haar vol onbegrip aan.

‘En andere hotels in de omgeving? Die gebruiken dezelfde garage voor hun voertuigen die excursies maken.’

Olafur fronste.

Lucy deed een nieuwe poging. ‘Ik weet bijna zeker dat andere hotels ook geschikte voertuigen nodig hebben om hun gasten mee op excursie te nemen. Misschien kunnen we met hen samenwerken als onze jeeps naar de garage moeten.’

‘Ja!’ riep Alex. ‘Er zijn vast andere hotels waarmee we kunnen samenwerken. Weet jij een paar, Olafur?’

Olafur knikte langzaam om aan te geven dat hij het begreep en streek door zijn baard, maar leek absoluut niet warm te lopen voor dat idee. ‘Het dichtstbijzijnde is een pension, het Skelland.’

‘Oké, hebben we hun telefoonnummer? Dan kunnen we even navraag bij hen doen, je weet wel, voor de volgende keer dat onze jeeps naar de garage moeten.’

Hij schudde zijn hoofd. ‘Dat heeft geen zin.’

Clive hief zijn hand en rolde met zijn ogen. ‘Cut! Jullie... Het is een lange dag geweest. Ik moet iets hebben wat een beetje meer... ik weet het niet... echt een probleem is. Een onderhoudsbeurt voor een auto is... verdomd saai, snap je?’

Goed, dan gingen ze er hopelijk vandoor en lieten ze haar met rust zodat zij het probleem met de jeeps kon oplossen.

‘Het is gewoon wat het is,’ zei Lucy. ‘Sommige klussen zijn nu eenmaal zo. De dagelijkse werkzaamheden kunnen een beetje saai zijn, doordat we aandacht aan de details moeten besteden.’

‘Juist.’ Clive slaakte een diepe zucht alsof dat een grote teleurstelling voor hen was. ‘Nou ja, we maken nog een paar algemene opnamen en dan kappen we ermee. Hopelijk laat het noorderlicht zich van z’n mooiste kant zien. Bob, maak een paar opnamen van het werk op kantoor.’

Bob legde zijn camera neer, keek om zich heen en toen naar Lucy. 'Duw jezelf iets naar achteren, maar blijf zitten. John, breng de reflector hiernaartoe.' Met een valse grijns voegde hij eraan toe: 'Zo krijgen we een mooi silhouet.'

Lucy kreeg de kriebels van de manier waarop hij dit zei.

'Nu moet je even glimlachen, Lucy,' riep hij. Bob keek langs de camera naar haar en zei: 'En ga iets meer rechtop zitten.'

Lucy fronste toen ze zich realiseerde dat de camera haar lichaam volgde vanaf haar benen naar haar lichaam. Ze werd rood en voelde dat ze misselijk werd. 'Je ziet er leuk uit! Kom op, glimlachen!' Hij keek opzettelijk naar haar borsten onder haar strakke polo, die ze onder haar fleece had gedragen. Ze sloeg vol afschuw haar armen over elkaar, schoof haar stoel dichter naar haar bureau en keek naar haar computerscherm.

Nog eens twintig minuten lang filmden ze Lucy die aan haar bureau zat te werken, zogenaamd een telefoongesprek voerde en zogenaamd met Alex zat te praten.

Eindelijk liepen Clive, de grip en Bob de cameraman naar de deur. Vlak voordat ze het kantoor verlieten draaide Bob zich om, kneep zijn ogen een beetje dicht en keek met een sluwe blik naar Lucy's gezicht. 'Ik ken je ergens van.'

'Dat denk ik niet.'

'Jawel... je komt me bekend voor. Heb je in een advertentie gestaan of zo?'

Ze keek hem aan, rechtte haar rug en hief haar kin. Zogenaamd heel dapper, maar met een knoop in haar maag.

Ze vertrok haar mond, schudde haar hoofd en zei achteloos: 'Ik niet.'

Zodra hij weg was, stond ze op. Ze deed de deur achter hem dicht, leunde er zwaar tegenaan en wilde alleen nog maar weg. Ze wilde een hete douche nemen en zichzelf de rest van de avond verstoppen. Dat was helaas geen optie. Ze moest dit probleem nog steeds oplossen, maar zodra ze dat had gedaan... was ze weg.

'Olafur, kun je dat pension bellen?'

'Zij gaan ons niet helpen.'

'Dat begrijp ik niet.'

'Ik zou moeten zeggen dat Jan Leifsen ons niet gaat helpen.'

'Waarom niet?'

'Zijn vrouw is zwanger en de bevalling is vanmiddag begonnen. Al hun gasten zijn naar andere pensions gebracht.'

'O shit!' Lucy liet haar hoofd in haar handen zakken en wreef in haar ogen. 'Kent iedereen hier elkaar?' Ze beet bijna weer op haar lip.

Alex keek haar vriendelijk aan.

Ze keek vuil terug, maar liet haar lip met rust.

Het niet bepaald behulpzame getik van de klok herinnerde haar eraan dat er nog maar een paar uren over waren om een oplossing te vinden. Anders zou ze Clive moeten vertellen dat de tour niet doorging.

Olafur knikte en zei uiteindelijk: 'Bijna wel. En anders kennen we wel iemand die iemand kent.'

Lucy deed heel even haar ogen dicht en toen snel weer open. 'Waar is Hekla?'

Olafur keek haar verbaasd aan, maar Alex leek haar te begrijpen. 'Ze is al vrij.'

Natuurlijk! Ze had haar die middag vervangen. Lucy dacht even na, want ze wilde haar liever niet storen, maar dit was een soort noodsituatie. 'Wil je haar gaan zoeken? En weet je wat voor banden we nodig hebben?'

Olafur knikte, schreef de informatie op en liep snel weg alsof hij opgelucht was dat hij kon ontsnappen.

'Alsjeblieft.' Alex schoof een kop koffie naar haar toe. 'Wat ben je van plan?' vroeg hij hartelijk en samenzweerderig.

Lucy verstijfde even, haar hartslag versnelde helaas weer door de klank van zijn stem en door de herinnering aan zijn tedere kus van de vorige avond.

Ze kneep haar ogen tot spleetjes. *Laat hem niet te dichtbij komen, Lucy.* 'Ik vraag me alleen af of de huldufólk misschien willen meewerken en die camera vannacht aan gruzelementen willen slaan. Ze hebben vast de pest aan al die moderne technologie,' zei ze kortaf. Ze keek hem niet aan, pakte een vel papier van haar bureau en keek er even geconcentreerd naar. Toen ze opkeek zag ze dat Alex haar met een meelevende glimlach aankeek.

Hij zei: 'Clive is behoorlijk doelbewust, maar heeft weinig inlevingsvermogen. Je vindt het echt niet prettig om gefilmd te worden, hè?'

'Nee!' Lucy keek hem alweer niet aan. Ze was niet van plan hem te vertellen waarom niet. Alle herinneringen aan het verraad van Chris kwamen terug. Alex leek zo vriendelijk en behulpzaam, maar ze had hem wel betrapt in de wasserij. Ze moest dus echt op haar hoede blijven.

'Wanneer ga je hun vertellen dat er vanavond geen excursie plaatsvindt?'

Ze keek snel op en zei met een vastbesloten blik en op een bewust kille toon: 'Als ik elke andere optie heb onderzocht.'

Alex trok zijn wenkbrauwen op.

Ze kon gewoon zien dat hij figuurlijk gesproken achteruitdeinsde. *Goed zo.* Ze was deze heerlijke middag vergeten dat het gevaarlijk was om iemand te vertrouwen. Doordat ze werd gefilmd kwamen al die ellende en verbittering terug. Zelfs iemand die je heel goed dacht te kennen, kon je teleurstellen.

Op dat moment stormde Hekla binnen. 'Heb je de schilderijen opgehaald? Hoe was Hvolsvöllur?' Ze keek met een brede glimlach naar Alex.

'Goed,' zei Lucy kortaf. 'Heb je het gehoord, van de lekke banden en de verdwenen reservebanden?'

'Ja,' zei Hekla fronsend. 'Wie zou zoiets doen?'

'Dat weet ik niet, maar het moet iemand zijn met een grief tegen het hotel. Ik heb geen idee, maar we moeten dit oplossen voordat de filmploeg het ontdekt. Dit is precies het probleem waar ze op wachten.'

Alex knikte instemmend.

'Meen je dat? Maar waarom dan?' vroeg Hekla.

'Hekla, je kent een heleboel mensen in Hvolsvöllur,' zei Lucy zonder Alex aan te kijken. Ze wilde niet eens proberen om de werkwijze van de Britse roddelpers uit te leggen.

'Ja.'

'Ken je iemand van de garage?'

'Elins broer zat op school met Viktor, en zijn jongere broer werkt daar... Of was het zijn oudere broer? Misschien allebei wel.'

'Denk je dat je een telefoonnummer van hem kunt krijgen en kunt achterhalen of hij de garage voor ons wil openen, zodat we erheen kunnen rijden en een paar reservebanden kunnen ophalen? Volgens Olafur is dit de bandenmaat die we nodig hebben.'

Lucy keek hoopvol naar Alex, hoewel ze nog maar een paar minuten geleden had geprobeerd een barrière tussen hen in te zetten.

Ze was verbaasd toen ze zijn geamuseerde blik zag en hij instemmend knikte.

'Oké.' Hekla pakte haar telefoon en toetste meteen een nummer in. Een paar seconden later vertelde ze iemand met haar zangerige stem wat er aan de hand was. Ze pakte een pen, noteerde een nummer en belde iemand anders.

Lucy staarde strak naar haar computerscherm en keek niet naar Alex, al had ze dat het liefst stiekem wel gedaan.

Ondertussen voerde Hekla vijf telefoongesprekken, waarna ze stralend de verbinding verbrak. 'Aron, de eigenaar van de garage, zegt dat hij die banden niet op voorraad heeft, maar wel een paar banden heeft die we tijdelijk kunnen gebruiken. Hij gaat er nu naartoe.'

'Weet je zeker dat je het niet erg vindt om weer naar Hvolsvöllur te rijden?' vroeg Lucy aan Alex, nadat Hekla hun had verteld hoe ze de garage konden bereiken. Ze slaakte een diepe zucht, schudde haar hoofd en zei: 'Ik heb het gevoel dat ik misbruik van je maak.' Bovendien had ze het gevoel dat ze te veel op hem steunde.

Hij keek haar aan met een blik alsof hij wist wat ze dacht.

Ze slikte. Hij begreep haar echt iets te goed, zoals bleek uit de blik waarmee hij haar aankeek: vol stilzwijgend medeleven en met zijn gebruikelijke vriendelijkheid.

‘Misbruik?’ vroeg hij plagend. ‘Ik voel me net een superheld die de boel komt redden. Zoveel opwinding heb ik al heel lang niet meer meegemaakt.’

Ze voelde zich meteen beter door zijn woorden en doordat hij haar liet merken dat hij dit helemaal niet vervelend vond.

‘Behalve toen je het gevoel had dat je tussen de kaken van een waterval stond.’ Lucy was zelf verbaasd over haar fantasie.

Alex keek al even verbaasd naar haar.

Heel even keken ze elkaar aan, zij verontschuldigend en hij alsof hij haar verwarring zag en begreep.

‘Ja, dat was heel opwindend.’

Door zijn diepe stem kreeg ze opnieuw vlinders in haar buik. Dus draaide ze zich snel om en zei tegen Hekla: ‘Je bent geweldig, dank je wel. Dan gaan Alex en ik ze nu halen. Wil je nog iets voor me doen?’

‘Natuurlijk,’ zei Hekla met haar gebruikelijke opgewekte glimlach.

‘Wil je Olafur laten weten dat we reservebanden hebben en zeggen dat hij klaar moet staan om de banden te vervangen zodra we terug zijn?’

Hoofdstuk 13

Lucy was bezig een stapel facturen weg te werken toen ze in de receptie luide stemmen hoorde. Vermoeid wreef ze over haar voorhoofd. Ze had de enorme stapel administratie nog steeds niet kunnen wegwerken. En hoewel dit een uitstekende plek was om zich te verbergen voor de filmploeg, was ze zich er maar al te zeer van bewust dat ze de rest van het hotel verwaarloosde.

De filmploeg sloop als een stel gekooide tijgers rond. Hoewel de jeeps die ene avond op tijd klaar waren geweest en Olafur uren met de filmploeg had rondgereden, hadden ze het noorderlicht niet gezien. De drie daaropvolgende tochten waren al even teleurstellend verlopen, en nu was Clive moe en prikkelbaar.

Lucy was heel blij dat zij de verbazingwekkende lichtshow al op haar eerste avond had gezien. Ze had wel medelijden met het aardige stel Jane en Peter, die elke avond mee op jacht waren geweest naar de aurora borealis en nog steeds geen succes hadden gehad.

De stemmen klonken steeds verhitter, dus verliet ze haar kantoor.

Hekla stond met een grimmige glimlach tegenover een Amerikaans stel dat uitcheckte.

'Ik weiger te betalen voor een kamer zonder uitzicht. Dit zou de beste kamer van het hotel zijn, maar ik heb helemaal niets gezien!'

Hekla, met haar opgewekte blik, leek nu meer op een Noorse krijger. Ze keek de man strak en zonder haar gebruikelijke hartelijkheid aan. Ze stond vastberaden tegenover het stel en leek sprekend op een 'verdomd kwade Viking', maar dan zonder bijl en gehoornde helm.

'Het ís ook onze beste kamer, meneer Wainwright, en ik ben –'

'Zal ik het van je overnemen?' zei Lucy snel. Ze plakte een glimlach op haar gezicht en ging voor Hekla staan, vastbesloten om de situatie op te lossen voordat de loerende filmploeg hier lucht van kreeg. Ze had dit soort gasten al honderden keren meegemaakt: vast van plan gebreken te vinden en korting te krijgen, en dreigend met een slechte recensie op social media en TripAdvisor.

Hekla keek haar verbaasd en kwaad aan. 'Ik was –'

Lucy onderbrak haar en zei snel, met een professionele glimlach om iedereen te kalmeren: 'Goedemiddag. Ik ben de general manager. Kan ik jullie helpen?' Ze zag wel dat Hekla woedend was en wilde niet het risico lopen dat een van beide partijen zijn zelfbeheersing verloor.

'Ja, dat kunt u, jongedame.' De man sloeg met een hand op de balie. 'Ik heb extra betaald voor een luxe kamer met uitzicht op de bergen en de zee. Die heb ik allebei niet gezien en dus ben ik niet van plan het volle pond te betalen.'

'Wat jammer dat u teleurgesteld bent. Welke kamer had u?'

'De luxe kamer met uitzicht op de bergen en de zee.'

'Kamernummer?'

'Vier negen,' snauwde Hekla, die naast haar stond, maar zo verontwaardigd dat ze niet bepaald nuttig was.

Lucy probeerde zich alle luxe suites voor de geest te halen.

Hekla siste: 'Al onze suites hebben uitzicht aan de voor- en de achterkant.'

Lucy keek haar dankbaar aan, maar zag tot haar verbazing dat Hekla haar woedend aankeek.

'Neem me niet kwalijk, meneer, maar ik begrijp het niet. Er zijn ramen met uitzicht op de zee en de bergen.'

Opeens zag ze dat Alex eraan kwam. Geweldig! Op dit moment had ze echt behoefte aan publiek.

O, helemaal geweldig! Vlak achter hem liep de filmploeg.

'Ja, maar het is niet acceptabel om reclame te maken voor een kamer met uitzicht als je het uitzicht niet kunt zien.'

Toen Clive Wainwrights luide stem hoorde, lichtte zijn blik op van genoegen.

De camera zwaaide naar haar toe.

Lucy concentreerde zich op de woedende gast, dwong zichzelf hem met een meelevende glimlach aan te kijken, hoewel ze nog steeds niet begreep wat het probleem was. Ze verstijfde.

De man draaide zich om en wees naar de ramen van de receptie. 'Kunt u iets zien?'

De camera draaide naar het raam. De vorige dag was begonnen met een stralende zon, maar rond lunchtijd was het bewolkt geworden en vanaf dat moment was het hotel gehuld geweest in een ondoorzichtige grauwe mist en motregen tegen de ramen.

Hekla had haar verteld dat ze in IJsland zeiden dat je, als het weer je niet bevalt, een kwartier moet wachten omdat het dan alweer is veranderd.

De man klaagde omdat het weer het uitzicht bedierf.

Door de camera kon Lucy geen woord uitbrengen, zodat ze dom en verstijfd leek. Ze had de man moeten vragen of er iets mis was met zijn kamer. In plaats daarvan keek ze hem aan met de meest belachelijke verontschuldigende glimlach en zei: 'Het enige wat ik kan doen, is excuses aanbieden voor het weer.'

Hekla snoof.

Lucy kromp inwendig ineen, terwijl ze probeerde te bedenken op welke manier ze deze situatie kon redden. Waarom bood ze haar verontschuldigingen aan voor het weer? Daar had ze helemaal geen controle over. Wat ongelofelijk stom om zoiets te zeggen; zelfs de vrouw van de gast keek een beetje gegeneerd. De camera legde het allemaal vast. Lucy's glimlach bleef op haar gezicht plakken. Ze kon dit wel oplossen. Ze was een professional. Ze had vaker te maken gehad met dit soort mensen. Soms gedroeg iemand zich onmogelijk en moest je blijven glimlachen in de hoop dat de situatie op magische wijze vanzelf werd opgelost. Maar in dit geval, onder het rampzalige oog van die verdomde cameralens, kon ze geen enkele andere strategie bedenken. 'Het weer hier is erg veranderlijk, vrees ik.'

Ze zweeg en keek de man aan, terwijl ze zich afvroeg of hij zich zou realiseren hoe belachelijk hij zich gedroeg en of zijn vrouw hem misschien tot rede zou brengen.

De man streek met een vinger langs de rand van zijn creditcard en tikte ermee op de balie. Toen hij de camera zag maakte hij zich groot, klaar voor de strijd en met een nogal verwaande glimlach, alsof hij wilde zeggen: ja, wat ga je nu doen? 'Ik ga niet betalen voor een kamer met uitzicht als ik geen uitzicht heb,' brieste hij ter wille van de camera. Ten overvloede keek hij vals naar Lucy en sloeg hij met een dikke hand op de receptiebalie.

Lucy zag dat Clive Bob met gebaren duidelijk maakte dat hij dit allemaal moest filmen. Ze voelde spanning in haar schouders en draaide zich met een stijve nek en een geforceerde glimlach om naar de geprinte factuur op het bureau achter de balie. Haar hartslag versnelde. De camera op Bobs schouder, die ze vanuit haar ooghoeken zag, leek op een zwarte kraai die naar haar keek. Bob wachtte tot hij kon inzoomen zodra de situatie volkomen uit de hand liep.

Lucy keek opnieuw naar de rekening en zag het adres van de man, terwijl ze snel een rekensommetje maakte. Misschien kon ze hem een korting geven voor een of twee nachten, maar toen vermande ze zich. Wat mankeerde haar?

Rustig ademen, Lucy. Rustig ademen. Ze dacht aan Alex' hand die tegen haar middenrif drukte. Ze keek op en ving zijn blik. Ze drukte haar hand tegen dezelfde plek. Rustig ademen. Rustig ademen. 'Ik eh... begrijp het, meneer...'

Conflicten oplossen. Denk aan je training. Leef mee. Luister actief. Neutrale taal. Het had geen zin. Ze kon niet helder nadenken.

'Wainwright. John Wainwright III,' zei hij, terwijl hij zijn dikke borstkas opzette en met een triomfantelijke glimlach naar de filmploeg keek.

Haar prestatiegerichte instelling, waardoor ze de carrièreladder zo snel had beklommen, kwam opeens naar boven. Ze hief haar kin en keek John Wainwright III glimlachend aan.

Voor deze glimlach moest ze al haar acteertalent uit de kast halen. Ze deed er nog een schepje bovenop. Dacht hij soms dat ze het zonder strijd zou opgeven?

'U bent Amerikaan?' vroeg Lucy. Haar onverwachte zelfvertrouwen en opgewekte glimlach maakten hem onzeker. 'Nu begrijp ik het.' Ze keek hem vrolijk aan, straalde nog meer charme uit en zei met een warme klank in haar stem (dit was geen optreden waarmee ze een Oscar zou winnen, maar ze bracht het er niet slecht vanaf): 'In Amerika bent u aan bijzonder hoge kwaliteit gewend. Ik neem aan dat aangenaam weer daar standaard is?' vroeg ze alsof ze heel redelijk was en terwijl ze hem vriendelijk aankeek. 'Ik zie dat u uit Seattle komt.'

Alex, die achter het stel stond, kuchte.

Clive snoof.

De vrouw van de man klemde haar lippen op elkaar om niet te lachen of te glimlachen.

'Nou ja... Niet eh...' De opgezette borst zakte in.

'John,' teemde de vrouw. Ze gaf hem een por en zei: 'Lieverd, het is niet de schuld van deze jongedame dat het te mistig was om iets te zien. Ik zei toch dat we hier in de zomer naartoe moesten gaan.'

'Pff,' zei Wainwright, waarna hij haar zonder nog iets te zeggen zijn creditcard overhandigde.

Terwijl Hekla de creditcard met een gracieus knikje van hem aannam, keek ze Lucy nogal dreigend aan. Ze regelde de betaling en overhandigde de man zijn rekening.

Ondanks Hekla's onverwachte vijandigheid bleef Lucy geforceerd glimlachen, hoewel dat heel veel moeite kostte, mede dankzij Alex, die achter het stel stond en bijna dubbel lag van het lachen, en Clive die grijnzend zijn duim opstak. Als de camera niet nog steeds op haar gericht was geweest, had ze beide mannen vals aangekeken. Ze gedroegen zich schaamteloos, want ze probeerde gewoon zich professioneel te gedragen. Alex en de filmploeg bleven tot het Amerikaanse stel de receptie eindelijk verliet en hun bagage op de trap voor de ingang zette.

Zodra ze weg waren, keek Hekla Lucy opnieuw woedend aan. Ze beende naar het kantoor en sloeg de deur met een luide knal dicht.

Lucy rechtte haar rug en wilde achter Hekla aan, heel blij dat ze aan de camera kon ontsnappen, maar ze werd afgeleid door Alex, die nu eindelijk hardop lachte. 'Onbetaalbaar, Lucy Smart. Onbetaalbaar.'

Ze vertrok haar mond en keek hem afkeurend aan, waarna ze hooghartig zei: 'De klant heeft altijd gelijk.'

O mijn god, dit zou allemaal op de televisie komen, dat wist ze nu al. Ze kon niet wachten om achter Hekla aan in het kantoor te verdwijnen.

Alex trok een wenkbrauw op. 'Behalve als hij een klootzak is en fout zit.'

'Daar kan ik onmogelijk op ingaan,' zei Lucy, sereen en stijfjes.

Alex keek haar met zijn donkere ogen geamuseerd aan.

Iets in zijn blik maakte dat ze helemaal warm werd. Ze kon zich niet beheersen en keek hem met een stralende glimlach aan. Daarna hoorde ze dat Clive 'Cut' zei en realiseerde ze zich dat die verdomde camera nog steeds had gedraaid.

'Aha! Lucy Smart. Ik wist dat ik die naam kende.'

Lucy verstijfde.

Bob de cameraman blokkeerde de deur van de kleine opslagruimte in de gang naar de wasserij en keek haar met een valse en genietende grijns aan.

'Wat doe je hierbeneden?' Ze baalde enorm dat haar stem zo trilde. Ze had de filmploeg achtergelaten bij Brynja in de receptie, die voor hen een uitstapje plande naar de vuurtoren van Akranes op ruim twee uur rijden. Daarom was ze ervan uitgegaan dat ze de rest van de dag niet zou worden lastiggevallen.

'Ik check gewoon mogelijke locaties voor meer fly-on-the-wall-scènes. Toegang tot alle ruimtes.' Zijn blik dwaalde over haar lichaam.

Ze werd misselijk door zijn starende blik. Ze voelde zich afschuwelijk naakt, wilde haar benen over elkaar slaan en haar handen voor haar schaambeen houden.

Hij trok onbeschaamd een wenkbrauw op en keek naar haar gezicht.

'Dit lijkt me niet echt interessant,' zei ze moeizaam. Het kostte veel moeite om niet uit angst met haar tanden te klapperen.

'Dat weet ik nog zo net niet. Stiekeme afspraakjes in de spelonken van het gebouw. Wat er beneden echt gebeurt.'

'Dit is een hotel, niet *Downton Abbey*,' snauwde ze.

'Maakt niet uit.' Met zijn zelfvoldane en triomfantelijke glimlach leek hij op een spin die naar een prooi keek die gevangenzat in zijn web.

Ze zat klem en dat wist ze.

'Er wordt altijd geneukt tussen de leiding en het personeel.' Hij zweeg, legde zijn mollige handen op zijn zachte heupen en zei toen op quasisombere toon: 'Dat weet jij natuurlijk beter dan wie ook.'

Ga rechtstreeks naar de gevangenis. Ga niet langs start.

De moed zonk Lucy in de schoenen.

Met een roofdierachtige grijns stapte Bob dichter naar haar toe, geluidloos met zijn vieze sportschoenen op de stenen vloer. 'Lucy Smart,' zei hij, zichtbaar heel tevreden met zichzelf omdat hij het zich herinnerde. 'Vroegere assistent-manager van The Citadel, het vlaggenschip in Manchester van de Forum Group. Dit is wel heel ver beneden het niveau van een vijfsterrenhotel met vijfhonderd kamers. Ik heb je gegoogeld. Goed cv op LinkedIn. Een privé-Facebook-account. Beveiligd Instagram-account.' Hij grijnsde vals. 'Maar dan... bingo.'

Lucy sloot haar ogen, haar huid tintelde gewoon. Toen ze haar ogen weer opende, geïrriteerd en steeds kwader, was Bob zelfs nog dichterbij gekomen en keek hij haar zelfvoldaan en triomfantelijk aan. Hij rook naar sigaretten en goedkope, weeïge aftershave.

'De camera houdt van je.' Hij grijnsde en zijn blik dwaalde naar haar borsten.

Ze had de neiging haar handen voor haar borsten te houden, maar dan liet ze hem winnen.

'Je hebt wat ervoor nodig is.'

'Ik moet weg.' Ze probeerde langs hem heen te lopen.

Hij hield de beide deurposten vast, zodat ze er niet langs kon. 'Niet zo snel, jongedame. Ik heb een voorstel voor je.'

'Ik heb geen belangstelling.'

Bobs glimlach kreeg iets wreeds. 'Volgens mij ben je niet in de positie om de voorwaarden te bepalen, schatje.'

'Laat me er alsjeblieft langs.' Haar vlakke toon verborg haar wanhoop. Natuurlijk zou hij haar met rust laten als ze op haar strepen stond.

'Ik heb gehoord dat het hotel te koop is. Zal niet makkelijk voor je zijn om een baan te krijgen met die video op internet.'

Ze voelde dat de tranen in haar ogen sprongen. Ze balde haar vuisten.

'Kan me niet voorstellen dat je nieuwe bazen dat kunnen waarderen, of je collega's. Volgens mij vindt die Alex je erg leuk.'

'Hij is gewoon een collega,' zei ze, iets te snel.

Bob zag haar onzekere blik en zei: 'Je hebt veel te verbergen, Lucy Smart... en veel te geven. Reclame op YouTube betaalt goed.'

Lucy stapte opzij om te voorkomen dat hij zag dat ze op haar benen stond te trillen.

'Met jouw eh... lichaam en mijn cameravaardigheden kunnen we vast wel een deal sluiten waar we allebei beter van worden.'

'Ik ben niet geïnteresseerd.' Lucy werd misselijk door zijn voorstel.

'Verlegen?' Bob lachte. 'Je eerste poging was helemaal niet slecht. Met een beetje montage had het geweldig kunnen zijn. We kunnen ervoor zorgen dat je er nog veel beter uitziet.'

'Ik ben niet geïnteresseerd,' gromde ze opnieuw.

'Waarom denk je er niet even over na? Over wat er op het spel staat? Ik weet zeker dat je je nog bedenkt.' Hij stapte opzij om haar te laten passeren.

Ze liep langs hem heen, met haar hoofd geheven, en kromp ineen toen ze voelde dat hij haar billen even aanraakte.

Hoofdstuk 14

'Erik heeft zijn been gebroken,' zei Hekla. Ze stormde als een soort stripfiguur helemaal buiten adem het kantoor in. Lucy verwachtte bijna glijsporen op de houten vloer te kunnen zien.

Brynja kwam als een gespannen waakhond achter Hekla aan naar binnen.

Zelfs nu Hekla slecht nieuws had, was het toch een opluchting dat ze haar aansprak. Hekla had Lucy de afgelopen dagen ontweken: zodra Lucy ergens binnenkwam ging zij ervandoor en verder ontliep ze haar als het maar even kon.

'Wat! Hoe is dat gebeurd?'

Hekla schraapte haar keel. 'Het was een ongeluk. Er was een bezem omgevallen en de stok zat klem tussen twee kasten....' Ze maakte haar zin niet af.

Lucy keek haar argwanend aan. Na het gedoe met de lekke banden had ze duidelijk gemaakt dat degene die zelfs maar het woord 'huldufólk' uitsprak de komende maand de beroerdste diensten moest draaien.

Lucy keek op haar horloge. Het was al vier uur. 'Waar is Kristjan?'

Dat was Eriks rechterhand, die hoogstens twaalf jaar oud leek.

Brynja zei: 'Hij is vrij vandaag. Ik heb al geprobeerd hem te bellen, maar hij neemt niet op. Hij houdt van vissen, dus ik neem aan dat hij ergens in een boot zit.'

Lucy dacht snel na. Verdorie! Ze had geen opties meer. 'Hoeveel reserveringen hebben we voor het diner vanavond?' vroeg ze bezorgd en ontmoedigd. Ze had net het ene probleem opgelost en nu diende het volgende zich alweer aan. Geen wonder dat er in twaalf maanden tien managers waren geweest. Het was verbazingwekkend dat het er geen achtenveertig waren.

'Het is rustig vandaag. Het zijn er maar drieëntwintig.'

'Shit!' Lucy stond op.

Het probleem van deze locatie, in the middle of nowhere, was dat je de dinergasten niet even naar een ander restaurant kon sturen.

'Brynja, blijf hier en blijf proberen Kristjan te bereiken.'

Lucy liep, op de voet gevolgd door Hekla, naar de keuken. Nu had ze eindelijk het gevoel dat ze iets deed. Maar na één blik op het menu van vanavond, dat de vorige dag was geprint en was klaargezet op de houten lessenaar voor de eetzaal, verdween haar hoop dat ze het zelf kon klaarmaken.

Gegrilde heilbotfilet met wegedoorn en geglaceerde miniwortels
Langoustinesalade met schelpdierensaus
Lamsfilet, gekarameliseerde aardperenpuree, zuurkool en geglaceerde paddenstoelen
Vegan pindasteak

'Ik weet niet eens wat wegedoorn en aardpeer zijn, laat staan dat ik weet hoe ik die dingen moet klaarmaken. En ik heb zelfs nog nooit van een pindasteak gehoord.' Lucy keek om zich heen alsof ze hoopte dat ze als vanuit het niets inspiratie zou krijgen. Helaas...

'Lucy!' riep Clive.

Ze draaide zich om en zag dat hij met zijn filmploeg door de gang naar haar toe kwam. Ze keek expres niet naar Bob, maar doordat ze spontaan de rillingen kreeg wist ze dat hij er ook was.

'Hoor net dat er een probleem is. Je kok is vanochtend naar het ziekenhuis gevlogen.'

Hoe had hij dat in vredesnaam gehoord? Lucy en Hekla keken elkaar met grote ogen aan.

'Ja, maar dat is geen probleem,' zei Lucy soepel en geruststellend, alsof dat een eitje was en ze niet vanbinnen in elkaar zakte door Bobs griezelige blik. 'We hebben een back-up. Kristjan, onze souschef.' Ze hoopte echt dat Clive niet had gehoord dat Hekla naar adem hapte toen ze deze flagrante leugen uitsprak.

'Geweldig, de souschef komt de boel redden!' Clive klapte nota bene in zijn handen en wreef ze genietend tegen elkaar. 'Perfect verhaal. Bob, zet alles klaar in de keuken. We kunnen Crispin filmen als hij binnenkomt en te horen krijgt dat hij meteen aan de slag moet. Zoom in op zijn van afschuw vervulde gezicht. Daarna focus je op Luce die hem vertelt dat hij dat echt wel kan.' Hij zwaaide met zijn armen alsof hij de keizer was die zijn keizerrijk kwam redden. 'Daarna filmen we hem als hij de ene ramp na de andere moet fiksen, maar op het laatste moment komt alles goed.' Clive leek bijzonder geanimeerd, waardoor hij Lucy deed denken aan een enthousiaste brulkikker. Hij had zelf voor de camera moeten staan.

Lucy keek langs hem heen en zag dat Alex naar hen toe kwam, bijna alsof hij wist dat ze versterking nodig had. Alleen doordat ze Alex zag, was ze in staat Clive met een geforceerde glimlach aan te kijken en zogenaamd meelevend, maar gedecideerd te zeggen: 'Dat is helaas onmogelijk. We kunnen geen camera's en niemand van je filmploeg in de keuken toelaten tijdens het werk. Dan sluit de gezondheidsinspectie de tent.'

'Lucy, Lucy, schatje, we zijn overal kilometers vandaan. Hoe groot is de kans daarop? Denk je soms dat die gezondheidsinspecteurtjes hier helemaal naartoe komen voor een verrassingsbezoek?' Clives ogen straalden en zijn hoofd wiegde heen en weer als een getikte cobra. 'Laten we een beetje gevaarlijk leven en de regels omzeilen.'

Lucy's blik dwaalde naar Bob, bang dat Clive meedeed aan zijn spelletje, maar gelukkig wendde Bob zijn blik af.

'Ik ben niet bang voor een inspectie.' Dat stond niet eens op haar lijst van zaken waar ze zich druk over moest maken. 'Ik ben bang dat een van jullie gewond raakt, dat-ie achteruit stapt tegen het fornuis en een pan kokende olie omgooit of wordt gesneden door een vlijmscherp mes.'

Alex en Hekla knepen hun lippen op elkaar toen ze haar mierzoete glimlach zagen.

'Of dat een onderdeel van je apparatuur beschadigd raakt. De vloeren hier kunnen heel glibberig worden, door de waterdamp en het vet. Terwijl alles wordt klaargemaakt om opgediend te worden, zal het een probleem voor jullie zijn om niemand voor de voeten te lopen. Ik zou niet willen dat er per ongeluk een frituurpan over de lens valt,' loog ze, want eigenlijk leek haar dat een geweldig idee.

Clives wenkbrauwen raakten elkaar en hij knikte ernstig. 'Hmm.' Hij vroeg aan Bob, terwijl hij over zijn pretentieuze en warrige sikje streek: 'Wat denk jij?'

Bob keek haar peinzend aan en schudde zijn hoofd. 'We zijn de klos als we de apparatuur hier verkloten.'

Clive rilde en knikte. 'Dan moeten we maar hopen dat de aurora borealis vanavond mee wil werken. Gisteravond was opnieuw een complete mislukking, hoewel die Jane een heel bijzonder mens is. Had ze maar een levensbedreigende ziekte, dan was ze echt te gek voor primetime.'

Clive en Bob gingen ervandoor.

'Wat een hufters!' snauwde Lucy zacht, wat Alex heel grappig vond. Alex snapte niet hoe Lucy erin was geslaagd om haar geschokte afkeuring te verhullen, hoewel hij het helemaal eens was met haar vaststelling van Clives karakter.

Hij had echter zelf een probleem, want toen Clive weer over een van de gasten, Jane, was begonnen was het kwartje gevallen en verkrampte zijn maag. Parijs! Dáár kende hij hen van, dáár had hij hen ontmoet. Ze hadden Nina geholpen in de patisserie en waren bij de officiële opening geweest. Wat een ellende! Zo klein kon de wereld toch niet zijn?

In de patisserie had hij behoorlijk lang zitten praten met haar en Peter, met wie ze onlangs was getrouwd, terwijl ze Nina's verrukkelijke Brits-Franse banket opaten. Nu wist hij het allemaal weer. Nina aanbad deze twee mensen en zelfs de overdreven voorzichtige, narrige Sebastian leek weg te lopen met Jane. Deze mensen konden zomaar vertellen wie hij echt was – geen barkeeper dus.

Alex vertrok zijn gezicht en liep achter Lucy aan de felverlichte ruime keuken in, waar verschillende industriële koelkasten zacht stonden te zoemen naast roestvrijstalen planken en werkbladen.

Hij zou zich de komende dagen gedeisd moeten houden en hen moeten mijden. Hij keek even naar Lucy. Hij moest haar dus ook mijden. Hij voelde zich schuldig. Hij mocht niet vergeten dat hij voor Quentin werkte en dat zijn baas goede redenen had om te willen dat hij hier incognito was. Bovendien, daar had Quentin hem nog eens op gewezen, eindigen aardige mannen altijd als laatste. Dit was immers zakelijk.

Zonder ook maar even te aarzelen liep Lucy de inloopvrieskast in. Ze keek om zich heen, stapte achteruit en sloeg de deur weer dicht. 'Ik neem aan dat we niemand kunnen wijsmaken dat bonen op toast een IJslandse delicatesse is.'

Hekla keek haar met een nietszeggende blik aan.

Alex, die achter haar aan naar binnen was gekomen, lachte, hoewel hij helemaal niet vrolijk was. 'Leuk idee, maar dat gaat niet lukken. Jammer, want ik ben er gek op.'

'Echt?'

'Vooral met haggis.'

'Ik geloof je op je woord. Ik neem aan dat je niet kunt koken?'

Alex vertrok zijn gezicht. Hij had bijna zijn hele leven gewerkt in hotels en keukens waar altijd eten voorradig was. Hij kende de basisprincipes en had verstand van smaken en smaakcombinaties, maar hij had zelden zelf gekookt. 'Sorry, nee. Het was eigenlijk nooit nodig dat ik zelf iets kookte.'

'En jij?' vroeg Lucy toen ze zich allebei omdraaiden naar Hekla, die vol afschuw haar handen hief. 'Nrr.'

'Dat is duidelijk een nee,' verzuchtte Lucy. Ze draaide hen haar rug toe.

Alex zag dat ze haar schouders liet hangen, een paar kasten opende en er een grote zak pasta uithaalde.

Waar moesten ze op zo'n korte termijn een andere kok vandaan halen, vroeg hij zich af. Hij had allang aan de telefoon moeten zitten en Reykjavik moeten bellen om te proberen of een uitzendbureau hen kon helpen. Hij keek op zijn horloge.

Lucy zag dat. 'Reykjavik is hier anderhalf uur rijden vandaan, dus zelfs als ze op deze korte termijn een kok voor ons kunnen vinden... Ik heb al twee bureaus gebeld.'

'O!' Kon ze soms gedachten lezen?

'Je leek niet erg onder de indruk,' zei ze, waardoor zijn idee dat ze helderziend was sterker werd. 'Je deed me denken aan een vroegere baas van me. Kon nooit wachten om me op mijn bek te laten gaan.'

Haar woorden waren de perfecte herinnering aan het feit dat dit precies het soort scenario was dat Alex zou moeten rapporteren: hoe ze omging met kwesties, hoe ze reageerde op een crisis en hoe ze omging met haar personeel.

Hij wilde niet langer naar haar kijken en dus opende hij de koelkast, die boordevol zat. Soms was ze griezelig invoelend. Zijn maag verkrampte, zo ongemakkelijk voelde hij zich. Het feit dat hij haar niet letterlijk leugens had verteld, maakte zijn bedrog niet minder erg. Maar Quentin was zijn baas en hij wilde absoluut niet dat iemand van het personeel wist wie Alex echt was. Eén verkeerde opmerking van Jane of Peter en het spelletje was uit.

'Je gaat toch zeker niet zelf proberen te koken,' zei hij met een opgetrokken wenkbrauw. Dat was te gek voor woorden.

'Wat stel jij dan voor?' vroeg ze liefjes.

'Barhapjes, sandwiches, gefrituurde hapjes, pizza.'

Lucy keek hem minachtend aan. 'Onze gasten zijn op vakantie en verwachten een echte maaltijd, geen borrelhapjes.'

'Ga je echt zelf koken?' vroeg hij, terwijl hij niet te ongelovig probeerde te klinken. Ze was gek.

Ze keek hem aan, heel begripvol opeens. Ze maakte het elastiekje van haar paardenstaart los, pakte haar haar bij elkaar en hief haar kin. Even werd hij opnieuw getroffen door de soepele lichte huid van haar lange hals. Niet in staat zijn blik af te wenden, keek hij toe hoe ze snel en met een zakelijk gebaar haar haar in een hogere paardenstaart vastmaakte. Daardoor kon hij haar gezicht en profil beter zien, haar scherpe hoge jukbeenderen en de lichte bolling van haar lippen. Lippen? Waarom keek hij naar haar lippen? Hij had haar die avond niet moeten kussen. Verdomme, hij had daarna ook geen koffie met haar moeten drinken, maar Hekla had er bijna op gestaan door te zeggen dat zijn auto de enige beschikbare auto was en Lucy die dag de schilderijen moest ophalen.

Verdomme! Betrokken raken bij zijn doelwit stond niet echt in zijn functiebeschrijving. Moest je hem horen! Doelwit? Dacht hij soms dat hij Jason Bourne was?

'Heb jij misschien een ander voorstel?' Haar kordate opmerking verstoorde zijn gedachten.

Lucy vroeg aan Hekla: 'Wil jij mijn laptop even halen?' Met een grimmige glimlach voegde ze eraan toe: 'We moeten het menu vereenvoudigen. Gerechten maken die we van tevoren kunnen maken en op verzoek kunnen opwarmen. Ik moet een paar recepten googelen.'

'Lucy, denk je niet...' Toen ze haar kin hief bedacht hij zich. Hij zuchtte en haalde zijn telefoon uit zijn zak. 'Ik heb iets beters dan internet. Ik heb een Sebastian.'

'Is dat een briljante chef-kok?' Lucy beet op haar lip, waardoor ze de bruuske klank van haar stem onderuithaalde.

Zonder erbij stil te staan legde hij zacht een vinger op haar onderlip. 'Dat doe je steeds. Straks heb je daar weer een wondje.' Hij kon met de beste wil van de wereld niet verklaren waarom, maar hij streek met zijn vingertopje over haar lip alsof hij de pijn weg wilde strijken. Ze bleef roerloos staan, haar mond ging een heel klein stukje open en hij voelde dat ze snel uitademde, waardoor hij vlinders in zijn buik kreeg. Hij moest eindelijk een keer ophouden haar onbedoeld aan te raken. Dat had hij die avond ook gedaan met dat rimpeltje boven haar neus.

'Het is al een wondje.' Ze keek hem aan, haar ogen werden iets groter, haar tanden gingen naar hetzelfde plekje en raakten de vinger aan waarmee hij over haar lip streek. Hij trok zijn vinger snel terug, alsof hij zich had gebrand.

'Sorry,' zei ze. Ze wreef over haar mond en trok haar hoofd terug. 'Slechte gewoonte. Het lijkt wel alsof ik er niets aan kan doen. Zeg alsjeblieft dat jouw Sebastian zichzelf kan teleporteren en hier binnen vijf minuten kan zijn.'

Alex lachte om haar grapje, maar ook opgelucht omdat het potentieel ongemakkelijke moment voorbij was. 'Helemaal niet, maar hij is een vriend en, nog belangrijker, hij is kok.'

'Wil je nog steeds dat ik je laptop ophaal?' vroeg Hekla, die van de een naar de andere keek en hun gesprek volgde alsof ze naar een tenniswedstrijd keek.

'Ja, heel graag, want we moeten een volledig nieuw menu opstellen. Het moet een keuzemenu worden. Alex, als jij je vriend belt, ga ik kijken wat we hier allemaal hebben.'

Ze was opeens helemaal actief en schoof pen en papier naar hem toe terwijl hij Sebastian belde.

Halverwege zijn gesprek, dat hij vertaalde voor Lucy, zei hij: 'Hij denkt dat de langoustinesalade nog steeds een goed idee is. Hij stelt voor een salade te maken met asperges, doperwten en tuinbonen met wat croutons. Hebben we ook erwtenscheuten?'

Lucy zei: 'Pff. Hij maakt een grapje zeker? Weet hij wel dat we in IJsland zijn? De dichtstbijzijnde grote supermarkt is meer dan een uur rijden en het zou me verbazen als je daar erwtenscheuten kunt kopen als je die niet twee dagen van tevoren bestelt.'

Tot zijn stomme verbazing kwam Lucy voor hem staan en vroeg: 'Mag ik even?'

Zonder op zijn antwoord te wachten, pakte ze zijn telefoon van hem af. 'Hoi Sebastian, met Lucy Smart.'

Terwijl hij naar hun gesprek luisterde, kwam hij tot de conclusie dat ze kennelijk iets meer verstand had van koken dat hij had vermoed. Toch had hij genoeg afleveringen van *Masterchef* gezien om te weten dat koken in een professionele keuken iets volkomen anders was dan thuis iets in elkaar flansen.

Na haar telefoontje met Sebastian, waarna ze Alex meteen zijn telefoon teruggaf, begon ze in zichzelf mompelend uitgebreide aantekeningen te maken. Af en toe zei ze iets tegen Alex en tegen Hekla, die de laptop al had opgehaald. 'Alex, wil je misschien tellen hoeveel langoustines er zijn? Hekla, wil je het lamsvlees wegen? Kan iemand de wortels tellen? Is er meer dan één zak rijst? Kan iemand alle uien pakken?

'Juist.' Ze stond op en zei, als een generaal die aan een veldslag begint: 'Ik heb het. We laten mensen kiezen welk voorgerecht ze willen: traditionele IJslandse vissoep met Deens roggebrood of geroosterde schapenkaas in een jasje van gehakte walnoot met een coulis van bosbes. Daarna een hartig lams- of visstoofpotje met gebakken wortels en koolraap en aardappelgratin. En als dessert Skyr met fruit, of kaas met toast. Op de geroosterde schapenkaas na kan alles van tevoren worden klaargemaakt. We serveren de voorgerechten aan de tafels, als jullie dat samen kunnen doen, en ik beman de keuken.' Lucy vertrok haar gezicht even. 'Ik denk dat het wel gaat lukken.' Daarna, vastbeslotener: 'Het móét lukken.'

Twee uur lang waren Alex, Hekla en Dagur, die er ook bij was gehaald, aan het hakken, bakken en afwassen. Alex wilde nooit meer van die stekelige langoustines zien die vreselijk lastig te pellen waren, maar hij moest toegeven dat de bouillon op het fornuis verrukkelijk rook. Lucy concentreerde zich eerst op de lamsstoofpot, zodat die de oven in kon, en leek een volkomen andere vrouw. Ze werkte gestructureerd en systematisch, controleerde constant hoever hij en Hekla waren, en proefde en roerde alles als een echte professional. 'Nee, je moet de uien iets fijner hakken. Je moet de aardappels in iets dunnere plakjes snijden. Voeg citroensap toe.' Uiteindelijk stond het lamsvlees in de oven.

De ingrediënten voor de visstoofpot, die veel minder lang in de oven hoefde, waren allemaal gehakt en stonden klaar voor gebruik.

'Pff!' Lucy streek vochtige slierten haar uit haar gezicht. 'We zijn bijna klaar. Willen jullie even pauzeren en je uniform aantrekken?'

'Jij ook?' vroeg hij, want ze zou wel doodmoe zijn. Ze hadden geen moment gepauzeerd en hij was diep onder de indruk van haar geconcentreerde manier van werken.

'Kan niet. Ik moet proefdraaien met de voorgerechten, kijken of ik ze mooi kan opdienen. Bovendien ziet niemand mij.' Met een onzekere blik naar de zweetplekken onder haar oksels zei ze: 'Jullie zullen moeten accepteren dat ik stink. Als ik tijd heb, ga ik er even tussenuit en trek ik een schoon T-shirt aan.'

Zelfs met haar haar dat slap naar beneden hing, met het zweet op haar voorhoofd en met de wijde blouse die nu aan haar lichaam plakte waardoor haar slanke lichaam en haar borsten duidelijk zichtbaar waren, bruiste ze van energie. Daardoor werd hij opeens een beetje rusteloos en gespannen, en kreeg hij zin ergens tegenaan te trappen. Hij pakte een theedoek, ging met zijn rug naar haar toe staan en depte een plasje water op, omdat hij zich moest beheersen om haar niet mee naar bed te slepen en haar eindeloos te kussen.

Wat wás dit? Vast een soort stockholmsyndroom; ze hadden samen een crisis overleefd en dat veroorzaakte die posttraumatische psychologische band.

Lucy vloekte en greep naar haar voorhoofd. Dit ging dus niet lukken. De coulis was een regelrechte ramp, haar tweede portie bosbessen stond op het vuur en het hakken van deze kleine hoeveelheid walnoten voor haar proefopmaak had ongelofelijk veel tijd gekost.

Had ze maar niet zo eigenwijs moeten zijn. Ze had echt niet geweten dat ronde schapenkaasjes grillen zo verdomd moeilijk was! Ze kon ze niet eens in gelijke stukken snijden en de gehakte walnoot bleef er ook niet aan plakken. De derde lading die ze uit de oven had gehaald was helemaal gesmolten en leek nu op braaksel. Dat kon ze onmogelijk opdienen.

Ze zakte tegen de roestvrijstalen werkbank, haalde een paar keer diep adem en keek om zich heen, wanhopig op zoek naar inspiratie. O mijn god, wat had ze gedacht! Alex had verdomme gelijk gehad, zoals altijd. Ze had gewoon voor bonen op toast moeten gaan. Ze was geen kok.

'Kan ik helpen?'

Ze draaide zich snel om en zag dat Kristjan in de deuropening stond.

De souschef nam met een geamuseerde blik de ravage in zich op:

stapels afwas naast de gootsteen, stukjes walnoot verspreid over de vloer en de geur van verbrand eten.

'O shit!' Snel pakte ze de vergeten pan met ingedikte bosbessen die nu bijna zwart waren in plaats van donkerpaars.

'Toen ik Brynja's berichtje kreeg, ben ik meteen teruggekomen.'

'O Kristjan, wat fijn je te zien! Erik heeft zijn been gebroken en...' Ze wees naar de geitenkaas op de borden.

'Je bakt ze te lang en te heet, en je moet de plakken dikker snijden.' Hij liep meteen naar de oven en zette de temperatuur lager. 'En je moet de hele kaas in de noot rollen voordat je die snijdt. Dat gaat sneller en is praktischer.' Hij keek haar glimlachend aan.

Een paar minuten later had hij haar alles uit handen genomen. Hij hakte de walnoten met snelle bewegingen, rolde de kaas erdoor voordat hij deze in even dikke plakken sneed en zei dat zij op de bessen moest letten. Zoals hij het deed leek het gemakkelijk, maar hij was een professionele kok. In slechts een halfuur, nadat ze hem had verteld welk menu ze wilde serveren, had hij haar verteld hoe ze de coulis moest maken, terwijl hij zelf verschillende schalen met even dikke plakken geitenkaas in een jasje van gehakte walnoot klaarmaakte. Hierdoor had ze tijd om de afwas te doen en de keuken op te ruimen, terwijl hij haar lamsstoofpotje proefde, even fronste, en er meer kruiden en een handvol rozemarijn en laurier aan toevoegde.

Hij nam alles soepel van haar over. Hij sneed aardappels in dunne plakjes, veranderde de geplande visstoofpot in gebakken vis met sint-jakobsschelpen die hij uit de vriezer had gehaald.

'Oké, wat wordt het dessert?' vroeg Kristjan.

'We dachten aan Skyr met kaas en toastjes,' zei Lucy bedeesd.

Ze lachte toen ze zijn gekwelde blik zag. 'Ik ga akkoord met alles wat jij voorstelt.'

Hij keek snel op zijn horloge. 'Ik kan wel wat meringues maken en van de eierdooiers vanillecustard-taartjes.' Hij grijnsde. 'Daar moet je wel toestemming voor geven, want Erik bewaakt zijn speciale vanillestokjes uit Madagaskar met zijn leven.'

'Je hebt mijn volledige toestemming om alles te doen wat je maar wilt.'

'Ik heb heel veel ideeën.' Een beetje gefrustreerd zei hij: 'Erik houdt niet van experimenteren. Ons menu is al vijf jaar niet veranderd.'

'Doe wat je wilt, als de gasten maar te eten krijgen. Vandaag heb je de vrije hand.'

Hij keek haar stralend aan en wreef genietend in zijn handen. 'Dan krijgen de gasten van The Northern Lights Lodge de beste desserts aan deze kant van Reykjavik.'

Lucy trok een wenkbrauw op, omdat hij ondanks zijn arrogante verklaring heel bescheiden leek.

'Vertrouw me maar.'

Na afloop van het diner bracht Alex de laatste borden naar de keuken en dacht dat dit een van de beste diners was geweest sinds hij in het hotel werkte, hoewel hij natuurlijk in de bar hoorde te werken en niet in de eetzaal. Nu moest hij inderdaad snel naar de bar. Tot zijn grote verbazing was Lucy enthousiast in de weer in de keuken. Ze zette met een brede glimlach borden in de vaatwasser en maakte plagende opmerkingen tegen Kristjan, die weliswaar met een rode kop rondliep, maar zichtbaar tevreden was.

Zodra hij de borden had neergezet, hief ze een hand voor een high five. 'Het is ons gelukt. Volgens mij vonden de gasten het geweldig.' Ze zuchtte en kromde haar schouders. 'En ik wil dit dus nooit meer doen. Wat een gekkenhuis.'

'Maar je was geweldig!'

'Nee, Kristjan was geweldig. Indrukwekkend. Ongelofelijk. Maar toch wil ik nooit meer een rond schapenkaasje zien.'

Kristjan lachte. 'Als je meer tijd had gehad, zou je het prima hebben gedaan.' Met een knipoog voegde hij eraan toe: 'Hoewel de bosbessen waarschijnlijk op waren geweest doordat je ze steeds opnieuw zou laten aanbranden.'

'Daar mag je me niet aan herinneren! Maar heel erg bedankt dat je je vrije dag hebt afgebroken. Dit hadden we zonder jou niet kunnen doen.'

'Ik ben dus bevorderd?' vroeg Kristjan, heel ernstig opeens.

Iedereen keek meteen naar Lucy.

Ze opende haar mond, maar zweeg. Het was geen prettig gevoel dat ze in een hoek werd gedrukt, maar ze had immers geen keus? Erik zou minstens zes weken uit de running zijn en ze hadden een kok nodig.

'Tja... We hebben het vanavond gered, maar ik moet...' Hij was zo jong en ze had al gemerkt dat hij graag experimenteerde en veel ideeën had. Wat voor ervaring had hij eigenlijk?

'Het was echt te gek in de eetzaal, vond je ook niet, Alex?' zei Hekla snel, terwijl ze met een vreemd verlegen blik naar Kristjan keek.

'Inderdaad. Het eten viel echt in de smaak. We hebben veel complimenten gekregen.' Alex knikte enthousiast.

Lucy voelde een knoop in haar maag. Eén geslaagd diner betekende niet dat Kristjan een keuken kon leiden en de menu's van een hele week kon klaarmaken. De baan van kok hield veel meer in dan alleen koken en ze had geen tijd om toezicht op hem te houden. Ze zuchtte toen ze begreep dat ze daar tijd voor moest maken.

'Tijdelijk, dat wel,' zei ze met tegenzin, 'maar we moeten de menukaart voorlopig niet wijzigen.'

Kristjans mond vertrok; hij was zichtbaar teleurgesteld door haar matte reactie. 'Ik ben goed,' zei hij koppig.

Hij was briljant en het was niet zijn schuld dat ze er moeite mee had om andere mensen te vertrouwen. Misschien werd het tijd dat ze een risico nam.

'Oké, Kristjan,' zei ze glimlachend. 'Laten we afspreken dat je me morgen vertelt wat je graag wilt doen.'

Hoofdstuk 15

Alex kwam het kantoor binnen waar Hekla met een boze blik in haar koffie zat te staren. 'Gaat het wel? Je lijkt een beetje...'

'Ik ben kwaad,' zei ze met een spijtige glimlach. 'Ik word niet snel kwaad, maar als het gebeurt ontplof ik!'

'Echt?' Alex keek haar ongelovig aan.

'Ja. Vraag maar aan mijn ouders. Waarom hebben ze me Hekla genoemd, denk je?'

Hij schudde zijn hoofd.

Ze lachte weer. 'Ik ben vernoemd naar een vulkaan, niet ver hiervandaan. Hij barst elke tien jaar uit. De eerste weken na mijn geboorte was ik een lieve baby, daarna huilde ik een hele tijd erg boos en daarna ging het weer een paar weken goed. Dus hebben ze me naar de vulkaan genoemd.'

'Ze hebben je dus pas na twee maanden een naam gegeven?'

'Ja, dat is heel gebruikelijk in IJsland. Ouders geven hun kinderen pas een naam als ze hen kennen.'

Alex knikte. 'Dat klinkt eigenlijk heel verstandig.' Zijn moeder had zijn naam al uitgekozen zodra ze wist dat ze zwanger was, en als hij een meisje was geweest had hij Alexandra geheten. In zijn familie waren er al tweehonderd jaar mannen die Alexander McLaughlin heetten, en ze waren al meer dan vijftig jaar eigenaar van het familiehotel, McLaughlin's, dat zijn moeder tegenwoordig leidde.

'Vertel eens, waarom ben je zo boos?' Alex ging op de rand van Hekla's bureau zitten. Zij was zo'n werknemer naar wie je aandachtig luisterde, iemand die soms onbewust en intuïtief de vinger op de zere plek legde. Hekla was de ruggengraat van dit hotel.

'Lucy.'

'Lucy? Ik dacht dat jullie zo goed met elkaar konden opschieten?' Hij was oprecht verbaasd. Van alle mensen in dit hotel had juist Lucy Hekla boos gemaakt? Dat begreep hij niet. 'Waarmee heeft ze je dan kwaad gemaakt?'

Hekla's open gezicht werd een gesloten masker en haar mond vormde een rechte lijn. 'Ze vertrouwt me niet, ze controleert alles. Ze is een enorme controlfreak! Ik was bezig met die Wainwright, die Amerikaan, en toen nam zij het over. Ze ging gewoon voor me staan terwijl ze aan het filmen waren, waardoor het leek alsof ik ongeschikt ben voor mijn werk.'

Alex gaf een klopje op haar arm. 'Misschien probeerde ze je juist te helpen, omdat ze vond dat zij de klappen moest opvangen en niet jij. Het is de taak van een manager om het personeel te beschermen en hun mensen te steunen als er vervelende dingen gebeuren. Misschien deed Lucy gewoon haar werk.'

Hekla keek hem peinzend aan. 'Je ziet te veel, jij lijkt de manager wel.'

Alex verstijfde.

'Je zou trouwens ook een heel slechte spion zijn.' Ze zwaaide haar vlechten over haar schouder. 'Ik heb je gezien op plaatsen waar je niet hoorde te zijn, en dat je daar rondsnuffelde.'

'Ongeneeslijke nieuwsgierigheid. Ik wil graag weten hoe alles functioneert.'

Hekla keek hem aan alsof ze hem absoluut niet geloofde.

Precies zoals hij al had gedacht, bleek hij heel slecht in dit geheimzinnige gedoe. Inwendig vervloekte hij Quentin. De man leek wel van de aardbodem verdwenen, juist nu Alex hem wilde bijpraten over Lucy's vorderingen en de geleidelijke verbetering van het hotel.

'Gerookt lamsvlees?' vroeg Lucy.

Kristjan knikte ernstig en schoof plechtig een bord naar haar toe, plus een dampende kom die verrukkelijk rook.

Ze zou hem zeker een hoog cijfer geven voor zijn presentatie en ondernemingszin. Ze was bang geweest dat hij te experimenteel zou worden, vooral nadat hij haar had verteld dat de oorspronkelijke IJslandse gerechten onder andere verrotte vis en gekookte schapenkop waren. Ze moest er niet aan denken wat de gasten daarvan zouden vinden!

Op het bord lagen twee lamsfilets met ernaast een klein halvemaantje aardappelpuree, een jenga-stapeltje wortels, julienne-gesneden pastinaak en een zorgvuldig geplaatst schepje van iets wat kool of zeewier kon zijn. Het zag er echt indrukwekkend en heel *Masterchef*-achtig uit. Onder Kristjans aandachtige blik voelde ze zich net een van de culinair recensenten die ze soms als extra jurylid lieten opdraven, vooral nu ze aan het enige tafeltje in de eetzaal zat dat prachtig was gedekt met fraai bestek en kristallen glazen met een hoge poot die ze niet eerder had gezien.

Ze schonk de jus uit het kleine kommetje over het lamsvlees en voelde zich niet echt op haar gemak onder Kristjans intense blik. Ze sneed een klein stukje van het vlees af en prikte dat aan haar vork, samen met een beetje groente.

Het eerste wat ze proefde was de scherpe, zoete en volle smaak van de jus. Dat werd gevolgd door de subtiele rokerige smaak van het malse, geurige lamsvlees en de delicate, pure smaak van de groenten. Eenvoudig en elegant, was het eerste wat in haar opkwam en bijna hardop zei.

Kristjan keek haar gespannen aan.

'Het is geweldig!' Ze nam nog een hap, zuchtte en sloot haar ogen om hem te laten zien hoe verrukkelijk zijn eten was. Dat was het echt. 'Het is echt ontzettend lekker!' Ze opende haar ogen. Verrassend goed. Fantastisch.

'Mag ik dit op het menu zetten?' vroeg Kristjan.

Lucy bestookte hem met een heleboel vragen. Ze was onder de indruk, maar door haar aangeboren behoedzaamheid wilde ze weten of hij wel opgewassen was tegen die taak.

'Lucy.' Hij wees naar zijn gezicht. 'Ik zie er wel jong uit, maar ik ben goed in mijn vak.'

Ze zag iets van frustratie in zijn blik. Snel, voordat ze zich kon bedenken, zei ze: 'Ja, dat mag je op het menu zetten.'

Kristjan sprong op, schudde haar hand stevig en deed haar met een brede glimlach een heleboel beloftes. 'Ik zal The Northern Lights Lodge op de kaart zetten. Dit wordt hét restaurant waar je naartoe moet. Je zult trots op me zijn. Nu moet je de kaneelrolletjes proeven.'

Eén hapje en ze kreunde van genot. 'Ze zijn jammie.' Lucy ging rechtop zitten. 'Echt waar, deze zouden perfect zijn. Bij de middagthee en de ochtendkoffie.' Ze kreeg allemaal ideeën. 'We kunnen een bord bij het begin van de weg zetten. Ik vroeg me al af hoe we mensen die niet bij ons te gast zijn naar ons restaurant kunnen lokken. We kunnen kwalitatief uitstekende thee aanbieden, geserveerd in fraaie porseleinen kopjes, met wat gebakjes en koekjes. En 's ochtends koffie met een smaakje en gebak. En warme chocolademelk.' Ze zweeg en keek met een brede glimlach naar Kristjan, die opgewonden knikte. 'Ik ben gek op chocolademelk.'

'Ik ook, met heel veel marshmallows en room.'

'O ja, en geserveerd in grote aardewerken bekers die je met twee handen moet vasthouden.' Lucy hield een onzichtbare beker in haar handen en lachte. 'Ik heb geen idee waarom ik dat dacht, maar ik vind dat we het moeten doen. Wat vind jij?'

Hij hield ook een onzichtbare beker vast en zei: 'Mijn tante maakt keramiek.'

'Uitstekend. Kun je haar een paar voorbeelden vragen?'

Hij knikte.

'Ik dacht ook aan een themadiner, met IJslandse gerechten, een soort promotieavond.' Ze hield haar hoofd schuin. 'Volgens mij heb je iets in die jus gedaan.' Haar fantasie sloeg helemaal op hol. 'Er zijn niet veel restaurants in de omgeving, dus het zou fijn zijn als mensen ons aanbevelen. Ik dacht dat we misschien plaatselijke vips kunnen uitnodigen.'

Kristjan kwam meteen met een paar suggesties en nog geen vijf minuten later hadden ze een compleet menuplan opgesteld.

'Waar heb je zo leren koken?' vroeg Lucy, nadat ze het laatste hapje van haar kaneelrolletje had doorgeslikt.

'Mijn vader werkte in Londen voordat hij naar IJsland kwam. Hij heeft hier vlakbij in Hotel Rangi gewerkt, dat bekendstaat om zijn uitstekende gerechten. Ik heb daar een paar zomers gewerkt, maar kookte altijd samen met mijn moeder.'

'Kom je hier uit de buurt?'

Kristjan lachte. 'Mijn familie woonde aan de andere kant van de heuvel. Voordat de boerderij aan Tomas werd verkocht, ging ik daar elke zomer naartoe om Olafur te helpen, hij is mijn neef.'

'Tomas?'

'Tomas Pederson. Je kent hem.'

Ze haalde haar schouders op; ze wist wel dat hij een beetje overdreef. 'Ik heb hem nooit ontmoet en alleen via Skype met zijn PA gesproken. Wat voor soort boerderij was het voordat het een hotel werd?'

Kristjan lachte en vroeg: 'Wat denk jij?' Hij wees door het raam naar de witte plekjes op de heuvel.

'Schapen.'

'Heel goed. We maken nog wel een keer een IJslander van je. Lucy... Hoe heet je vader?'

'Mijn vader?'

Hij glimlachte.

'Bryn.'

'We maken nog wel een keer een IJslander van je, Lucy Brynsdóttir.'

Lucy was zelf verbaasd dat ze bloosde en snel knipperde. Ze was zo ontroerd dat ze even geen woord kon uitbrengen. Na een korte stilte zei ze: 'Dat is... dat vind ik leuk, Brynsdóttir.' Het gaf haar het gevoel dat ze iemand was en deel uitmaakte van iets wat groter was dan zijzelf. Hoewel haar vader hier honderden kilometers vandaan was, voelde ze een band met hem.

Ze ging rechtop zitten. Ze besefte dat Lucy Brynsdóttir iemand wás, iemand die trots was, iemand die opnieuw kon beginnen. Ze klemde haar kaken op elkaar en hief haar hoofd. Ze moest een manier bedenken om die gluiperd van een Bob te trotseren, want ze weigerde toe te laten dat zo'n vent haar kans om met een schone lei te beginnen verpestte.

Hoofdstuk 16

Toen Lucy de keuken uit kwam en de eetzaal in liep, stond Alex op haar te wachten. Ze keek een beetje schuldig en hield een hand onder de doek die over het bordje lag dat ze vasthield.

'Ben je gerechten aan het keuren?'

'Nee hoor, ik nam even een kijkje bij Kristjan,' zei ze luchtig.

Hij keek haar plagend aan en veegde een beetje poedersuiker van haar bovenlip. Toen zijn vinger over haar huid streek – daar moest hij echt mee ophouden – keek ze hem geschrokken aan en voelde hij iets van begeerte. Nu keek ze een beetje onzeker, als een schichtige ree die elk moment het veilige bos in kon rennen.

'Je... Je had een beetje...' Hij knikte en keek naar haar lippen. *Dom, dom, dom.* Toen ze met het puntje van haar tong over haar lippen likte, kostte het hem grote moeite om haar niet te kussen.

'Kaneelbroodje,' zei ze schor.

Hij slikte moeizaam. Haar schorre stem veroorzaakte iets van een rilling door zijn lichaam.

'Kristjan is aan het experimenteren. Hij wilde dat ik hier eentje van proefde.' Ze tilde de doek op, zodat hij de glanzende, met poedersuiker bestrooide Deense kaneelbroodjes kon zien. 'Ik breng er een naar Hekla.' Ze fronste. 'Als zoenoffer. Ze lijkt ergens boos om, maar... ze ontloopt me. Ik heb geen idee wat ik fout heb gedaan.'

Alex slikte opnieuw, heel blij dat hij aan iets anders kon denken, en zei: 'Dat kan ik je misschien wel vertellen.'

Ze keek hem scherp aan, maar toen zuchtte ze en vormde haar mond een strakke lijn. 'Ik had moeten weten dat ze het jou wel zou vertellen.'

Hij verstijfde door de manier waarop ze dat zei. 'Wat bedoel je daar nu weer mee?'

'Voor een barkeeper weet je wel heel veel van wat hier allemaal speelt.'

'Dat hoort toch bij ons werk?' Hij haalde zijn schouders op.

'In films wel, maar niet in het echte leven. Daar is het meestal de portier.'

'O, nou ja.' Hij lachte en spreidde zijn handen.

'Ja, ik vergat even dat je soms inspringt als bagagejongen.'

'Volgens mij heet dat piccolo... Bagagejongen doet me wel heel erg denken aan een saaie superheld.'

Lucy schoot volkomen onverwacht in de lach. Ze keek hem met pretoogjes aan en zei met een trage glimlach: 'Je zou een schattig uniform mogen dragen, met een cape.'

'Ik ga echt geen maillot dragen! En al helemaal geen glimmende legging.' Hij rilde.

Ze wierp een onderzoekende blik op zijn benen, maar keek snel en met een licht blosje weer op. 'Maar goed,' zei ze gedecideerd. 'Hekla. Jij weet dus wat er met haar aan de hand is?'

Alex knikte. 'Wil je het weten?'

'Natuurlijk wil ik dat. O... Ik heb iets fout gedaan, maar ik hoopte eigenlijk dat het iets anders was. Ik heb me suf gepiekerd.' Ze haalde diep adem en rechtte haar rug. 'Toe maar, vertel op.'

'Zij denkt dat jij vindt dat ze haar werk niet goed doet.'

Lucy lachte, maar het was geen vrolijke lach. 'Dat meen je niet! Ze is geweldig, hoewel ik me afvraag welk werk je bedoelt. Het lijkt wel alsof ze deze hele tent draaiende houdt. Ze doet de receptie, ze werkt in het kantoor, ze bedient aan de tafels, ze... nou ja, ze heeft laatst zelfs een verstopte wc ontstopt. Ik vind haar geweldig en zou niet weten wat ik zonder haar moest doen.' Ze begon bijna weer op haar lip te bijten.

'Niet doen.'

Ze tikte tegen haar lippen. 'Sorry.' Ze haalde opnieuw diep adem. 'Ik begrijp er niets van.'

'Hekla heeft het gevoel dat je haar niet vertrouwt.'

'Natuurlijk vertrouw ik haar. Er ligt heel veel geld in de kluis in het kantoor en heel veel voorraad in het hele hotel. Ik vertrouw haar.'

'Ik denk niet dat ze zich over dat soort dingen opwindt. Het gaat erom dat zij denkt dat jij vindt dat ze haar werk niet goed doet.'

Hij zag dat Lucy verstijfde.

'Ik begrijp niet wat je bedoelt. Of wat jij daarmee te maken hebt.'

Hij schoot bijna in de lach door de manier waarop ze haar kin vooruitstak, opeens strijdlustig. Helaas werd zijn blik daardoor wel naar haar pruilende onderlip getrokken.

'Weet je nog, die Amerikaan die zo klaagde?'

'Ja.' Ze fronste geconcentreerd.

'Hekla was met hem in gesprek en toen kwam jij...'

'Shit!' Lucy sloeg met de palm van haar hand tegen haar voorhoofd. 'Dat weet ik nog. Ik stapte gewoon tussen haar en John Wainwright III in. Nam het over.'

Hij knikte.

'Dat doe ik heel vaak.' Ze bracht vol afschuw een hand naar haar mond. 'Dat deed ik niet omdat ik haar niet vertrouwde, maar omdat het een probleem was dat ik opgelost wilde hebben. Ik had het aan haar moeten overlaten.'

Hij kon bijna zien dat ze in gedachten de meest recente gebeurtenissen naging, doordat ze haar gezicht af en toe vertrok. 'O shit! En dat doe ik ook met Kristjan, alleen is hij nog te onervaren om kwaad op me te worden.' Ze keek alweer ontstemd.

'Je maakt het jezelf echt heel moeilijk, nietwaar?'

Ze rechtte haar rug en keek hem ernstig aan. 'Ik móét hier slagen. Jij kunt elk moment ergens anders gaan werken, maar ik móét voor elkaar krijgen dat de nieuwe eigenaren me aanhouden zodat ik hier ten minste een jaar kan blijven.'

Alex kreeg een droge mond. Shit. Het was een beetje zorgwekkend dat Quentin helemaal niet had gereageerd op zijn laatste e-mails, niet nadat hij positiever had geschreven over de verbeteringen in het hotel. Stel dat Quentin een heel nieuw team stuurde? Dat deed hij namelijk meestal.

Zodra ze binnenkwam stond Hekla op, maar Lucy legde een hand op haar schouder, drukte haar terug op haar stoel en zette het bordje met het kaneelbroodje voor haar neer. 'Koffie?'

Hekla keek haar verbaasd en ongerust aan en knikte.

Lucy liep naar het koffieapparaat dat altijd aanstond, schonk snel twee kopjes in – zwart en sterk voor zichzelf en met melk voor Hekla. 'Ik moet je mijn verontschuldigingen aanbieden.' Lucy ging op de rand van haar bureau zitten.

Hekla nam een slokje koffie en keek overal naar, behalve naar Lucy.

Lucy schaamde zich diep door de wetenschap dat ze Hekla enorm had gekwetst en ze raakte Hekla's arm even aan. Opeens realiseerde ze zich dat dit de eerste keer was dat ze haar vrijwillig aanraakte, waardoor ze zich bijzonder onbeholpen voelde. Hekla raakte haar altijd aan, met een knuffel, een klopje of een geruststellend kneepje, waarmee ze Lucy al vanaf de eerste dag in haar onvoorwaardelijke hartelijkheid had opgenomen. Hekla was altijd gul, vriendelijk en bemoedigend. Ze verdiende een uitgebreide verklaring, of in elk geval zo uitgebreid als mogelijk was.

'Hekla, het spijt me echt heel erg.' Met een zacht lachje voegde ze eraan toe: 'Ik ga de oude smoes "het ligt niet aan jou, maar aan mij" gebruiken.'

Hekla keek met een meelevende blik op.

Lucy liep naar haar toe en knuffelde haar even. 'Je hebt me ontzettend goed geholpen. Voordat ik hier kwam, was ik...'

Hekla schudde haar hoofd en wilde iets zeggen.

'Nee, het is goed,' zei Lucy. 'Ik wil het je vertellen. Voordat ik hier kwam, had ik een belangrijke baan. Ik was de assistent-manager van een vijfsterrenhotel met vijfhonderd kamers in het centrum van een grote stad in Engeland.'

Hekla keek haar met grote ogen aan.

'Echt waar. Chic mantelpakje, heel veel personeel, een groot kantoor. Alles erop en eraan. Toen werd ik ontslagen.'

'Jij? Ontslagen?'

'Ja,' zei Lucy met opgetrokken schouders. 'Ik had iets heel doms gedaan.' Ze schudde haar hoofd. Doordat Hekla haar zo vriendelijk en onschuldig aankeek, zweeg ze even. Ze durfde niet het risico te nemen dat Hekla haar teleurgesteld aankeek als ze haar de waarheid vertelde. 'Ik maakte een fout.' Ze praatte snel verder, zodat Hekla haar niet in de rede kon vallen. 'Ik werd ontslagen. Ik kwam hierheen omdat ik ergens anders niet word aangenomen... en ik moet een succes maken van deze baan. Na wat mij is overkomen, durf ik niemand meer te vertrouwen en ben ik bang. Ik ben bang dat ik er een puinhoop van maak en ik ben bang dat ik na mijn proeftijd van twee maanden niet kan blijven. Toen ik hier kwam, had ik geen idee dat het hotel te koop stond, maar nu ik dat weet ben ik zelfs nog banger. Misschien willen de nieuwe eigenaren me niet aanhouden. Wat moet ik dan doen? Ik probeer ervoor te zorgen dat alles perfect is, zodat ze me wel moeten houden.'

'O, Lucy!' Hekla stond met een meelevende glimlach op en sloeg haar armen om Lucy heen. 'Ze maken een heel grote fout. Jij bent een goede manager. Nu zijn sommige dingen al beter. En je bent een goed mens. Ik kan niet geloven dat je iets slechts hebt gedaan.'

'Het was niet slecht, maar gewoon heel stom.' Soms kon ze zelf niet eens geloven dat ze dat echt had gedaan. 'Mijn ontslag was een grote schok. Ik had nooit gedacht dat mij zoiets zou overkomen. Ik was altijd goed in mijn werk, altijd de beste. Dus nu ben ik bang, behoedzaam. Het spijt me dat ik je niet vertrouwde, want dat had ik wel moeten doen. Jij bent geweldig! Jij bent degene die dit hotel tijdens alle personeelswisselingen draaiende heeft gehouden. En je bent steeds zo aardig voor me geweest. Je had me heel gemakkelijk kunnen afdoen als de zoveelste nieuwe manager en gewoon je gang kunnen gaan, maar dat deed je niet.'

Hekla haalde haar schouders op. 'Jij was anders. Ik wist dat je wilde blijven.'

'Uit wanhoop,' zei Lucy snel en met een cynisch lachje. 'Maar jij en je petta reddast, Elin, Brynja en Freya, jullie gaven me het gevoel dat ik deel uitmaakte van iets. In mijn vorige baan was het hotel een gebouw en ik de beheerder. Hier is dat anders.' Ze haakte haar arm door die van Hekla. 'Ik ga, nee, wíj gaan van dit hotel het beste hotel van IJsland maken, en die nieuwe eigenaren houden al het personeel in dienst, mij ook.'

'Maar natuurlijk,' zei Hekla. Haar blauwe ogen schitterden alweer.

'En als ik je in de toekomst boos maak, dan vertel je me dat in plaats van me te mijden.'

Hekla kneep in haar arm. 'Afgesproken.'

'We zijn een team, en zonder jou zou ik dit werk niet eens kunnen doen.' Lucy glimlachte toen Hekla bescheiden haar hoofd schudde. 'Hoewel je daar misschien spijt van gaat krijgen, omdat ik veel meer aan je ga delegeren en je veel vaker om advies zal vragen. Wat vind je ervan als we een speciaal IJslands banket aanbieden?'

Hekla keek haar geïnteresseerd en met haar gebruikelijke enthousiasme aan.

Lucy vertelde haar waar ze aan dacht: een evenement met IJslandse gerechten, waar lokale hoogwaardigheidsbekleders en hotelgasten voor zouden worden uitgenodigd.

'Dat zou een goed spektakel zijn voor de filmploeg,' zei Hekla.

'Inderdaad.' Lucy trok een gezicht. 'Dan laten ze ons misschien even met rust.' Ze keek om zich heen en zei: 'En ik gooi al deze verdomde papieren weg.' Ze keek vol afschuw naar de stapels papieren die sinds ze hier was gekomen niet kleiner geworden leken te zijn. 'Het gaat allemaal bij het oud papier.'

Samen vulden ze vier zwarte vuilniszakken, waarna Dagur en Olafur ze naar de papiercontainer achter het hotel brachten.

Daarna concentreerde Lucy zich op een ander probleem dat haar al een tijdje stoorde. 'Wil jij hier eens naar kijken?' Ze vroeg Hekla om naar haar computerscherm te kijken en opende een website. 'Kijk eens naar al deze foto's op TripAdvisor en naar al die kussens, plaids en accessoires. Heb je enig idee waar die zijn gebleven?'

Hekla vertrok haar mond. 'Dat is inderdaad heel vreemd. Ik vroeg me dat ook al af. En toen herinnerde ik het me: de ene dag was het er nog en de volgende was het weg. Ik weet nog dat Eyrun zei dat de manager wilde dat het werd weggehaald. Die manager is rond die tijd vertrokken, maar we hadden het te druk om er weer naar op zoek te gaan.'

Het donkere vrouwtje wapperde met haar handen naar Lucy toen deze de wasserij binnenkwam, die vol stoom hing. Hekla probeerde zich achter haar te verschuilen, wat nogal lachwekkend was aangezien ze met haar Vikinggenen boven Lucy uittorende.

'Hoi, Eyrun. Ik vroeg me af of je me kunt helpen.' Lucy begon met een vriendelijke glimlach, al keek de vrouw haar aan met een bik die kwaadaardig genoeg was om een klein leger op de vlucht te jagen.

Eyrun schudde haar hoofd alsof ze het niet begreep en zei iets in het IJslands.

Hekla's paniek was zichtbaar toen ze dat nerveus voor Lucy vertaalde. 'Ze wil eh... dat we weggaan.'

'Jammer dan,' zei Lucy. Ze plakte haar vriendelijke glimlach weer op haar gezicht, al wist ze zelf ook wel dat dat niet helemaal lukte. 'Eyrun, kun jij ons vertellen waar de kussens en de plaids zijn gebleven?'

Hekla vertaalde dit, hoewel Lucy vrij zeker wist dat Eyrun elk woord had verstaan.

'Nrr,' zei Eyrun met een ontevreden blik, terwijl ze verder ging met het opvouwen van handdoeken en weigerde Lucy aan te kijken.

Lucy zag dat ze even naar de hoge kast in het andere vertrek keek, waar ze door de openstaande deur een stukje van kon zien.

Nadat ze haar tevergeefs een kwartier had ondervraagd, accepteerde Lucy haar nederlaag. Zelfs als de vrouw wel wist wat ermee was gebeurd, zou ze dat nooit toegeven. Laat staan dat ze hen zou helpen ernaar op zoek te gaan.

'Kunnen ze ergens anders zijn?' vroeg Lucy, terwijl zij en Hekla terugliepen naar het kantoor.

'Nee,' zei Hekla.

Lucy zei grijnzend: 'Nou, dan zullen we een middernachtelijke zoektocht moeten organiseren.'

‘Een middernachtelijke zoektocht?’ Hekla begreep er niets van.

‘Ik heb wel een idee waar we een paar van die spullen kunnen vinden.’ Lucy gaf een klopje op Hekla’s hand. ‘Maak je geen zorgen. Het enige wat jij hoeft te doen is wat gereedschap voor me pakken.’

Hekla keek haar stomverbaasd aan.

Lucy zei: ‘Je weet wel, een hamer en een schroevendraaier.’

Helaas had ze nog niet geleerd hoe ze een slot moest openbreken. Ze ging er niet van uit dat ze zoveel geluk had dat er een stel sleutels in een la in de wasserij lag.

‘Kom mee naar mijn kamer, zodra het rustig is gaan we aan de slag. Ik heb nog wat wodka met kersensmaak over.’

‘Voor wodka wil ik wel meedoen,’ zei Hekla.

Hoofdstuk 17

'Wat voeren jullie in je schild?' Alex betrapte hen toen ze een beetje giechelend een paar schroevendraaiers onder hun jas probeerden te verstoppen.

Waar kwam hij in vredesnaam vandaan? Lucy had durven zweren dat het al zeker een halfuur geleden was dat hij de bar had opgeruimd en afgesloten.

'Niets,' zei Hekla, maar zo serieus dat ze hen meteen verraadde.

Lucy rolde met haar ogen toen Hekla ondeugend grijnsde. 'We gaan inbreken,' zei Lucy terwijl ze elk woord zorgvuldig probeerde uit te spreken, wat opeens heel moeilijk bleek te zijn. Haar tong voelde een beetje vreemd en onbestuurbaar, alsof die de ene kant op wilde en zij wilde dat-ie de andere kant op ging.

Alex keek hen vragend aan, waardoor er leuke rimpels in zijn voorhoofd verschenen, en ze kreeg de neiging ze glad te strijken. Hij was echt heel leuk, vooral met zijn stoppels die de afgelopen dagen dikker waren geworden. 'In je eigen hotel?' vroeg hij.

'We zijn bezig met de zaak van de verdwenen accessoires,' zei Lucy met een luchtig gebaar. Ze merkte dat ze een beetje wankelde.

'De zaak van de verdwenen accessoires klinkt als een soort misdaad, rechercheur Smart.' Alex' mondhoeken trilden.

'Wil je mee?' vroeg Lucy, terwijl ze uitnodigend haar wenkbrauwen optrok. Ze vond 'rechercheur Smart' wel leuk klinken. 'Dat is een heel goede naam voor iemand die een misdaad oplost, vind je ook niet?'

'Hebben jullie gedronken?' vroeg hij.

Lucy's ogen werden zo groot dat ze bang was dat ze uit hun kassen zouden rollen. 'Een heel klein glaasje, om onszelf moed in te drinken.'

Ze sprak elke lettergreep zorgvuldig uit om duidelijk te maken dat ze broodnuchter was.

Niet naar zijn mond kijken! Niet naar zijn mond kijken!

Dat was onmogelijk, dus keek ze wel naar zijn mond, die een beetje bewoog doordat hij zijn lachen probeerde in te houden.

'Ga je met ons mee of blijf je ons hier uit staan lachen?' vroeg ze heel waardig.

'Ik zal onmiddellijk ophouden met lachen, rechercheur Smart, en me aansluiten bij de elitegroep ninja-rechercheurs. Leuke outfits, trouwens.'

Lucy kneep haar ogen halfdicht. Maakte hij de zwarte sok die ze om haar hoofd had gebonden belachelijk?

Hekla fluisterde: 'We willen niet opvallen.' Ze drukte een vinger tegen haar lippen. 'Sst.' Ze liep op haar tenen door de gang.

Lucy keek Alex streng aan. 'Ga je mee?'

'Dit wil ik absoluut niet missen,' zei Alex vrolijk, waarna hij achter hen aan liep.

Waaróm was hij eigenlijk zo vrolijk?

Het was pikdonker in de wasserij, maar Hekla gaf Lucy en Alex een zaklamp. Ze liepen de eerste ruimte in, waar de schokkerige lichtstralen van de zaklampen werden weerkaatst in de deuren van de enorme wasdrogers, die net zwarte gaten waren en leken te wachten tot ze hen konden opslokken. Lucy versnelde haar pas en liep er vlug langs.

Ze liepen door naar de andere ruimte, die nu stil was zonder het gebruikelijke ruisende geluid van water in de wasmachines. Lucy snoof de frisse geur op van wasmiddel en wasverzachter. De grote witte apparaten stonden als alerte bewakers op een rij langs een van de muren. Lucy beeldde zich in dat de ronde openingen bebrilde ogen waren die naar hen keken en aan Eyrun doorgaven dat zij hier waren. O shit, had ze maar niet zoveel wodka gedronken! Hekla kon er veel beter tegen. Lucy had lang niet zoveel gehad als Hekla, maar zelfs de kleine hoeveelheid drank was op haar lege maag meteen naar haar hoofd gestegen.

'Die kast.' Lucy wees met haar zaklamp naar de hoge kast met dubbele deuren die in de hoek stond. Ze haalde de sleutelbos tevoorschijn die ze had meegenomen uit het kantoor, terwijl Hekla haar lamp op het slot richtte. Het was lastig om de zaklamp vast te houden terwijl ze naar de juiste sleutel zocht. Geen enkele sleutel leek bij het slot te passen.

Opeens baadde het vertrek in het licht. Hekla en Lucy draaiden zich snel om en richtten hun zaklamp op Alex, die bij het lichtknopje stond.

'Wat doe je!' riep Lucy zo zacht ze kon.

'Meen je dat nou?' Hij hield zijn hoofd schuin en vroeg geamuseerd: 'Ben je soms vergeten wie hier de baas is?'

Lucy probeerde een waardige houding aan te nemen, maar dat was een beetje moeilijk doordat Alex een beetje leek tę zwaaien, of misschien was het dit vertrek. 'Nee, natuurlijk niet... Maar...'

'Ze is bang voor Eyrun,' zei Hekla behulpzaam, wat natuurlijk helemaal niet behulpzaam was.

'Bang is een beetje overdreven,' protesteerde Lucy. 'Opzettelijk op mijn hoede, zou je beter kunnen zeggen.' 'Opzettelijk' zeggen was heel moeilijk. 'Opzettelijk,' herhaalde ze, maar haar lippen plakten een beetje op elkaar toen ze dit zei.

'Juist.' Alex knikte.

Ze wilde dat hij stil bleef staan, want op dit moment was het heel moeilijk om te focussen.

'Ja. De kast dus.' Ze draaide zich om en keek naar de hoge witte kast. 'Ik denk niet dat een van deze sleutels gaat passen. Balen.' Ze keek naar Hekla. 'Wat doen we nu?'

'We kunnen proberen het slot open te maken met de schroevendraaiers.' Hekla leunde met haar rug tegen de muur en gleed langzaam naar beneden.

Lucy knikte met gebogen hoofd, omdat ze Hekla aan wilde blijven kijken. 'Dat kunnen we doen, maar stel dat er niets in zit? Wat zeggen we dan tegen Eyrun?'

'Dat er sprake was van een... noodsituatie,' stelde Hekla voor. Ze viel met een zachte plof op de grond met haar benen naar voren, stijf en houterig als een ouderwetse houten pop.

'Wat voor noodsituatie?' vroeg Lucy fronsend. Praten werd steeds moeilijker.

'Een was-noodgeval, een heleboel vlekken op tafelkleden.'

'Ja, dat is goed.' Lucy knikte wijs. 'We hadden vlekkenverwijderaar nodig. We zochten vlekkenverwijderaar. Dát is het, en die konden we niet in de andere kasten vinden doordat ik geen IJslands kan lezen. Jij was hier helemaal niet. Ze vindt je aardig. We willen je dekmantel niet verraden... Duzz ik was het. Ik wazz op zoek naar vlekkenverwijderaar om heel veel was te doen, heel veel was, heel snel, en ik waz op zoek naar vlekkenverwijderaar.'

'O mijn god,' mompelde Alex, nogal grof, vond Lucy. Hij was echt niet uitgenodigd voor deze missie. Hij ging voor haar staan en keek aandachtig naar de kast. 'Geef me die schroevendraaier,' zei hij terwijl hij zich omdraaide.

'Ga je de deur openwrikken? Onze held,' zei Lucy, die glimlachend naar hem opkeek. Jeetje, hij was echt een stuk. Dat donkere, iets te lange haar en zijn donkere kin. Hij had zich al een paar dagen niet geschoren en dat stond hem heel leuk, vond ze. Daardoor leek hij op een gevaarlijke piraat die haar wanneer hij maar wilde kon meenemen.

O mijn god! Hij zei iets tegen haar. Ze knipperde snel, keek hem aan en zuchtte een beetje dom.

'Nee!' Hij rolde met zijn ogen. 'Ik schroef de scharnieren van een van de deuren.' Hij wees naar de glimmende, bronskleurige scharnieren boven- en onderaan de deuren. 'Daarna haal ik de deur eruit.'

'Wat slim van je!' zei Hekla, die vol bewondering naar hem keek. Ze zat nog steeds op de grond met haar rug tegen de muur. 'Is dat niet slim, Lucy?'

'Geniaal. Daar was ik zelf nooit op gekomen.'

'Jullie zijn behoorlijk lazarus, jullie allebei.' Alex schudde zijn hoofd en keek geamuseerd naar hen.

Wat had hij mooie ogen!

'Geef me die schroevendraaier! Ik doe het wel, want ik denk niet dat een van jullie hiertoe in staat is.'

'Ja, ik eh... Nee, dat klopt.' Lucy gaf hem haar schroevendraaier en leunde tegen de muur, omdat alles om haar heen leek te draaien.

De scharnieren losschroeven was niet moeilijk, maar het moest wel voorzichtig gebeuren. Hij vroeg zich af of de scharnieren van de andere deur sterk genoeg waren om het gewicht van de beide deuren te dragen en of het slot in het midden sterk genoeg was om de beide deuren bij elkaar te houden.

Hij keek achterom naar Lucy en Hekla. Hekla's hoofd was gebogen alsof ze in slaap viel, zodat zij hem zeker niet kon helpen. Lucy keek hem aan met een uilachtige blik en een domme glimlach. Ze was stomdronken, eigenlijk wel schattig. Hij vond het leuk dat ze echt glimlachte, iets wat ze niet vaak genoeg deed, want daaruit bleek dat er een volkomen andere Lucy Smart kon zijn. Daardoor dacht hij terug aan die fijne dag bij Gullfoss. Als Lucy glimlachte, straalde ze helemaal.

'Lucy, kun jij me misschien helpen?' Hij wist dat dit rampzalig kon eindigen en ook dat het niet echt slim was om op haar te vertrouwen, maar hij had geen keus. 'Zodra ik deze schroeven eruit heb gehaald, heb ik je hulp nodig. Jij moet beide deuren op hun plek houden, zodat hun gewicht niet op het slot rust.'

'Oké, jij bent de baas.' Ze rolde haar mouwen op en sprong op en neer als een enthousiaste bokser die klaar is om de ring te betreden. 'Kom maar op.' Ze zette half gebukt een paar stappen naar voren en danste bijna om hem heen om bij de plek te komen die hij aanwees.

'Wat doe je?' vroeg hij.

Ze ging rechtop staan en keek hem aan met die arrogante blik die hij al een paar keer had gezien en nu wel grappig vond. 'Maak je mijn beste ninja-bewegingen belachelijk?'

'O, dát was het dus. Sorry, hoor.' Hij klemde zijn lippen op elkaar om te voorkomen dat hij lachte om haar serieuze en een beetje boze blik.

Ze hief haar kin en zei hooghartig: 'Ik heb aan karate gedaan, hoor.'

'Ach, is dat zo?' Hij keek haar grijnzend aan en zijn maag verkrampte een beetje toen ze hem wazig maar tegelijkertijd heel serieus en vastbesloten aankeek. Ondanks al haar bravoure had ze iets kwetsbaars. Vanaf het allereerste begin had ze nooit om hulp gevraagd. Haar aanvankelijke lusteloosheid en traagheid om in actie te komen hadden plaatsgemaakt voor een besluitvaardige en bijna koppige vastbeslotenheid om de klus te klaren.

'Je hebt kuiltjes.' Ze hief haar hand en streek over zijn ene wang. 'Die zijn leuk,' zei ze zacht, terwijl haar blik verzachtte en ze hem lief aankeek.

Hij kreeg het warm door haar onverwachte aanraking, want die riep een verlangen in hem op om haar in zijn armen te nemen en haar mond met die geheimzinnige vrouwelijke glimlach, die zich maar een paar centimeter van de zijne bevond, te kussen.

'Ja,' zei hij bruusk, 'ik was echt een schattige baby. Ga je me nog helpen of niet?'

Zijn hartslag versnelde. Wat deed hij hier eigenlijk? In een parallelle wereld in Parijs zou hij Gustave, hoofd onderhoud, hebben gevraagd de kastdeur open te maken en hoefde hij aan Quentin geen verslag uit te brengen over Lucy Smarts functioneren.

Lucy liep om hem heen en bleef staan, terwijl hij heel voorzichtig de schroeven van het bovenste scharnier losschroefde en erop vertrouwde dat Lucy de deuren op hun plek hield.

'Je moet je voet onder die kleine opening houden, zodat de linkerdeur niet naar beneden zakt en aan de scharnieren aan de rechterkant gaat hangen,' zei hij.

Het duurde ruim twintig minuten om alle schroeven los te maken en de deuren uit de kast te tillen, maar het lukte.

'Jij neemt die kant,' zei hij met een knikje naar de rechterdeur, 'dan pak ik deze. Daarna lopen we voetje voor voetje naar voren.'

'Was dit wat je zocht?' vroeg hij toen de opening zo groot was dat ze een inloopkast konden zien. Op de planken lagen vrolijk gekleurde kussens, netjes opgevouwen plaids en dozen vol houten vogels waarvan de snavels als vreemd gevormde stokjes boven de rand uitstaken.

'Bingo!' zei Lucy toen ze naar binnen kon kijken. 'Dit is precies waar we naar op zoek waren. Hekla! Hekla! O...' Ze zag opeens dat Hekla op de grond zat te dommelen. 'Ik ben op slag nuchter.' Ze keek hem aan. 'Ik had wel verwacht dat we een paar dingen zouden vinden, maar niet alles.'

'Wat wil je nu doen?' vroeg Alex.

'Wat zou jij doen?'

Alex schrok een beetje. Hij was hier om haar te beoordelen. Hij wist heel goed wat hij zou doen. Hoe zou Lucy dit aanpakken? Een goede manager moest in staat zijn om met dit soort dingen te dealen. 'Ik heb geen idee.'

'Nou, maar ik wel!' Ze keek hem gedecideerd aan. 'Het zou niet nodig moeten zijn dat ik met dit belachelijke gedrag word geconfronteerd.' Haar heerszuchtige woorden logenstraften het feit dat haar hoofd een beetje schommelde toen ze naar de kastdeuren knikte. 'Ik wil dat alles eruit wordt gehaald en de lounge en de bibliotheek worden ingericht zoals het hoort. Ik ben woedend omdat dit alles achter slot en grendel lag. Hoe haalde Eyrun dit in haar hoofd!'

'Oké, maar we moeten de deuren ondersteunen terwijl jij alles eruit haalt. Wil je dat nu meteen doen? En wat ga je daarna doen? Wil je de deuren zo laten staan of ze terugplaatsen?'

Lucy dacht even na en keek hem vervolgens berekenend aan. 'Ik ben Eyrun geen enkele verklaring schuldig. Als zij hier een probleem mee heeft, komt ze morgen maar bij me. Ik heb haar gevraagd of ze wist waar deze spullen waren, maar ze ontkende dat ze hier iets van wist. Weet je, ik ben op oorlogspad.'

Alex glimlachte en was echt opgelucht.

'Maar,' zei Lucy met een ondeugende grijns, 'het zou heel leuk zijn als we de deuren terugplaatsen.'

'Is dat zo?'

'Echt wel!' zei ze met een slimme grijns. 'Als zij dan in de kast kijkt en ziet dat-ie leeg is, kan ze er immers niets van zeggen, toch? Want dan moet ze toegeven dat ze wist dat die spullen hier lagen.'

Hij gaf haar een boks. 'Ik denk dat ik je vanaf nu maar Duivels Genie ga noemen.'

'Duivels Genie Ninja Koningin, alsjeblieft,' zei Lucy met een koninklijk knikje.

Ze werkten samen als een team om de kastdeuren er helemaal uit te halen en tegen de muur te zetten.

Lucy bukte zich en gaf Hekla een por. 'Wakker worden!'

Hekla schrok wakker en keek met een wazige blik op naar Lucy en daarna langs haar heen naar de volle planken. Ze stond langzaam op, maar met haar hand tegen de muur om in evenwicht te blijven. '*Fokk!*' Ze keek met een bijna komische blik naar de verborgen buit. 'Je hebt ze gevonden.'

'Wij samen. Nu moeten we ze bevrijden. Waarom ga jij niet naar bed? Alex helpt me wel om alles in een paar waskarren te laden en dan laten we die vannacht in het kantoor staan.' Ze mompelde er nog iets achteraan, iets waarvan alles onverstaanbaar was behalve de naam Eyrun. Alex had het idee dat dit betekende: Holy shit, Eyrun krijgt vast een woedeaanval, of iets van die strekking.

'Ga maar,' zei Lucy.

'Weet je het zeker?' vroeg Hekla een beetje verbaasd.

'Ja, dan heb jij hier niets mee te maken. Je was er niet bij.'

'Maar dat was ik wel,' zei Hekla, die nu zelfs nog verbaasder keek.

'Je hebt niet gezien wat wij deden. Je hebt niets aangeraakt. Als Eyrun je iets vraagt, weet je van niets. Ga naar bed, Hekla. Dan lijk je volkomen onschuldig en kun je mij de schuld geven.'

Hekla begreep het opeens en ze knikte ernstig. 'Oké, als je het zeker weet...'

Lucy duwde haar zacht naar de deur.

'Maar je vindt het geen enkel probleem om mij voor de leeuwen te gooien,' zei Alex plagend, nadat de deur achter Hekla was dichtgevallen.

'Zelfs als ze vermoedt dat jij hier iets mee te maken hebt, kun je haar toch gewoon inpalmen met je aantrekkelijke gezicht en kuiltjes.' Ze gaf een tikje op zijn wang, waardoor ze hem volledig de wind uit de zeilen nam.

Hoofdstuk 18

'Jij bent Alex toch?'

Verdomme! Dit was sinds lange tijd zijn eerste ontbijtdienst, omdat Olafur en Dagur vandaag vrij waren. En door het vroege opstaan en omdat hij snel naar de eetzaal wilde, was hij helemaal vergeten dat de kans aanwezig was dat hij Jane en Peter tegenkwam.

'Hoi. Leuk jullie te zien,' zei hij rustig, terwijl hij probeerde niet te laten merken dat zijn hart door de adrenaline op topsnelheid klopte. 'Jane en Peter. Wat is de wereld toch klein. Wat doen jullie hier in IJsland?'

'Dat komt eerlijk gezegd door jou. Nina vertelde dat je naar IJsland was overgeplaatst.'

Alex keek behoedzaam achterom, blij dat niemand hen kon horen.

'Ik wilde hier altijd al een keer naartoe en dus besloot Peter me te verrassen. Ik zag je laatst ook al, maar je was alweer verdwenen voordat we je konden aanspreken. We waren al op zoek naar je en ik wilde de receptie al vragen waar je werkte. Ik neem aan dat je het hier als manager altijd heel druk hebt?'

Alex kreeg kippenvel. Kon dit nóg erger worden? Hoe moest hij zonder zijn dekmantel op te blazen uitleggen dat hij hier niet de manager was? 'Nou, het was leuk jullie te spreken. Ik moet...' Hij knikte naar de koffiepot in zijn hand en daarna naar een tafel aan de andere kant van de eetzaal.

Jane keek hem vriendelijk aan. 'Ik vind het geweldig dat je meehelpt, zelfs al ben je de baas.'

'Ach, we doen wat we moeten doen.' Hij veegde het koude zweet van zijn voorhoofd.

Zodra hij de koffie had afgeleverd, liep hij snel de keuken in. Hij ging half op een tafel zitten en streek over zijn voorhoofd.

'Voel je je wel goed?' vroeg Gunnar, die net binnenkwam met een heleboel gebruikt servies.

'Ja hoor, prima.' Alex glimlachte zwakjes, ging rechtop staan en dacht snel na. Hoe groot was de kans dat Jane en Peter tegen Lucy zeiden dat ze hem hadden ontmoet? Had Nina hun verteld waarom hij hier was? Hij wist bijna zeker dat ze wisten dat hij de manager was van het hotel in Parijs. Hij herinnerde zich dat Nina had gezegd dat hij Sebastian in een van zijn suites liet wonen. Zouden ze dat vertellen?

Hoe moest hij dit aan Lucy vertellen? Wat zou ze zeggen als ze ontdekte dat hij de hele tijd tegen haar had gelogen? Als hij in haar schoenen stond, zou hij woedend zijn. Maar hij kón het haar niet vertellen. Nog niet. De verkoop ging nog steeds door en hoewel het personeel wist dat het hotel zou worden verkocht, wist niemand wie de koper was. Quentin wilde niet dat iemand wist dat hij hierbij betrokken was voordat de deal was gesloten en dus mocht Alex zijn geheim niet verraden.

'Alex, tafel vijf wacht op bediening,' zei een van de andere obers.

'Bedankt.' Hij dwong zichzelf dit probleem voorlopig te laten rusten en liep terug naar het restaurant.

'Goedemorgen,' zei hij tegen Clive, de regisseur, die helaas aan een van zijn tafels zat.

'O, jij bent het. Ober?'

'Barkeeper, ober. Waar ze me maar nodig hebben.' Hij keek de man met een vriendelijke glimlach aan, al had hij de pest aan Clives geforceerde jovialiteit en zogenaamde hipheid. Bovendien beviel het hem helemaal niet hoe Clive Lucy wilde blijven filmen, terwijl iedereen kon zien dat ze dat heel onplezierig vond.

'Kun je ons koffie brengen?' Clive nam niet eens de moeite hem aan te kijken. Hij en Bob zaten met hun hoofden dicht bij elkaar naar het beeldscherm van een laptop op de tafel te kijken.

Toen Alex terugkwam met twee koffiepotten zag hij dat ze op de laptop de opnamen bekeken die ze hadden gemaakt. Hij wilde net weglopen toen hij de opnamen van de vorige avond zag en bleef abrupt staan toen hij op het beeldscherm Lucy's gespannen blik zag. De scène veranderde, de camera zoomde uit, werd op Lucy's lichaam gericht en zoomde in op de welving van haar borsten onder haar strakke topje. De camera bleef daar hangen. Alex telde de seconden: één, twee, drie, vier, vijf, zes... Pas daarna werd de camera gericht op haar bleke, gespannen gezicht.

Wat een ongelofelijke klootzak!

Alex balde zijn vuisten. Hij kreeg het heel warm en keek met een blik vol afkeer naar de gedrongen cameraman met zijn zelfgenoegzame grijns die Alex er maar al te graag af wilde slaan.

Clive, die zijn aanwezigheid voelde, draaide zich om en keek ongemakkelijk toen hij Alex' blik zag.

Goed zo!

'Alex! Ik zag je helemaal niet staan.'

Bobs grijns werd breder. Een ader op Alex' slaap begon te kloppen. Hij boog zich langzaam naar de cameraman toe en terwijl hij ervoor zorgde dat de man zich bewust werd van zijn lengte siste hij, bijna met zijn neus tegen die van Bob: 'Ik neem aan dat je die scène gaat wissen.'

Bob slikte en probeerde zijn hoofd terug te trekken, terwijl de blik in zijn haaiachtige oogjes naar Clive gleed.

'Hé man, rustig aan.' Clive legde opgewekt een hand op Alex' arm, alsof ze vrienden onder elkaar waren.

Alex schudde Clives hand van zijn arm en zei dreigend: 'Zoals ik al zei, het zou goed zijn voor je gezondheid en het welzijn van je apparatuur als je die scène wist.'

'Rot op!' Bob vond opeens zijn ballen terug en keek Alex fel aan. 'We hebben de vrije hand en mogen verdomme filmen wat we willen. We laten ons echt niet tegenhouden door een omhooggevallen ober.'

Alex trok een wenkbrauw op en keek de man zonder te knipperen aan. Het werd doodstil in het restaurant en iedereen keek naar hen, al hadden ze niet heel luid gepraat. Het leek bijna alsof de beginnende vijandigheid in stille golven door de eetzaal gleed en het evenwicht verstoorde.

Bob slikte.

'Wil je dat uittesten?' vroeg Alex heel zacht en met amper ingehouden woede.

Clive probeerde te glimlachen, maar zijn stem trilde een beetje toen hij zei: 'Zoals hij net zei hebben we de vrije hand en toestemming van het management om te filmen.'

'Is het management degene die jullie in die video seksueel misbruiken?' vroeg Alex vol afkeer.

De productieassistent die tegenover hen zat keek met een blik vol afkeer naar Bob.

'Als ik jullie was zou ik nog eens heel goed nadenken over hoe graag jullie in dit hotel willen blijven. Vergeet niet dat er boven deze manager en jullie nog een managementlaag zit.' Hij klemde zijn kaken op elkaar. 'Wis het, nu!' Het was niet moeilijk hen te blijven aankijken tot ze hun blik neersloegen. Alex had al zeker tien jaar te maken met hufters, lompe gasten en arrogante klojo's, zodat deze beide mannen een eitje voor hem waren.

Clive rolde met zijn ogen. 'Oké, rustig maar. Ik weet zeker dat we –'

'Ben je getrouwd? Heb je een vriendin?' snauwde Alex.

Clive kromp een beetje in elkaar en knikte heel licht.

De productieassistent zwaaide haar paardenstaart over haar schouder en sloeg haar armen over elkaar, terwijl ze hen als een roofdier in de gaten hield.

Alex glimlachte bijna, hij was blij dat hij niet in Clives schoenen stond.

'En zou jij het prima vinden als de een of andere smeerlap de camera op haar borsten richt en dat op nationale tv uitzendt?'

Ja hoor, de vrouw kneep haar ogen tot spleetjes en leunde een heel klein stukje naar voren.

Clive was zo netjes om zeker tien seconden een beetje beschaamd te kijken. 'Bob, wil je... ter wille van dit gevoelige heerschap deze belédigende beelden wissen?'

Bob opende met frisse tegenzin enkele bestanden op de laptop en ramde woedend en ontevreden op de toetsen.

'En zullen we ervoor zorgen dat iets dergelijks nooit meer gebeurt?' Alex zei dit op redelijke toon, maar hij liet heel duidelijk blijken wat hij bedoelde.

Clive zei vol minachting: 'Pas maar een beetje op, obertje. Straks kom je nog tot de ontdekking dat je minder voorstelt dan je denkt.'

Zijn pathetische opmerking leidde ertoe dat zijn vriendin met haar ogen rolde.

Alex keek hem met een minachtende glimlach aan. 'Daar zou ik maar niet op rekenen.'

Zodra hij hier weg was, zou hij meteen Quentin en de hoogste baas van de productiemaatschappij bellen, en checken of Lucy het vrijwaringsformulier had ondertekend. Hij vertrouwde Clive en Bob voor geen cent.

'Dat is verdomme geweldig!' riep Lucy toen hij het kantoor binnenkwam.

Misschien was dit niet het juiste moment. 'Goedemorgen,' zei hij.

Lucy greep naar haar hoofd en Brynja stond in haar handen te wringen.

'Dit is echt niet te geloven!' zei Lucy tegen hem. 'Er staat een schaap in de hottub.'

'Wat? Nu?'

'Ja, nu. Ik heb geen idee wat de procedure voor zoiets is, maar ik weet wel dat iemand erin moet klimmen en dat beest eruit moet halen. Jakkes! Magnus is hier vandaag natuurlijk niet en Olafur is naar Hvolsvöllur om de reservebanden op te halen. Dit had niet op een slechter moment kunnen gebeuren. En als die verdomde filmploeg hier lucht van krijgt...' Ze rilde. 'Ik kan me wel voorstellen dat dit prachtige televisie zal opleveren. Serieus, volgens mij zijn we behekst.' Ze pakte een jas en trok een paar rubberlaarzen onder haar bureau vandaan.

Alex dacht dat het wel iets meer was dan dat, en hij vermoedde dat zij dat ook dacht. Lucy Smart was echt *smart* en niet bepaald dom.

'Of misschien bestaan de huldufólk echt.' Ze keek snel naar Brynja. 'Sorry.'

Brynja zei: 'Dat gebeurt er dan. Je denkt dat het een verzinsel is, maar dan...' Ze haalde haar schouders op en keek als een vriendelijke uil met grote ogen van Lucy naar hem. 'Je wilt het niet geloven.'

'Wat ik wel weet, is dat ik straks naar buiten moet en de mannen van onderhoud hierheen moeten komen om te doen wat gedaan moet worden.'

'Er hebben zich dus nog geen vrijwilligers gemeld?' vroeg Alex.

'Dat heb ik nog niet gevraagd. Hoezo, bied jij je aan?'

'Dat staat niet op mijn lijstje met leuke dingen die ik vandaan wilde doen, maar als er niemand anders is doe ik het wel. Wil je hulp?'

'Meen je dat?' Haar blik verzachtte. 'Ik hoopte dat ik dat schaap kon helpen om eruit te komen. Ik heb helemaal geen zin om bij dat beest in de hottub te klimmen en ik heb geen idee hoe zwaar een schaap is.'

Het schaap dobberde zielig blatend in de hottub.

'Het is gelukkig niet koud,' zei Lucy.

'En zo te zien kan ze zwemmen, of blijft ze drijven,' zei Alex.

'Hoe is ze daar in vredesnaam in terechtgekomen?' Lucy keek naar het hek rondom het terrein. 'Dit kan echt geen toeval zijn.'

'Jij denkt dus dat iemand haar erin heeft gezet?' vroeg Alex. 'Dat zou me verbazen.'

'Geloof me maar. Schapen zijn hier veel geld waard en ons terrein is juist zo goed omheind om dit soort dingen te voorkomen. Dit dier kan hier onmogelijk naartoe zijn gedwaald en hier per ongeluk in zijn gevallen. Iemand heeft de arme Dolly geholpen.'

'Ze doen er wel veel moeite voor.'

'Ja, maar wie en waarom?' Ze keek hem argwanend aan en hield zijn blik vast.

Er was niets waarover hij zich schuldig hoefde te voelen... Ja, toch wel. Zeker wel, maar niet hierover.

'Ik ben een ober. Ik heb geen enkele reden om een schaap in een hottub te zetten.'

Ze glimlachte een beetje, waardoor hij zich realiseerde dat hij iets te overdreven had gereageerd.

Lucy keek weer naar het schaap dat in het water dobberde en zei: 'Ik vraag me af of het een ex-werknemer is, of iemand anders die een grief heeft. De enige manier waarop ik dat te weten kan komen, is door vragen te stellen. Hekla lijkt alles te weten, maar als ik haar ga ondervragen denkt ze misschien opnieuw dat ik haar niet vertrouw. Ik heb haar al genoeg van slag gemaakt en dat wil ik dus niet opnieuw doen.'

'Wil je dat ik het haar vraag? Het zal niet moeilijk zijn om hierover met haar te kletsen en haar te vragen wat zij denkt.'

'Dat zou heel fijn zijn,' zei Lucy zo snel dat hij zich te laat realiseerde dat hij in haar val was getrapt.

Hij lachte en zei: 'Uitstekend gedelegeerd.'

'Sorry, was dat zo duidelijk?' Haar samenzweerderige glimlach verlichtte haar gezicht.

Hij keek haar een tijdje aan.

Ze was heel intelligent. Toch had ze iets kwetsbaars, iets wat ze goed wist te verbergen. Daarom was hij extra blij dat hij Clive en Bob die ochtend de les had gelezen. Die smerige behandeling verdiende ze niet.

Hij knipoogde en zei: 'Alleen omdat ik in jouw plaats precies hetzelfde had gedaan.'

'Heel jammer dat je maar een ober bent.' Zodra ze dit had gezegd sloeg ze haar handen voor haar mond. 'Sorry, dat was heel grof. Zo bedoelde ik het niet. Er is niets mis mee om ober te zijn, alleen...' Ze keek hem gespannen aan en hij had haar het liefst gerustgesteld, maar wat moest hij zeggen? Liegen op zich was al erg genoeg, maar hij zou zich nog veel ellendiger voelen als hij daar ook nog eens een schepje bovenop deed. Aan de andere kant vond hij het heel leuk dat ze van haar stuk was en licht bloosde.

Toen ze het schaap weer hoorden blaten, zei ze op zakelijke toon:

'Hoe dan ook, we moeten Dolly hieruit halen. Volgens mij moeten we proberen haar naar de rand te lokken, hoewel ik niet zeker weet of ze op dit moment zwemt of drijft.'

'Je weet dat het een ooi is?' Hij was onder de indruk.

'Geen idee!' Ze schudde haar hoofd. 'Maar ze heeft onze hulp nodig en het is aardiger om "zij" te zeggen dan "het",' zei Lucy met haar kin in de lucht, alsof ze hem uitdaagde haar tegen te spreken.

Haar houding en haar lieve verdediging van het schaap vertederden hem. Hij dacht dat Lucy voor de verandering misschien wel behoefte had aan hulp en vriendelijkheid. Ze leek het gevoel te hebben dat ze alles in haar eentje moest doen.

Lucy bleef bij de rand van de hottub staan en knielde. 'Ik weet niet of ze naar ons toe zal komen. Wat eten schapen eigenlijk behalve gras? En hoe krijgen we haar hieruit?'

In gedachten zag hij dat ze het dier handenvol gras voorhield, maar hij haalde zijn schouders op en zei: 'Misschien met een van de spullen voor de hottub? Je weet wel, een groot net zoals onderhoudsmensen voor zwembaden gebruiken. Misschien vinden we ergens iets waarmee we haar naar de rand kunnen duwen, waarna we haar eruit kunnen tillen.'

'Wat een goed idee! Misschien vinden we zoiets in de schuur.' Ze wees naar de bijgebouwen op de lichte helling achter hen aan de rand van het terrein. 'Moet een van ons hier bij haar blijven?'

Alex keek naar het schaap dat weliswaar blaatte, maar niet erg bang leek. Ze was niet onrustig en leek niet in paniek, maar hij was natuurlijk geen expert. 'Nou, zo te zien verdrinkt ze nog lang niet, dus we kunnen haar volgens mij wel een paar minuten alleen laten.'

'Ik ben vooral bang dat een gast of de filmploeg hierlangs loopt.' Ze beet alweer bijna op haar lip en keek achterom naar de grote ramen van het hotel waarin de blauwe lucht en de heuvels werden weerspiegeld. Het was niet te zien of iemand deze kant op keek.

Hij gaf haar een zachte por met zijn elleboog. 'De gasten maken zich klaar om erop uit te gaan en de filmploeg bekijkt op dit moment de opnamen die ze hebben gemaakt. Kom mee, als we snel zijn hebben we haar eruit voordat iemand ons ziet. En volgens mij is ze vanuit het hotel niet te zien.'

Lucy rende bijna naar het bijgebouw op de heuvel en wrikte de deur open.

Binnen was het vrij schemerig, dus deed ze het licht aan. Hier lagen en stonden een heleboel dingen die werden gebruikt voor het onderhoud van het zwembad.

'Perfect!' Lucy ontdekte achterin een rechthoekig schepnet aan een lange steel, pakte hem en hield hem triomfantelijk omhoog.

Alex glimlachte toen hij haar zo zag staan.

'Hiermee krijgen we haar wel naar de rand.'

'Ooit eerder een schaap gevangen?' vroeg hij plagend.

'Nee, maar er is voor alles een eerste keer.'

Hij was stomverbaasd toen hij haar onverwacht luchtige glimlach zag, en hij hapte naar adem.

'Serieus, deze baan kan heel bizar zijn, maar daarom hou ik...' Lucy zweeg even en hield haar hoofd schuin alsof er opeens iets bijzonders tot haar doordrong. 'Daarom hou ik ervan. Ik hou van mijn werk. Dat was ik gewoon even vergeten.' Ze draaide zich om naar de deur.

Hij ademde snel in en draaide zich om zodat hij even tot zichzelf kon komen, want iets in haar glimlach had hem van zijn stuk gebracht. Hij had zin haar te knuffelen en te zeggen dat ze het prima deed, maar ze was de hele ochtend al zo bedrijvig en zakelijk, en dit leek een welkome afleiding voor hen allebei. Een beetje verward door zijn tegenstrijdige gevoelens keek hij een andere kant op.

Hè? Wat ís dit?

Hij floot zacht.

'Wat is er?' vroeg Lucy.

'Nou zeg, kijk eens! Daar, bij de generator. Die zullen we hier wel nodig hebben, aangezien het weer heel slecht kan zijn en we erg afgelegen zitten.' Hij wist dat hij stond te bazelen, maar dat kwam doordat dit bewees dat hun vermoedens klopten én dat hij nog steeds zijn uiterste best moest doen om zijn natuurlijke behoefte om Lucy te troosten te bedwingen.

Haar blik volgde zijn vinger.

Twee grote banden stonden tegen een grote generator.

'Verdomme!' mompelde Lucy. Haar opgewektheid verdween als sneeuw voor de zon. Ze liep er snel naartoe, keek vol afschuw naar de banden en zei sarcastisch: 'Hoe komen die hier, denk je? Die huldufólk zijn ongelofelijk sterk en slim.' Woedend voegde ze eraan toe: 'Houston, we hebben een probleem.'

Nog steeds met het net in de hand zette ze haar handen op haar heupen en slaakte een diepe zucht. 'Verdorie! Ik hoopte dat dit allemaal toeval was. Stom van me, hè?'

Hij rilde en schudde zijn hoofd.

Vol afschuw hief ze gedecideerd haar kin de lucht in.

Hij voelde alleen maar bewondering voor haar toen ze zei: 'Maar eerst moeten we dat schaap redden.'

'Nee, hè!' zei Lucy, toen Alex zover hij durfde over de rand leunde om Dolly naar de rand te duwen, zodat zij het dier kon vastpakken. Dit was erger dan omhoogspringen om appels te plukken. Zodra hij met het net de achterkant van het schaap probeerde te bereiken, liet het stomme dier haar kont zakken en liet ze zich naar de andere kant van de lange rechthoekige hottub drijven. Maar hij weigerde het op te geven. Stom beest! Begreep ze dan niet dat hij haar wilde helpen? En waarom deed hij dit eigenlijk?

Voor de zoveelste keer liep hij naar de andere kant van de hottub, gevolgd door Lucy. Dit was belachelijk! Ze zagen er vast belachelijk uit. Maar hij gaf het niet op. Niet nu Lucy naar hem keek alsof hij een soort held was. Op dit moment dreef het schaap precies in het midden en dus buiten zijn bereik. Als hij nog een paar centimeter verder kon reiken... Hij tuimelde bijna over de rand, waardoor er een golf adrenaline door zijn lijf schoot. Wat probeerde hij te bewijzen?

'Laat mij het eens proberen.' Lucy keek opnieuw in de richting van het hotel.

Hij wist niet of ze bang was dat iemand hun capriolen zag, want ze waren al zeker twintig minuten bezig. 'Hoezo? Denk je soms dat jij dit beter kunt?' vroeg hij een beetje narrig. Oké, dat was kinderachtig van hem, maar dit was dan ook verdomd irritant. Hoe moeilijk kon het zijn om dat stomme beest dichter bij de rand te krijgen? Het schaap keek hen met haar glanzende ogen aan met een voor zijn gevoel valse blik, alsof ze genoot van de achtervolging. Hij kneep zijn ogen halfdicht en keek het beest kwaad aan. Het schaap had het geluk dat het water warm was, terwijl hij het ijskoud kreeg doordat zijn kleren door al het opspattende water drijfnat waren geworden. Hij sloeg met het net op het water om golven te maken, waardoor het schaap hopelijk terug zou drijven naar de andere kant.

'Nee.' Ze klemde haar lippen op elkaar, alsof ze probeerde niet te lachen.

'Lach je me uit?' vroeg hij, terwijl hij naar haar toe kwam.

Ze keek hem meteen quasionschuldig aan, maar daar trapte hij niet in, en ze klemde haar lippen nog steviger op elkaar. 'Ik lach niet. Nee. Alleen...' Haar ogen schitterden. Toen giechelde ze echt. 'Maar het is net zoiets als mens tegen dier. Je moet wel verliezen, dat kan niet anders.'

Hij ging rechtop staan, keek eerst naar het schaap en toen naar haar. Hij had zin om het net met een kinderachtig gebaar naar haar toe te gooien en te zeggen: 'Nou, dan probeer jij het maar.' Opeens besefte hij hoe belachelijk hun situatie was. 'Je zou me moeten zien als ik Fifa speel op de Xbox,' zei hij grijnzend.

'Winnen is dus best wel belangrijk?' Ze giechelde weer en keek hem aan.

'Verdomme, echt wel! En ik ben vast van plan om dit schaap uit de hottub te krijgen.' Opnieuw probeerde hij het schaap met het net te raken, zich heel goed bewust van de glimlach die om haar lippen speelde. Het net zoefde door het water en hij leunde verder naar voren. *Rustig aan, Alex!* Hij wilde er niet in vallen, niet waar zij bij was, maar hij had het gevoel dat ze hem had uitgedaagd en hij weigerde zijn nederlaag te erkennen. Het schaap dreef nu naar de overkant. Als hij er snel omheen liep, kon hij het dier naar de kant trekken en eruit vissen.

Glibberend liep hij over de natte houten vlonder en hij kon maar net voorkomen dat hij erin viel. Toen hij de kant had bereikt waar het schaap net tegen de rand botste, knielde hij om het dier te pakken, maar de ooi blaatte luid en zwom snel weg. 'Shit!' riep Alex.

Lucy schoot in de lach.

Hij keek haar kwaad aan, omdat hij niet begreep wat hier zo grappig aan was. Hij pakte de steel van het net steviger vast, haalde er opnieuw mee uit in de richting van het schaap en toen zat haar kop in het net.

Het schaap blaatte luid en verontwaardigd.

'Kom hier, stom beest dat je bent! Ik probeer je te helpen,' gromde hij met zijn kaken op elkaar. Hij hield het net stevig vast en probeerde het dier naar zich toe te trekken.

Lucy lachte opnieuw.

Hij zag dat haar gebruikelijke stressrimpeltjes werden gladgestreken, alsof ze al een hele tijd niet meer zo open en ontspannen had gelachen. Hij hield op met wat hij aan het doen was, terwijl hij de steel van het net met zijn koude vingers stevig vasthield. Opeens zag hij de absurditeit van de situatie ook in. Hij glimlachte. Als zijn mensen in Parijs hem nu eens konden zien. Zij zagen hem nooit anders dan in een duur en goed passend pak, terwijl hij beheerst als de kapitein van een schip leiding gaf aan het drukke hotel. 'Ik ben blij dat je het grappige van deze situatie inziet, maar heb je nog suggesties?' vroeg hij met een scheve glimlach.

Ze klemde haar lippen op elkaar en keek vrolijk naar het water.

'En nee, ik stap er niet in.'

'Dat verwacht ik ook niet van je,' zei ze zorgeloos. Ze grijnsde even. 'Dit is mijn probleem.' Ze zwaaide haar haar over haar schouder, trok opeens haar jas uit en liet hem op de grond vallen.

Alex kon zijn ogen niet geloven toen ze haar trui en T-shirt in een soepele beweging uittrok. 'Lucy?'

Maar voordat hij nog iets kon zeggen, schopte ze haar laarzen uit en daarna haar rok en panty.

Met een domme blik keek hij naar Lucy die in haar beha en slipje voor hem stond. Sprakeloos. Wauw, wat was ze mooi! *Niet naar haar kijken, Alex. Niet naar haar kijken.* Maar hij kon er niets aan doen en hij keek toch even naar haar goed gevormde borsten in de witte zijden beha en het roomkleurige slipje onder haar smalle taille.

Ze rilde even, alsof ze zich schrap zette, en sprong toen in het water, waarna ze met een stevige borstcrawl naar het schaap toe zwom.

'Wat doe je nou?' vroeg hij nogal dom.

Ze keek hem aan alsof ze wilde zeggen: Wat denk je zelf?

Het schaap rukte haar kop van links naar rechts, maar Lucy zwom naar haar zij, ging rechtop staan en manoeuvreerde het dier naar Alex. Nog geen minuut later had ze het schaap al naar hem toe geduwd, waarop hij knielde, het dier bij haar doorweekte wollen vacht vastpakte en uit het water trok. Dat verdomde beest was zwaarder dan hij had verwacht, maar nu Lucy grijnzend en zelfvoldaan naar hem stond te kijken, was hij niet van plan het schaap los te laten. Zodra het schaap op het droge stond, rende het ondankbare dier van het houten platform af, met haar hoeven kletterend over het hout. Ze rende luid blatend naar de omheining, zonder zelfs maar één blik achterom.

'Natuurlijk bedankt ze ons niet!' gromde hij.

Lucy lachte opnieuw heel vrolijk. 'Eerlijk gezegd was dit heel grappig.' Ze proestte het uit, waardoor haar schouders schokten en het water over haar borsten droop.

Hij kneep zijn ogen halfdicht en kon zich niet beheersen, waarna hij ook lachte. 'Zo kon het dus ook. Zal ik je helpen?' Nog steeds geknield leunde hij naar voren, terwijl hij zich afvroeg of ze hem zodra hij zijn hand uitstak in het water zou trekken. Als een echte heer probeerde hij niet naar haar decolleté te kijken.

Ze streek haar haar uit haar gezicht, waarbij ze haar stevige borsten omhoogduwde. Ze zag waar hij naar keek.

Hij besefte dat hij, ondanks zijn goede voornemens, toch naar haar had gekeken en dat al het bloed in zijn lichaam ergens naartoe was gestroomd waar het niet hoorde te zijn, en dat zijn spijkerbroek daardoor onaangenaam strak zat. Wat nog erger was, was dat dat precies de plek was waar zij naar keek.

Met een nonchalant gebaar streek hij over zijn spijkerbroek. Toen hij naar Lucy keek, zag hij dat ze bloosde en quasinonchalant naar de grond keek. Ze leek opnieuw heel kwetsbaar, waardoor hij opnieuw de neiging had haar naar zich toe te trekken en zijn armen om haar heen te slaan.

Ze keek naar hem op, onzeker en verlegen.

Zijn hart sloeg een slag over. 'Kom, je moet snel het water uit.' Hij stak zijn hand uit en trok haar omhoog.

Ze stond naast hem in de ijzige kou, begon meteen te rillen en sloeg haar armen voor haar borst.

Zonder er zelfs maar over na te denken ritste hij zijn jas open. Hij sloeg de panden van zijn jas om haar heen en trok haar tegen zich aan. Toen hij haar natte, zachte lichaam tegen het zijne voelde, wilde hij haar alleen nog maar kussen. Nu meteen, op haar lichtroze lippen.

Ze keek naar hem op, naar zijn lippen, ongewoon verlegen.

Dit was zo volkomen anders dan haar gebruikelijke praktische en afwijzende houding dat hij zijn hoofd boog en heel zacht met zijn lippen over de hare streek. Hij hoorde dat ze geschrokken scherp inademde. In zijn hoofd gingen alarmbellen af: je moet heel voorzichtig zijn.

Maar ze hief als een zonnebloem haar hoofd en keek hem met een aarzelende glimlach aan.

Dus kuste hij haar opnieuw en hij trok haar nog steviger tegen zich aan in de bescherming van zijn jas. Toen haar lippen de zijne behoedzaam verkenden, hield hij zich in omdat ze zo broos leek.

Na hun kus keken ze elkaar aan. Ze keek naar hem op met een versufte en ietwat ongeruste blik, en hij hield haar instinctief nog steviger vast. Ze omhelsde hem ook en bleef een tijdje met haar armen om hem heen staan.

'Je moet snel naar binnen om op te warmen. Dit weer is niet echt geschikt om te zwemmen.'

Ze zuchtte en hij voelde dat ze helemaal rilde. 'Dank je wel, Alex.'

Hij begreep niet goed waar ze hem voor bedankte, maar toch voelde hij zich net een held die een gevecht had gewonnen en hij keek haar met een domme grijns aan. Wat mankeerde hem? Zo zou een aardige vent zich gedragen, dus waar was zijn zakelijke houding gebleven? Hij werd geacht haar managementkwaliteiten en het hotel te beoordelen. Hoewel, wat waren de richtlijnen van het bedrijf als er een schaap uit een hottub gevist moest worden? En wat vond het bedrijf ervan als je verliefd werd op iemand die je baas over een paar weken misschien wel ging ontslaan?

Hoofdstuk 19

Hekla ontplofte, en hoe!

Lucy stond in de receptie met Brynja en Kristjan te praten en hoorde een hele stroom vloeken uit het kantoor komen. Hoewel Lucy geen IJslands verstond, begreep ze uit Hekla's felle toon wel dat ze niet bepaald complimenteus was.

Na een geschokte stilte keken ze alle drie om het hoekje van de deur van het kantoor.

'*Ónytjungur!*' snauwde Hekla, terwijl ze een toch al gekreukt vel papier uit de printer trok.

'Grofweg betekent dit?' vroeg Lucy aan Brynja, die probeerde haar lachen in de houden.

Het was ook een grappig gezicht: de grote blonde Vikingprinses versus een zwarte doos van kunststof. Hekla liep om de doos heen alsof ze die elk moment kon vermoorden. Het enige wat ontbrak was een grote dolk met runeninscripties.

Brynja vertrok haar gezicht en fluisterde: 'Onbruikbaar rotding.'

De printer was de afgelopen dagen inderdaad steeds onbetrouwbaarder geworden, hoewel het apparaat van het begin af aan Hekla's gezworen vijand was geweest. Nu veroorzaakte hij echter écht te veel problemen, want ze hadden hem nodig voor het printen van de eindfacturen voor vertrekkende gasten. Inmiddels maakte het ding zo ongeveer elk vel papier onbruikbaar, waardoor hij de gasten ophield die wilden uitchecken, en die toch al bang waren dat ze hun vlucht zouden missen.

Kristjan gooide een zwaar boek naar haar toe. 'Hé Hekla, waarom sla je dat ding niet dood?'

Ze ving het boek op en Lucy dacht heel even dat ze het naar zijn hoofd zou slingeren, maar Kristjan bukte zich en vluchtte snel naar zijn keuken.

Hekla uitte een nieuwe stroom woedende vloeken, beende terug naar haar bureau en begon op het toetsenbord van haar laptop te rammen.

'Hé,' zei Lucy. 'Stop eens even. Wat is er aan de hand?'

'Ik probeer het programma voor de Gouden Cirkel Tour te printen voor de groep die gisteren heeft ingecheckt. Ze worden om tien uur opgehaald door de tourorganisatie. En die...' – ze gebruikte een woord dat volgens Lucy wel 'printer' moest betekenen – '... doet het niet en ze kunnen hier elk moment zijn.'

'Oké.' Lucy keek naar de stapel verfrommeld papier en nam snel een besluit. Ze deed iets wat ze in haar vorige hotel nooit zou hebben gedaan: ze sloeg een arm om Hekla's schouders en knuffelde haar even. 'Zullen we het papier er deze keer handmatig in doen? Dan gaan we daarna naar Reykjavik om een nieuwe te kopen. Brynja, we hebben niet veel reserveringen voor vanavond, dus mag jij het fort bewaken. Wij zijn telefonisch bereikbaar.'

'Maar...' Hekla's onderlip trilde.

Lucy knuffelde haar nog een keer. 'Rustig maar. Je bent al een paar dagen niet meer buiten geweest en je hebt echt even een andere omgeving nodig. We kunnen daar lunchen, jij kunt me iets van de stad laten zien en we kopen een nieuwe printer.'

'Een nieuwe printer.' Hekla keek met een triomfantelijke blik naar de oude. 'Ha! Ja, een nieuwe printer.'

Samen printten ze het programma uit en daarna pakte Hekla haar donzen jack, dat over de rugleuning van haar stoel hing. 'Ik ga meteen naar Olafur voor de sleutels van de jeep. Hij zal het geen enkel probleem vinden als we die nemen, als we maar op tijd terug zijn zodat hij de filmploeg vanavond mee kan nemen.'

'Prima. Wacht tien minuutjes. Ik moet... eh...' Lucy wierp een heimelijke blik op haar horloge en was een beetje teleurgesteld. Het ontbijt was al een halfuur geleden afgelopen, wat betekende dat de bediening allang was vertrokken. Alex had vanochtend dienst gehad. Na een vaag knikje naar Hekla liep ze naar de receptie. Sinds gisterochtend had ze Alex niet meer gezien, maar toch had ze bijna constant aan hem gedacht.

Die kus. Jemig, die kus!

Haar hart was door zijn eerste kus die avond in de personeelsruimte al op hol geslagen, maar die kus viel in het niet bij zijn kus bij de hottub. Ze bloosde toen ze daaraan terugdacht. En hoe had ze het in haar hoofd gehaald om zich zomaar uit te kleden? Mijn god, had ze haar lesje dan nóg niet geleerd? Ze was zijn baas!

En toen, alsof ze hem met haar gedachten had opgeroepen, verscheen hij. Hij liep door de lobby, recht op haar af, en zag er belachelijk knap uit. Hij droeg nog steeds de zwarte lange broek en een wit overhemd dat hij tot halverwege zijn borst had losgeknoopt, alsof hem tijdens het omkleden iets te binnen was geschoten. Als hij nu ook nog een los vlinderstrikje in zijn hand had gehad, leek hij op een sexy man in jacquet die terugkwam na een avondje uit.

Lucy kreeg een droge mond. 'Hoi, Alex,' zei ze met een onnatuurlijk hoog stemmetje.

'Hoi, Lucy!' Hij keek haar glimlachend aan. 'Geen schapencrisis vandaag?'

'Nee, gelukkig niet. Ontzettend bedankt voor je hulp gisteren.'

Hou het professioneel!

'Graag gedaan.' Hij straalde terwijl hij haar blik vasthield.

Ze slikte en haar professionele houding verdween als sneeuw voor de zon. Ze werd vuurrood toen ze, voor haar gevoel minstens de duizendste keer in de afgelopen vierentwintig uur, terugdacht aan zijn tedere kussen. Ze had al haar wilskracht nodig gehad om vanochtend niet even een kijkje in de keuken te nemen om hem te zien. Al sinds gisteren probeerde ze zichzelf wijs te maken dat hij haar gewoon had willen troosten na een bijzonder stressvolle situatie. Ze was zijn baas. Hem kussen was verkeerd. Hem willen kussen was verkeerder... Was dat eigenlijk wel een woord? Daaruit bleek wel dat ze niet meer helder kon nadenken als hij in de buurt was.

Ze werd uit haar gedachten gerukt doordat Alex iets zei.

'Kristjan heeft het uitgeprinte menu van vandaag niet opgehaald. Ik dacht dat ik hier maar even naartoe moest lopen om dat op te halen.'

Ze fronste en zei: 'Maar Kristjan is net weg.' Ze keek verbaasd achterom naar het kantoor. De jonge kok wist dat de printer het niet deed.

'O, maar ik... eh...' stamelde Alex.

Lucy vond het bijzonder intrigerend dat hij zich voor de verandering absoluut niet op zijn gemak voelde. Toch herstelde hij zich en keek haar met zijn bruine ogen met amberkleurige vlekjes strak aan. 'Nou, en nu ben ik hier.'

Ja hoor, meteen was de oude zelfbewuste Alex terug.

'Ik ga een gletsjertocht maken en omdat je zo hebt genoten van ons uitstapje naar Gullfoss vroeg ik me af of je zin hebt om mee te gaan.'

Lucy's hart maakte een salto. 'Dat klinkt geweldig,' zei ze, hopelijk even ontspannen als hij, hoewel dat moeilijk was omdat ze veel zin had om tijd met hem door te brengen. Haar hartslag maakte overuren en ze negeerde het stemmetje in haar hoofd dat haar streng herinnerde aan saaie dingen, zoals dat ze in de omgang met haar personeel geen grenzen mocht overschrijden.

Hekla en Lucy reden via bijna dezelfde route naar Reykjavik als Lucy met Alex had gedaan, hoewel Hekla een volkomen andere rijstijl had. Alex reed behoedzaam en voorzichtig, maar Hekla wist niet eens wat voorzichtig zijn betekende. Ze scheurde hoeken om, reed vaak over de rand waar de gravel zich had opgehoopt, keek opzij als ze iets tegen Lucy zei en lette regelmatig niet op de weg voor haar.

Lucy hield zich stevig vast aan haar stoel en bleef steeds naar de weg kijken, waardoor ze niet de hele tijd zat te denken aan Alex en aan de tegenstrijdige manier waarop ze op hem reageerde. Ze was dan ook heel blij toen ze in de verte de stad kon zien.

'We parkeren bij de haven. Vanaf daar zie je het concert- en congrescentrum Harpa, maar ook het prachtige kunstwerk *Sun Voyager*. Een van mijn favoriete bezienswaardigheden, al heb ik helemaal niet zoveel met de stad,' zei Hekla, terwijl ze door het centrum reden.

Lucy had het leven in de stad helemaal niet gemist, maar nu ze hier was merkte ze dat al haar zintuigen wakker werden. Reykjavik, met zijn brede straten en prachtige huizen met vrolijk gekleurde daken, voelde eerder als een klein stadje dan als een metropool. In een ander deel van de stad waren de huizen felrood, groen, een prachtige kleur blauw, oranje en zelfs limoengroen.

Inmiddels was de lucht opgeklaard. Lichte wolken dreven langs de blauwe lucht, die werd gereflecteerd in de enorme glazen gevel van het bijzonder indrukwekkende Harpa, de thuisbasis van het IJslandse Symfonie Orkest en de IJslandse Opera. Het stond aan de haven en leek ongelofelijk modern, met de ongebruikelijke glazen patronen die haar aan een reusachtige honingraat deden denken.

'We hebben niet veel tijd, dus neem ik je mee naar Hallgrímskirkja, de grootste kerk in IJsland. Hij is heel mooi, dat vind ik tenminste. Hij is gebouwd zoals een vulkaan wordt gevormd.' Ze glimlachte vrolijk en gelukkig, alsof haar eerdere uitbarsting nooit was gebeurd. 'En je weet dat ik gek ben op vulkanen.'

'Je zou kunnen zeggen dat je daar een zekere affiniteit mee hebt,' zei Lucy met een droge glimlach.

Hekla haakte haar arm door die van Lucy. Ze liepen via een paar straten naar de Skólavörðustígur, een lange en brede straat met veel interessante kunstenaars- en cadeauwinkels en cafés. Lucy wilde per se naar Café The Puffin, omdat ze de prachtige papegaaiduikers zo mooi vond.

'Je weet dat we ze eten, hè?' vroeg Hekla met een spijtige blik in haar grote blauwe ogen.

'Nee! Dat is afschuwelijk!'

'Eigenlijk gebeurt dat eerder door de toeristen dan de locals.'

'Nou, ik kan je nu al vertellen dat er nooit een papegaaiduiker op het menu van The Northern Lights Lodge komt te staan,' verklaarde Lucy.

Etalages kijken in Reykjavik was heel leuk. Ergens was dat natuurlijk heel toeristisch, maar Lucy zag ook dat de mensen hier echt gevoel hadden voor design en comfort. Dit was een openbaring voor Lucy, die gewend was aan eindeloze rijen winkels van ketens. Ze bleven staan, want Lucy zag in de prachtige etalage van een juwelier een eenvoudige gouden ring met een grote, ongelijk gevormde lichtblauw met groene edelsteen.

'Je weet toch dat de schilderijen een groot succes zijn?' Gasten hadden er de vorige week drie gekocht. 'Wat vind je ervan als we in de lodge meer plaatselijke kunst en design tentoonstellen?' vroeg ze aan Hekla.

'Wat een goed plan. In de receptie. We kunnen een paar planken in de hoek bevestigen en op de balie wat foto's neerzetten.'

'Dat dacht ik ook. Kom mee.' Lucy knikte naar de ingang van de juwelierswinkel en ging meteen naar binnen.

De eigenaar was meteen enthousiast over het idee van een display in de lodge en besprak de bijzonderheden met Hekla.

Ondertussen bekeek Lucy de sieraden. Ze liep een paar keer terug naar dezelfde ring in de etalage. Hij was gruwelijk duur, maar ze had sinds haar komst hier nog geen cent van haar salaris uitgegeven. Nog maar zes weken geleden had ze niet eens een kop koffie bij Costa durven kopen. Wat was er veel veranderd.

Ze keek haar Hekla. Ze had nieuwe vrienden gemaakt, was verliefd aan het worden op het landschap, en The Northern Lights Lodge begon tot zijn recht te komen. Zelfs de recensies op TripAdvisor waren al beter, terwijl er nog zoveel meer was wat ze kon doen. Ze was er nog niet klaar voor om het hotel al te verlaten.

'Dat is amazoniet,' zei Hekla, die naast haar kwam staan toen ze voor de zoveelste keer naar de ring keek. 'Je zou hem moeten kopen. Om het te vieren.'

Lucy keek haar aan. 'Dat dacht ik ook!'

Ze spraken met de juwelier af dat hij de volgende week enkele sieraden in de lodge tentoon zou stellen.

Terwijl ze de winkel verlieten, Lucy met een klein wit doosje in haar zak, vroeg ze: 'Hekla, weet jij iets meer over de verkoop van het hotel?' Zij leek alles altijd eerder te weten dan ieder ander.

'Nee, dat is heel vreemd. Er is niets over bekend. Misschien gaat het nu niet door? De recensies zijn zo goed, dus misschien bedenkt meneer Pedersen zich wel.'

Dat hoopte Lucy van harte. Maar... misschien werden potentiële kopers daardoor juist happiger.

Hallgrímskirkja was misschien wel het markantste gebouw dat Lucy ooit had gezien. De moderne, gotische toren van beton deed haar denken aan de witte toren in *The Lord of the Rings*. Ze wist absoluut niet of ze de kerk mooi of juist lelijk vond. De eenvoud en de elegantie van de lijnen waren wel mooi, maar het gebouw leek ook streng en kil.

'Het uitzicht vanaf de top is fantastisch,' zei Hekla. 'Je kunt met de lift naar boven, als je daarnaartoe wilt.'

'Ik wil het uitzicht heel graag zien.' Lucy keek haar glimlachend aan. 'Daarna gaan we lunchen en dan moeten we echt naar die winkel.'

'Misschien kun je ook een koffieapparaat voor de personeelsruimte kopen,' zei Hekla.

Het kantoor was sinds de aanschaf van het koffieapparaat een trefpunt geworden. Daardoor bedacht Lucy zich dat ze meer bekers moest kopen, vooral voor de chocolademelk, die heel populair was.

Lucy schudde haar hoofd. 'Ik vind het juist fijn dat iedereen naar het kantoor komt voor een kop koffie. Daardoor zien we elkaar vaker.' Ze keek Hekla aan en zei glimlachend: 'Daardoor heeft Kristjan een goede smoes om ernaartoe te gaan en jou te zien.'

Hekla bloosde en zei met een schaapachtige grijns: 'Hij is gek op koffie.'

'Hij is gek op Hekla.'

Hekla speelde met de rits van haar dikke gevoerde jas.

Om haar te ontzien zei Lucy: 'En doordat het koffieapparaat in het kantoor staat, weten we ook eerder wat er aan de hand is. Elin klaagde bijvoorbeeld dat de handdoekstang in een van de kamers alweer was gebroken, en dat Magnus hem nu al drie keer had gerepareerd.'

'Waarom is dat nuttig?'

'Omdat ik daardoor wist dat die handdoekstang ongeschikt is. Als Magnus dat ding steeds opnieuw moet repareren, moeten we andere kopen.'

'Dat is goed. Daar zou ik zelf nooit aan hebben gedacht,' zei Hekla vol bewondering. 'Ik leer zoveel van je! Jij bent echt goed in je werk. Ik denk dus dat ze iets doms hebben gedaan.' Met haar stralende glimlach, die Lucy aan het lachen maakte, voegde ze eraan toe: 'Dat is ook goed voor ons, want jij maakt het hotel veel beter. Waarom lach je eigenlijk?'

'Omdat je... Omdat je nu glimlacht en eerder zo ongelofelijk kwaad was.'

Hekla zei met een ondeugende glimlach: 'Ik zei toch al dat ik naar een vulkaan ben vernoemd.'

Het uitzicht vanaf de top van de kerk was schitterend en Lucy maakte een heleboel foto's met haar telefoon. Hekla wees aan wat ze allemaal zag. De Esja-tafelberg, het uitzicht op de stad, de haven en het koepeldak van Perlan, een gebouw dat uit zes tanks bestaat. In vijf ervan werd warm water voor de stad opgeslagen en in de middelste was in gebruik als museum. Na hun bezoek aan de kerk liepen ze naar het standbeeld van Leif Eriksson, een bijzonder indrukwekkende Viking.

Daarna gingen ze naar Café Loki, Hekla's favoriete café van de stad. 'Ze serveren traditionele IJslandse gerechten en heel erg lekker roggebrood-ijs.'

Lucy zei niet wat ze dacht, maar dat bleek wel uit haar blik.

Hekla lachte. 'Het is echt waar...'

Lucy legde een hand op haar arm. 'Ik vertrouw je.'

'Maar er is iemand die niet...' Hekla kon even niet op de Engelse woorden komen. Ze keek ongerust en zei: 'Ik heb het er met Alex over gehad. Hij denkt dat we een... slecht iemand hebben. Ik vind het heel erg om te denken dat iemand deze dingen expres doet.'

'Maar dat is wel zo. Weet je, Alex en ik vonden de reservebanden.'

'Nee!' Hekla keek haar met grote ogen aan.

'De muizen. De kapotgesneden banden. Volgens mij ook het schaap in de hottub. Het telefoontje waarin werd gezegd dat ik op een ander moment zou arriveren. De afgesloten deur van het hotel.' Lucy wilde niet denken dat het persoonlijk was, maar het leek er wel op. 'Iemand mag me niet.'

'Nee!' Hekla legde een hand op haar arm. 'Voordat je kwam gebeurden er ook al rare dingen. Kleine dingen. Er was een probleem met het taxibedrijf: een taxi moest een paar mensen naar het vliegveld brengen, maar die taxi kwam niet. Gunnar moest ze ernaartoe brengen. Dat taxibedrijf... Ze waren heel ontdaan en zeiden dat iemand de rit telefonisch had geannuleerd.'

'Je denkt dus dat dat opzettelijk was.'

'Dat weet ik wel zeker,' zei Hekla heftig, 'want de taxichauffeur is mijn zwager en mijn zus doet alle boekingen.'

'Nou, dat geeft me wel een beter gevoel. Een heel klein beetje beter.'

Lucy bestelde quiche met IJslandse forel met een salade en als dessert het beroemde ijs. Hekla nam een stevige en vettige vleessoep met brood en de traditionele gedroogde en gezouten vis. Ze stond erop dat Lucy de vis proefde, maar dat was een ervaring die Lucy echt nooit meer wilde herhalen.

Halverwege hun lunch moest Lucy opeens ergens aan denken. Ze zwaaide met haar vork en zei: 'Kun je nog meer dingen bedenken die verkeerd zijn gegaan en misschien opzettelijk zijn veroorzaakt?'

Hekla dacht even na en zei toen hoofdschuddend: 'Nee, het enige wat ik kan bedenken is de annulering van die taxirit.'

Lucy zweeg even en zei toen: 'Dus dat was het eerste. Weet je nog wanneer dat was?'

'Een week of drie voordat jij kwam.'

Lucy had lang nagedacht over de vraag waarom iemand het hotel een slechte naam wilde bezorgen en kwam steeds op hetzelfde uit. 'Was dat voor- of nadat Pedersen vertelde dat hij het hotel wilde verkopen?'

'Kort daarna. O!' Hekla sloeg keihard met haar hand op de tafel.

'Ik ben geen rechercheur, maar ik denk dat iemand niet wil dat het hotel wordt verkocht, of niet aan degene die een bod heeft gedaan.'

'Dat denk ik ook.'

'Weet je of er nog iemand was die het hotel wilde kopen?'

'Meneer Pedersen heeft het daar nooit over gehad, dus dat weet ik niet.'

Lucy hield haar hoofd schuin. 'Zodra we terug zijn, stuur ik hem een mailtje.'

'Misschien kunnen we het mysterie dan oplossen,' zei Hekla opgewonden. 'We zijn net Miss Marple.'

Lucy rolde met haar ogen. 'Ik ben liever een van Charlie's Angels. Miss Marple was al heel oud.' Ze nam een slok van haar bier.

'Ja, dan zou een van ons het haar moeten verven, want er is maar één bij die blond is. Brynja is de andere en Alex is Charlie.'

Lucy proestte bijna haar bier uit. 'Dat zal Alex geweldig vinden.' Alex leek helemaal niet op een vaderlijke oom van middelbare leeftijd.

'Hij vindt je leuk.' Hekla keek haar ondeugend aan. Lucy haalde haar schouders op, maar Hekla zei lachend: 'Echt waar. Vind jij hem ook leuk? Hij is een stuk!' voegde ze er waarderend aan toe.

'Hij is heel aardig.' Lucy kromp ineen. Zo klonk ze net een oude tante.

'Ik zou hem op een koude avond niet uit mijn bed schoppen.' Hekla trok haar wenkbrauwen op. 'Hij is echt een lekker ding.'

Lucy werd vuurrood. 'D-dat was me niet opgevallen.'

Hekla gierde het uit, waardoor de andere gasten naar hen keken. 'Je liegt dat je barst.'

Lucy probeerde haar een beetje vals aan te kijken, maar dat mislukte. Ze bleef glimlachen. 'Je Engels is echt veel te goed.'

Hekla, die tegenover haar zat, keek haar stralend aan. 'Wat ga je doen?'

'Niets. Ik ben zijn baas.' Ze ging wat meer rechtop zitten, alsof ze daardoor de herinnering aan die heerlijke kus en aan het tedere gebaar waarmee hij haar haar uit haar gezicht had gestreken kon verdrijven.

'Nou en?'

'Ik ben zijn baas.'

Hekla haalde haar schouders op. 'Nou en?'

Lucy dacht aan alle dingen die mis konden gaan.

'Je bent een goed mens Lucy.' Hekla voegde er, opeens geamuseerd, aan toe: 'Je bent bang dat je misbruik van Alex maakt.'

Lucy giechelde en meteen daarna schoten ze allebei in de lach. 'Nee. Het is meer zo dat andere personeelsleden zich daardoor ongemakkelijk kunnen voelen.'

'Brynja is met Gunnar, Freya slaapt met Dagur. We zijn kilometers van alles en iedereen vandaan. Met wie zou je anders naar bed moeten?'

'Nou...' Lucy schrok een beetje van Hekla's directe woorden. 'Ik hoef met niemand te slapen.'

Hekla trok haar neus op en zei met een afwijzend gebaar: 'Dat is helemaal niet leuk.'

'En ik heb een slechte ervaring gehad. Mijn laatste relatie eindigde op een bijzonder nare manier.'

'De beste manier om over iemand heen te komen is een nieuwe relatie,' teemde Hekla.

Lucy trok haar wenkbrauwen op, verbaasd door Hekla's bijzonder goede Amerikaanse accent.

'Ik heb een jaar in Washington gewoond.'

'Mijn vorige vriend heeft zich als een enorme klootzak gedragen, dus ben ik nu voorzichtiger.'

Ze moest Alex op afstand houden. Zijn donkere ogen zagen te veel en zij vond hem te aardig. Ze hield vooral van de manier waarop zijn blik verzachtte vlak voordat hij haar kuste. Als het lukte hem te ontlopen, vergat hij misschien dat ze samen naar de gletsjer zouden gaan. Ze kon altijd zeggen dat ze het daar te druk voor had. Ze was halverwege haar proeftijd en wilde echt een goede indruk maken, zodat de kans groter werd dat de nieuwe eigenaren haar contract verlengden.

Hoofdstuk 20

'Je ontloopt me!'

Verdorie, hij maakte haar aan het schrikken.

Hij had kennelijk gewacht tot ze klaar was met haar wekelijkse bespreking met Elin. Het gedoe met dat schaap in de hottub, die ze daarna hadden moeten laten leeglopen en schoonmaken, was alweer een week geleden.

'Ik heb het druk gehad.'

Het was veel werk geweest om hem te mijden: ze moest regelen dat ze al op haar kamer was voordat hij 's avonds de bar afsloot, ze moest checken welke ochtenddienst hij had en ze bracht veel tijd door met de boekhouding in het archief in plaats van in het kantoor, met als smoes dat ze niet gestoord kon worden.

'En ik heb het nog steeds druk,' zei ze. Ondertussen liep ze naar de glazen gang om de hotelkamers te inspecteren. Dat was een extra taak, maar ze had niemand anders die dat elke dag kon doen. Het was belangrijk dat de kamers goed werden geïnspecteerd, want ondanks de takenlijst die ze voor Eyrun had opgehangen, bleef de vrouw beweren dat ze het zo druk had in de wasserij dat ze dat niet elke dag kon doen. Lucy was bang dat er steeds slordiger zou worden gewerkt als zij er niet bovenop zat.

Elin leverde uitstekend werk, zij stelde de roosters op voor de andere vrouwen en maakte zelf de gemeenschappelijke ruimtes schoon, maar ze had genoeg te doen.

'Durf je niet meer mee met die gletsjerwandeling?' vroeg Alex dubbelzinnig, terwijl hij gewoon met haar meeliep.

Ze slikte, haar maag verkrampte, en ze bleef staan om hem aan te kijken. Niemand kon beweren dat ze iets niet durfde. 'Wanneer wil je gaan?' Uitdagend stak ze haar neus in de lucht.

Hij keek haar geamuseerd aan, zodat ze zich afvroeg of hij haar erin had laten lopen. 'Morgen of overmorgen. Sinds je bezoek aan Reyjavik heb je nog geen enkele vrije dag gehad.'

'Hou je dat soms bij?' Ze kreeg het er warm van.

Hij zei niets.

Dat was een goede techniek, want nu voelde zij zich gedwongen om de stilte te doorbreken. Nerveus zei ze: 'Ik kan overmorgen wel.' En om hem duidelijk te maken hoe de zaak ervoor stond, voegde ze eraan toe: 'Ik heb wel behoefte aan frisse lucht en een andere omgeving.'

Als Alex de scherpe klank in haar stem al hoorde, liet hij dat niet blijken. Met een zakelijk knikje zei hij: 'Uitstekend, dan ga ik de tour boeken. Ik laat je nog weten hoe laat.' Daarna slenterde hij weg.

Ze mompelde: 'Ik hoop dat je weet wat je doet, Lucy Smart.' Was hij maar niet zo aantrekkelijk en kreeg ze maar niet steeds vlinders in haar buik wanneer hij haar met die warme, intieme glimlach aankeek.

Onderweg naar de wasserij kwam ze langs Clive en de filmploeg, die in de glazen gang een opname maakten van een interview met twee gasten. De moed zakte haar in de schoenen en ze hoopte dat ze niet van plan waren haar de hele ochtend te volgen, zoals ze al een paar dagen dreigden te doen. Ze wilde echt geen publiek bij haar gesprek met Eyrun.

'Lucy, precies de vrouw die ik nodig heb!' riep Clive, die het interview net had afgerond. 'We maken geen enkele keer iets mee van dat echte fly-on-the-wall-gedoe. Het noorderlicht laat zich niet zien en jullie zijn eerlijk gezegd allemaal een beetje tam. Ik verwachtte een paar felle protesten en heftige ruzies. Je weet wel: nieuwe manager gooit haar gewicht in de strijd. Je moet ons écht iets geven.'

Ze verstijfde. 'We hebben plannen voor een traditioneel IJslands buffet. Dat zou interessant kunnen zijn.'

Clive straalde helemaal. 'Ja! Dat klinkt geweldig! Ik zie het al helemaal voor me: *Game of Thrones*, vlammende fakkels, open vuur, capes van bont.' Toen hij zich omdraaide en enthousiast tegen zijn mensen begon te praten, ging Lucy er snel vandoor, op zoek naar Eyrun.

Met haar klembord als een schild voor haar borst stapte Lucy de wasserij in. Zoals altijd had ze het gevoel dat ze een warme cocon binnenliep.

Eyrun, die net een stapel zachte handdoeken uit de grote wasdroger haalde, hield op met wat ze aan het doen was. Ze keek boos naar Lucy toen die binnenkwam en ging door met werken. Toen ze de handdoeken begon op te vouwen, legde Lucy haar klembord neer en zei: 'Ik help je wel even.'

Eyrun keek haar strak aan, zweeg en ging gewoon door.

Lucy pakte een warme handdoek en gaf bijna toe aan de verleiding hem tegen haar gezicht te drukken. Ze keek naar wat Eyrun precies deed: ze vouwde een handdoek eerst in de lengte dubbel en daarna in drieën gelijke delen. Ze deed haar na, vouwde haar eerste handdoek op en daarna nog een.

Ze werkten in een soepel ritme en Eyrun keek iets minder wantrouwig.

Zonder de huishoudster aan te kijken zei Lucy: 'Eyrun, je voert de inspecties nog steeds niet uit. Is daar een reden voor?'

Eyrun weigerde haar aan te kijken.

Lucy zuchtte. 'Je had ook alle plaids en kussens in de kast gestopt, en zweeg erover toen ik je ernaar vroeg.'

'Ik had opdracht gekregen ze op te bergen tot het hotel was verkocht.' Eyrun klemde opstandig haar kaken op elkaar. Haar grijze haar werd geaccentueerd door het felle licht van de plafondlamp.

Lucy had haar officiële waarschuwing eindeloos geoefend, maar toch wist ze even niet wat ze moest zeggen. Haar vertragingstactiek, een beetje om zich heen kijken, hielp ook niet. Opnieuw knaagde er iets aan haar. Wat klopte hier niet? Het mededelingenbord was, op de eenzame checklist na die ze daar zelf op had geprikt, nog steeds leeg. Vreemd. Gezien Eyruns antipathie had ze verwacht dat de vrouw die er wel af zou hebben gerukt. Ze bleef ernaar kijken en vroeg zich af wat hier aan de hand was. In haar kantoor prikte ze van alles en nog wat op het bord om haar aan dingen te herinneren.

Opeens wist ze het. Ze dacht aan het eerste hotel waar ze ooit had gewerkt en aan de huishoudster daar. Ze zei: 'Je kunt niet lezen, hè?'

Eyrun keek snel op, met een angstige blik.

Verdomme! Lucy had dit er echt niet zomaar uit willen flappen, maar het kwartje was opeens gevallen. Nu werd alles duidelijk: het ontbreken van memo's of andere informatie op het bord en het feit dat Eyrun niet eens naar de papieren keek die ze haar overhandigde.

Lucy schrok toen Eyrun tranen in haar ogen kreeg. 'Is dat de reden dat je die inspecties niet wilt doen? Omdat je de checklist niet kunt lezen?'

Eyruns kaak verstrakte en ze knikte bijna onzichtbaar, terwijl er een enkele traan over haar wang rolde.

'Wat erg voor je!' Lucy zag duidelijk hoe ellendig Eyrun zich voelde. 'Als je me dat had verteld, hadden we...'

Eyrun snoof en knipperde snel. 'Ik heb maar kort op school gezeten. De letters dansten. Ik heb dyslexie. Ik kan niet lezen, maar ik kan mijn werk wel doen.'

'Ik weet dat je dat kunt.' Lucy pakte Eyruns hand toen de vrouw een andere handdoek wilde pakken. 'En je doet je werk heel goed.'

Iedereen wist dat de wasserij perfect draaide.

'Iedere manager geeft me papieren. Jij hebt je lijsten.' Eyrun ademde scherp in en veegde met beide handen de tranen uit haar ogen. 'Ik kan mijn werk echt wel doen,' zei ze fel. Lucy zag dat haar kaakspieren zich spanden.

'Ja, dat is zo. En nu ik het weet, komt het allemaal goed.' Lucy zette haar handen op haar heupen en dacht aan Hekla's petta reddast.

Eyrun draaide haar betraande gezicht naar haar toe en keek haar aan.

Lucy kende die ongeruste en argwanende blik maar al te goed. Die had ze in de spiegel gezien.

'Kom mee.' Ze gebaarde dat Eyrun mee moest lopen naar het vertrek ernaast. 'Ik heb wel een paar ideeën. Misschien kunnen we foto's gebruiken in plaats van woorden.'

'Foto's?'

Toen Lucy de wasserij een halfuur later verliet, had Eyrun haar tot haar stomme verbazing stevig omhelsd en een klopje op haar hoofd gegeven. Dat laatste was een beetje gênant, maar Lucy wist dat de vrouw het goed bedoelde. Ze was zo blij dat ze had ontdekt wat Eyruns probleem was, en dat de vrouw nu aan haar kant stond. Geen wonder dat Eyrun zo boos en onbehulpzaam was geweest.

Voor het eerst in heel lange tijd feliciteerde Lucy zichzelf en gaf ze toe aan haar blije gevoel. Goede managers zorgen voor hun mensen. Zij had deze ochtend echt een verschil gemaakt.

Hoofdstuk 21

Lucy liep naast Alex over de parkeerplaats naar zijn auto. Ze trok haar muts verder naar beneden en haar sjaal steviger om haar hals, en ze was blij dat ze eraan had gedacht handschoenen mee te nemen. Het was een wonder dát ze ergens aan had gedacht toen ze zag dat hij in de receptie op haar wachtte. Hij zat op de balie met Brynja te praten, helemaal enthousiast over het noorderlicht dat de vorige nacht gelukkig zichtbaar was geweest. De filmploeg had er tijdens het ontbijt alles over verteld.

Toen hij opstond, met een hartelijke glimlach, en even later naast haar naar buiten liep, voelde ze een warme gloed door haar lichaam gaan en de vlinders wild door haar buik fladderen, iets wat ze al deden sinds ze die ochtend was opgestaan.

Dit is geen date, dacht ze toen ze haar gordel vastmaakte. Frisse lucht en een andere omgeving. Een vrije dag. Met een collega.

Maar hoe vaak ze dit in gedachten ook herhaalde, de vlinders trokken zich daar helemaal niets van aan.

'Waar gaan we precies naartoe?' vroeg ze na een minuut of tien zo luchtig en nonchalant mogelijk. 'Dank je wel dat je me meeneemt op je vrije dag. Fijn om er even uit te zijn. Frisse lucht. Andere omgeving.' De zinnen kwamen er kortaf en scherp uit.

'We zijn onderweg naar Sólheimajökull.' Alex draaide zijn gezicht naar haar toe. Zijn lange, vlakke blik voelde als een vuistslag tegen haar borstkas. Hij was gladgeschoren en zag er knapper uit dan ooit. 'En ik wilde dat je meekwam, niet omdat ik me zorgen maak om je gezondheid en je welzijn, maar omdat ik het leuk vind tijd met je door te brengen.'

Die verdomde vlinders werden onmiddellijk nog onrustiger.

'Dank je.' Ze vatte dit op als een olijftak voor haar eerdere botheid. Ze haalde haar reisgids en folders uit haar rugzakje. 'Goed, wat wil je allemaal weten over Sólheimajökull?'

Hij lachte. 'Vertel het me maar, Reisgids Lucy.'

Ze testte haar nieuwe schoeisel en liep een beetje onzeker door het ongewone gewicht van de stijgijzers aan haar wandellaarzen. Het was november en het vroor, waardoor haar huid tintelde en haar adem condenseerde in witte ademwolkjes. Ze keek bevreemd naar haar ijsbijl, omdat ze ondanks de langdurige en behoorlijk intense veiligheidsinstructies niet goed wist wat ze daar in vredesnaam mee moest doen.

Alex keek haar grijnzend aan. In de auto had hij haar de hele tijd geplaagd, omdat ze ontelbare feiten over de gletsjer en de route had opgesomd. 'Lijkt wel alsof we ten strijde trekken,' zei hij terwijl hij zijn bijl precies op dezelfde manier omhooghield als zij.

'Zolang we maar winnen, vind ik dat prima,' zei Lucy. Ze ontspande zich meteen en glimlachte terug, aangemoedigd door zijn zorgeloze zelfvertrouwen. Hij leek absoluut niet nerveus.

'Gaat het?' vroeg hij.

'Eerst wel, maar die veiligheidsinstructies hebben me doodsbang gemaakt.' Ze vertrok haar gezicht en keek omhoog naar de gletsjer op de berghelling. De gids had hun heel duidelijk gemaakt hoe belangrijk het was dat ze hem volgden en zijn spoor nooit verlieten, omdat er diepe spleten en kloven in het ijs zaten. Hij hoefde zich geen zorgen te maken, want Lucy zou zijn instructies precies opvolgen.

'Dat doen ze om ervoor te zorgen dat je je eraan houdt. Ze zouden dit niet doen als het niet veilig was.'

'Je hebt gelijk. Ik denk dat dit schoeisel me ook een beetje bang maakt. Het voelt alsof ik de schoenen draag van Megatron de Transformer.' Ze wees naar de scherpe haken aan de stijgijzer onder haar laars. 'Ik ben bang dat ik de controle kwijtraak en ze een stuk uit iemand rukken.'

Alex lachte. 'Je hoeft je geen zorgen te maken, want ik weet bijna zeker dat Optimus Prime hier vlakbij op de loer ligt.'

Ze keken naar het ijs. Het was niet moeilijk om je voor te stellen dat je in een andere wereld was, of op een verre planeet. Voor hen rezen als een bergketen pieken gegroefd ijs omhoog, waarvan de geheimzinnige melkachtig blauwe punten op sommige plekken waren bedekt met zwarte as van de eruptie van de Eyjafjallajökull in 2010, wereldwijd bekend doordat hierdoor het meeste Europese vliegverkeer wekenlang stil had gelegen. Dat had hun gids Sven ook verteld.

'Dit is op een vreemde manier heel mooi,' verzuchtte Lucy. 'Zo'n blauwe kleur heb ik nog nooit gezien.' Ze ademde diep in. Haar neus tintelde. 'En de lucht hier is zo fris.' Ze keek naar de lucht. Wollige witte wolken dreven snel voorbij en speelden verstoppertje met de stukken blauw. Het was bijna ongelofelijk dat er sneeuw werd voorspeld, dacht ze met een spijtige glimlach. Iets wat je in IJsland heel snel leerde, was dat het weer heel veranderlijk kon zijn. Zij was in Manchester gewoon een slaaf van de routine geweest en ze realiseerde zich dat ze de grilligheid van het weer eigenlijk heel aangenaam vond en ervan genoot. Ze vond het prettig om niet te weten wat voor weer het zou zijn als ze de volgende keer door de grote ramen van het hotel naar buiten keek. Ze vond het leuk om elke ochtend de verschillende zeegezichten te zien. Soms, als de zon op de rollende golven scheen en de zee schitterde, vergeleek ze de zee met een diamant. Een andere keer, als een heftige regenbui de golven zo omwoelde dat ze donkergroen werden, leek de zee een smaragd. Dan had je de onregelmatige horizon, waar de verschillen in licht een dramatische verandering teweeg konden brengen: een wazige zonsondergang veroorzaakte roze schuimkoppen of met sneeuw bedekte sprookjeslandschappen, terwijl donkere, bewolkte dagen de dreigende bergen van Mordor zichtbaar maakten.

Toen hun gids in beweging kwam, fluisterde de groep opgewonden.

Alex tikte met zijn bijl tegen die van Lucy. 'We gaan.'

Zijn jongensachtige enthousiasme was aanstekelijk en ze glimlachte opnieuw. Onderweg naar de gletsjer maakte ze langere passen om hem te kunnen bijhouden.

Voorzichtig zette ze haar eerste stappen op het ijs. Ze verwachtte het spiegelgladde oppervlak van een ijsbaan, maar zodra de stijgijzers met een bevredigend krakend geluid in het ijs beten, liep ze als een pinguïn met haar voeten naar buiten gedraaid, zoals hun was opgedragen.

Met een onverwacht zorgeloos lachje zei ze: 'Oké, ik heb me bedacht: misschien zijn dit wel mijn nieuwe beste vrienden.' Ze kopieerde het waggelende loopje van een pinguïn en wapperde met haar handen alsof het haar vleugels waren. 'Ze zijn eigenlijk best wel cool.'

Alex keek haar lachend aan. 'Oké, we zijn dus van *Transformers* overgestapt op *Happy Feet*?'

'Echt wel!' Lucy zette nog een paar waggelende stappen en keek hem stralend aan, terwijl hij geamuseerd zijn hoofd schudde.

Ze liepen in een rechte lijn een klein stukje achter de gids aan over het ijs.

'Je bent een natuurtalent,' zei Alex, die achter haar liep.

'Ik moet me wel heel goed concentreren.' Liep hij maar voor haar in plaats van achter haar, want nu had hij een uitstekend zicht op haar achterste, dat was gehuld in haar wijde zwarte jack.

Twintig minuten later bleven ze staan om op adem te komen en om de verbazingwekkende ijsvlakte voor hen te kunnen bewonderen. Het reusachtige en ongelijke oppervlak leek op een plaat zwart geaderd marmer.

'Bijzonder, hè?' Alex kwam naast haar staan en legde ontspannen een hand op haar schouder.

'Ja. En zo stil.'

De stilte werd nog eens benadrukt door het gevoel van afzondering en door het besef dat ze overal heel ver vandaan waren.

'Dit zet je wel aan het denken. Op dit moment staan andere mensen op de Champs-Élysées of op Broadway of in Oxford Street, en wij staan hier. Ik kan me bijna niet voorstellen dat daar auto's en mensen zijn, lawaai en verkeer.'

Lucy liet een zacht instemmend lachje horen. 'Vooral nu het zo vredig is. Dit is heel mooi en tegelijkertijd intimiderend, hoewel het juist daardoor zo indrukwekkend is. Je verwacht bijna dat de natuur zich zomaar tegen je kan keren. Die as waarschuwt je ervoor dat deze vulkanen vrij regelmatig uitbarsten.'

'Dat heb je goed verwoord.' Alex keek haar lang aan. 'Voor mijn gevoel is dit een plek waar je kunt resetten en kunt bepalen wat echt belangrijk is.'

Lucy knikte instemmend. '"Resetten" is het perfecte woord. Het formaat van dit alles zet alles in perspectief. Daardoor besef je wat echt belangrijk is, of eigenlijk wat níet belangrijk is.'

Ze draaide haar hoofd, tegelijk met Alex, en keek aandachtig naar het vlakke deukje in zijn onderlip en daarna naar zijn bruine ogen. Haar hart sloeg een slag over toen ze zag hoe hij haar aankeek: zijn licht geamuseerde blik had plaatsgemaakt voor een kalme, serieus en vol intenties. Ze hoorde het geritsel van zijn jack toen hij dichterbij kwam en voelde zijn warme hand toen hij zijn handschoen uittrok en haar ijskoude kaak aanraakte om haar hoofd op te tillen, waarna hij haar kuste.

Koude lippen, warme adem, ijskoude neuzen, haar hartslag en het langzame wrijven van huid op huid toen hij zijn mond teder en ontspannen op haar mond drukte. Ze kon niet zeggen wie van hen zich het eerst terugtrok. Misschien zij wel, omdat ze op adem moest komen, maar ook zijn adem kwam in kleine ademwolkjes uit zijn mond. Alsof hij het contact niet wilde verbreken, streelde hij haar gezicht. Hun kus had maar een paar seconden geduurd, maar toch bruiste het in haar buik van energie en opwinding.

'We zouden niet...' fluisterde ze, gehoorzamend aan het onrustige gevoel in haar hoofd.

Geen van de andere toeristen keek naar hen of leek zelfs maar een klein beetje belangstelling voor hen te hebben.

Hij streek over de rimpels op haar voorhoofd. 'Je denkt te veel na.'

Ze slaakte een zucht en keek hem behoedzaam aan. 'Ik ben je baas. We zouden niet...'

'Of...' Hij vouwde zijn hand om haar kin en streelde met een vinger over haar lip. 'Zullen we het hotel even vergeten en gewoon Lucy en Alex zijn? Alleen vandaag? En van dit alles genieten?' Met een weids gebaar omvatte hij het uitgestrekte landschap met de wilde natuur. 'Een reset?'

'Oké.' Opeens leek het leven heel eenvoudig.

Alex glimlachte, waardoor dat heerlijke kuiltje in zijn wang verscheen. 'Selfie?' Hij hield zijn telefoon omhoog.

'Toe maar dan.'

Hij sloeg een arm om haar schouders en trok haar dicht tegen hem aan, met de koude zachte huid van zijn wang tegen die van haar. 'Glimlachen.'

Ze keken allebei naar de camera en Alex drukte op het knopje aan de zijkant van zijn telefoon met een lange sierlijke vinger die haar herinnerde aan de keren dat hij haar had aangeraakt.

'Stuur je de selfie met AirDrop naar me toe?' Lucy had dit op normale toon willen zeggen om weer op veilig terrein te komen, maar de woorden klonken ademloos en zelfs een beetje wellustig.

Alex glimlachte en drukte snel een kusje op haar mondhoek. 'Natuurlijk. Ik –'

Hij werd in de rede gevallen door Sven, die begon te vertellen over deze gletsjer, kennelijk een uitloper van een veel grotere gletsjer, een van de grootste van Europa. Hij praatte met het geanimeerde zelfvertrouwen van veel gidsen.

Ze liepen verder en klommen nog eens een minuut of twintig. Sven bleef staan op een glad plateau dat zich eindeloos leek uit te strekken en opklom naar de met sneeuw bedekte toppen in de verte. 'En nu zal ik jullie een van de scheuren laten zien. Twee tegelijk. De rest wacht hier. Ga niet zomaar wat rondlopen. Als je foto's wilt maken, neem ik je mee naar veilige plekken.'

Lucy luisterde naar het veeltalige gepraat om hen heen, naar de respectvolle stemmen van een groep vrij oude Japanse mensen wier leeftijd hen zeker niet ophield, naar de vervelende luide stem van een nogal onaangename man die zijn groep van vier domineerde, naar de keelklanken van vier enthousiaste Duitse fotografen die heel graag het eerst wilden en naar de langzamere klanken van een paar Canadezen van halverwege de twintig.

Toen zij aan de beurt waren, nam Sven hen mee naar de rand van een één meter brede spleet die op een scherpe snee in het ijs leek en loodrechte blauwe wanden had.

'Ik hou je wel vast als je een kijkje wilt nemen of foto's wilt maken.' De man pakte Alex' jack vast zodat hij voorover kon buigen om over de rand te kijken.

'Wauw!' zei Alex, diep onder de indruk. 'Hoe diep is dit?'

'Dat is moeilijk te zeggen, want de gletsjer is constant in beweging. Hij beweegt elke dag een heel klein beetje, maar er kunnen altijd nieuwe scheuren ontstaan. Daarom is het zo belangrijk een gids bij je te hebben.'

Toen was Lucy aan de beurt. Ze keek over de rand en zag dat de ongelofelijke blauwe kleur van het zeer oude ijs bijna gloeide. Het was tegelijkertijd doodeng en fascinerend. Lucy deinsde achteruit en rilde even.

Alex keek haar glimlachend aan. 'Dat zet je wel aan het denken, hè?'

'Inderdaad. Ik kan me niet voorstellen dat sommige mensen zo dom zijn om hier in hun eentje, dus zonder gids, naartoe te gaan.'

Hekla had hun verteld over de langdurige zoektocht en uiteindelijk de vondst van het lichaam van een jonge toerist die een paar jaar geleden op de gletsjer vermist was geraakt.

Sven schudde zijn hoofd en de vrolijke blik in zijn blauwe ogen verdween. Heel ernstig zei hij: 'Het kan hier heel gevaarlijk zijn. Ik heb hard moeten studeren en heel veel moeten trainen om hier veilig rond te lopen. We willen niet nog meer doden. Als het weer slecht wordt, gaan we terug. De risico's zijn gewoon te groot.'

Sven riep de groep weer bij elkaar en ze liepen verder. Het waaide nu harder, waardoor het lopen werd bemoeilijkt. Lucy's ademwolkjes werden groter doordat ze zwaarder ademde. Ze bleven nog een paar keer staan, wat ze prettig vond omdat ze dan even op adem kon komen en over haar pijnlijke bovenbenen kon wrijven, terwijl een van de kleine Japanse vrouwen, die twee keer zo oud was als zij, haar met een meelevende glimlach aankeek.

Het veranderlijke weer kwam inderdaad. De dikke wolken die aan kwamen drijven voorspelden sneeuw. Sven keek een paar keer op zijn horloge en nam uiteindelijk contact op met de grondcrew op de parkeerplaats. Ze liepen om een muur van ijs heen, waarna hij gebaarde dat iedereen stil moest blijven staan.

Door de onverwachte verandering van het landschap – de weidse vlakte had plaatsgemaakt voor ijsgrotten en ijstunnels – had Lucy het gevoel dat ze in een computerspel zat en een nieuw niveau had bereikt.

Ze stonden in een min of meer afgesloten ruimte. Voor hen bevond zich een grote muur van ijs die naar rechts afliep, met links een dunne ijsplaat van een kleine twee meter die op een lager niveau rustte en waarvan Sven zei dat ze daar ver vandaan moesten blijven.

'Hier klimmen we even over het ijs. We hebben niet veel tijd, omdat er slecht weer aankomt. Wie wil het proberen?'

Een paar mensen zeiden enthousiast ja, ook Alex.

Lucy wilde net nee zeggen toen het tot haar doordrong dat nee zeggen een soort automatisme was geworden. Sinds wanneer wilde ze geen nieuwe dingen meer proberen? In haar eerste jaar in Manchester had ze de stad verkend, lopend, fietsend, onderzoekend. Daarna had ze Chris leren kennen, maar hij was niet bepaald een man die snel uit zijn comfortzone stapte, besefte ze nu vol spijt. Hij was meer iemand voor een kroeg of een Netflix-avond thuis.

Sven gaf hun goede, duidelijke instructies en deelde helmen en touwen uit. Ze stonden om hem heen terwijl hij een demonstratie gaf, met een indrukwekkende zwaai zijn bijl in het ijs sloeg en met een brede grijns naar zijn aandachtige publiek keek.

Alex ving haar blik en knipoogde. Hij was de eerste die gemakkelijk en ontspannen de muur van ijs beklom, zijn voeten snel en zelfverzekerd neerzette en zijn bijl stevig in het ijs sloeg op de manier die Sven had voorgedaan.

De Canadezen leken ook echte pro's, een van de Duitse fotografen was enthousiast maar onbeholpen, en de anderen waren hopeloos ongecoördineerd. Lucy nam aan dat zij dat ook zou zijn.

En toen was het haar beurt. Sven was heel grondig, hij controleerde haar helm, trok aan het touw en bond haar vast in het harnas. Toen ze onderaan de hoge ijsmuur stond, leek erlangs omhoogklimmen een onmogelijke taak, maar toen ze nerveus omhoogkeek, stak Alex zijn beide duimen op en keek haar met een warme glimlach aan.

Het was veel moeilijker dan het leek om de bijl in het ijs te slaan, maar de stijgijzers waren inderdaad haar nieuwe beste vrienden, zodat ze centimeter voor centimeter naar boven klom. Ze genoot van het voldane gevoel dat ze kreeg doordat ze met spierkracht en hard werken inderdaad naar boven kon klimmen.

Hijgend bereikte ze de top, zwaaide met haar bijl en keek naar Alex. Omlaag abseilen vond ze veel leuker. Ze haakte net haar harnas los toen Sven zei: 'Sorry mensen, dit was de laatste van vandaag, want we moeten terug en de tour inkorten.'

'Wat, mag ik dan niet meer tegen die ijsmuur omhoogklimmen?' protesteerde Brad, een potige man van ruim 1 meter 90. Hij had een licht Europees accent vermengd met sterke Amerikaanse klanken, zodat het moeilijk was om te bepalen waar hij vandaan kwam, maar één ding was zeker: hij was erg vol van zichzelf. Het grootste deel van de tijd had hij onophoudelijk en luidkeels verkondigd dat hij een fantastische sportcoach was die zijn team uitmuntend kon leiden. Informatie waar Lucy echt niet op zat te wachten. 'Maar daarom ben ik vandaag mee gegaan. En we zijn hier nu toch? Kom op, man! Geef ons nog een paar lullige minuten.'

'Het spijt me heel erg, maar het weer wordt slechter en ook nog eens veel eerder dan voorspeld. We moeten terug.'

De man keek naar de lucht. 'Volgens mij is er niets aan de hand. Die wolken zijn hier nog heel ver vandaan.'

Sven keek hem met een strakke glimlach aan en zei beleefd: 'We moeten nu vertrekken. De basis zegt dat het slechte weer er heel snel aankomt. Het gaat harder waaien en de wind brengt sneeuw mee.'

Brad sloeg zijn armen over elkaar en schudde zijn hoofd. 'Ik weiger mee te gaan. Ik heb betaald voor een tour én voor een klim. Ik ben een ervaren klimmer.' Hij keek om zich heen naar de rest van de groep.

Lucy zuchtte, terwijl ze worstelde met de kinband van haar helm en probeerde het plastic clipje los te maken.

'Doe niet zo dom, man,' zei een jonge Finse vrouw. Een van de Canadezen mompelde: 'Klootzak!' En de vier fotografen praatten in het Duits met elkaar, maar uit hun lichaamstaal was op te maken dat ze allemaal zeiden: 'Wie is deze stomkop?'

'Serieus, mensen. Dit is dikke shit. We hebben betaald voor een wandeltour en een ijsklim.' Brad keek rond in de hoop steun te krijgen.

Alex stapte uit de kring hikers. 'Sven is de expert, dus moet je naar hem luisteren. Hij is verantwoordelijk voor de veiligheid van ons allemaal.'

'Natuurlijk,' teemde Brad, 'maar je weet toch ook wel dat ze in dit soort gebieden altijd veel te voorzichtig zijn? Van nog eens twintig minuten gaat echt niemand dood.' Hij beende naar de ijsmuur en zwaaide met een woedend gebaar met zijn bijl.

Lucy schrok ervan en deinsde achteruit, weg van de bijl. Dat was haar misschien gelukt als ze een olympische atleet was geweest, maar niet nu ze gewoon Lucy Smart was, een normale vrouw en absoluut niet in vorm. Ze verloor haar evenwicht, maar de stomme stijgijzers onder haar laarzen stonden vast in het ijs. Ze zwaaide met haar armen, maar toen viel ze voor haar gevoel in slow motion achterover en over de rand ijs waarvan Sven had gezegd dat ze daarvandaan moesten blijven. Het was geen diepe val, hoogstens een kleine twee meter. Het ijs bood geen houvast en dus gleed ze helemaal naar beneden. Gelukkig had ze haar helm nog op, want haar hoofd stuiterde op en neer op het ijs. Uiteindelijk kwam ze weinig elegant tot stilstand. En werd alles zwart.

Toen Lucy weer bij bewustzijn kwam, controleerde iemand heel behoedzaam haar ledematen. Ze deed haar ogen open, maar knipperde door het felle licht en zag een spookachtig en dubbel beeld van Alex die boven haar uittorende.

'Lucy? Lucy!' Met twee vingers tikte hij zacht tegen haar gezicht.

'Je hebt dezelfde eerstehulpcursus gevolgd als ik,' zei ze, maar zo onverstaanbaar dat niemand het begreep. Ze kon niet helder nadenken, maar had een vage herinnering aan een cursusleider die zacht tegen het gezicht van een collega tikte die deed alsof hij buiten westen was.

Waren ze met een cursus bezig? Lag ze daarom op de grond? Wat was het hier koud.

Alex, die naast haar op zijn knieën zat, fronste en toen hij iets naar achteren leunde zag ze Sven.

Ze probeerde rechtop te gaan zitten, maar halverwege werd ze misselijk. Kreunend zakte ze in elkaar en haar schouders leken amper in staat haar hoofd te dragen, dat trouwens bijna ontplofte.

'Kun je je benen bewegen?' vroeg Sven dringend en met een blik op zijn horloge.

Wat? Moest hij een trein halen of zo? Waren er treinen onderaan de gletsjer? Misschien kon ze een taxi aanhouden. Ze sloot haar ogen en gleed bijna weg in de vergetelheid toen iemand haar bij de schouders vastpakte.

'Lucy!'

Versuft opende ze haar ogen. Ze zag dat de identieke Alex één en Alex twee haar ongerust aankeken. 'Hallo, hallo,' zei ze tegen beide mannen, maar haar eigen stem klonk haar vreemd in de oren. 'Hallo, hallo,' fluisterde ze, maar haar hoofd deed nog steeds pijn en ze proefde gal in haar keel. 'Kmoetkotsen,' mompelde ze. Ze rolde opzij. Alles deed pijn, maar ze kon zich bewegen. Ze zag de ijsvlakte onder haar, ze herinnerde zich dat ze omlaag tuimelde en met haar neus op het ijs was geland. Ze wist weer dat ze was gevallen.

Ze dwong zichzelf rechtop te gaan zitten, bewoog haar benen en zei: 'Niets gebroken.' Opeens wist ze alles weer. Ze werd zich bewust van de mensen die boven haar met een blik vol afgrijzen over de rand keken. Dit was heel gênant. Ze was niet eens heel diep gevallen.

Omdat ze Alex en Sven gerust wilde stellen en hun wilde laten zien dat ze echt niets had gebroken, krabbelde ze overeind. Ze wankelde en de wereld draaide om haar heen. Jakkes, dit was echt heel erg.

Nu de beide mannen zo ongerust naar haar keken, durfde ze niet te vertellen dat ze alles dubbel zag en dat ze zo'n hoofdpijn had dat ze dacht dat haar schedel elk moment kon barsten. Het was al harder gaan waaien en de minuscule ijsdeeltjes in de lucht die sneeuw voorspelden prikten in haar huid. 'Ik ben in orde. Beetje beurs.'

Sven was opgelucht en geloofde haar op haar woord. Hij liet niet merken dat hij medelijden met haar had en raapte monter haar ijsbijl op. Daarna wees hij een pad aan, parallel aan het pad boven hen, dat ze een paar meter moesten volgen tot ze zich weer bij de anderen konden voegen. Hij pakte zijn walkietalkie en begon een gespannen gesprek met de basis op de parkeerplaats.

'Weet je zeker dat je oké bent?' vroegen Alex één en twee, terwijl ze hun hoofden schuin hielden alsof ze in haar hoofd probeerden te kijken.

Ze wilde knikken, maar dat deed te veel pijn. In plaats daarvan beet ze op haar lip. Beide Alexen pakten haar handen en knepen er geruststellend in, alsof ze wilden zeggen dat ze bij haar waren.

Toen zei Svens stem naast haar: 'We moeten beginnen aan de afdaling van de gletsjer.'

In de stilte die daarop volgde, voelde Lucy dat Alex en Sven op de een of andere manier met elkaar communiceerden.

'Denk je dat je naar beneden kunt lopen?' vroeg Alex.

'Ja, ik heb alleen een beetje moeite met... Ik red me wel, ben alleen een beetje beurs,' loog ze.

Ze voelde gewoon dat de mannen links en rechts van haar stilzwijgend iets tegen elkaar zeiden.

'Ik moet zorgen dat iedereen beneden komt. We moeten doorlopen, want het slechte weer komt snel deze kant op. Het waait al veel harder.' Sven, die steeds heel relaxt had geleken, had nu diepe zorgenrimpels in zijn gezicht.

'Ik red me wel,' herhaalde ze toen ze zich realiseerde dat zij de groep al een hele tijd ophield.

'Het is oké, ik pas wel op haar,' zei Alex vol vertrouwen.

Sven klom met behulp van zijn bijl de helling op, nadat hij opnieuw streng had gewaarschuwd dat iedereen op het pad moest blijven, terwijl Lucy en Alex over het parallelle pad liepen tot ze zich weer bij de groep konden aansluiten.

Zodra de groep de beschutting van een soort bos van ijspegels verliet, sloeg de wind hen vol in het gezicht. Ze moesten in tweetallen naast elkaar gaan lopen, terwijl de wind hen geselde en aan hun lichaam rukte.

Lucy struikelde, maar Alex pakte haar meteen bij de arm.

Hij zei heel overtuigend: 'Denk aan wat Sven zei toen we vertrokken: vertrouw je voeten. Het lukt je wel.'

Hoewel ze wist dat hij het zelf niet eens geloofde, was ze hem dankbaar omdat hij in elk geval probeerde haar gerust te stellen.

Ze knikte en probeerde rustig te worden. Opeens voelde het afdalen van de gletsjer als een gigantische klus. Op van de zenuwen luisterde ze naar de gedempte stemmen van de andere mensen in de rij. Ze kon dit. Hoewel ze natuurlijk geen keus had. Ze moest wel. De wazige figuren in de rij voor en achter haar liepen langzaam en keken voorzichtig waar ze hun voeten neerzetten.

Toen begon het te sneeuwen, de sneeuwvlokken dwarrelden steeds sneller naar beneden door de harde wind.

Met haar lippen stijf op elkaar geklemd om te voorkomen dat ze ging huilen schuifelde ze naast Alex. Ze liepen nog steeds arm in arm, zijn lichaam beschermde haar een beetje tegen de felste windvlagen en de koude sneeuw. Ze vond het niet prettig om afhankelijk te zijn van andere mensen. Ze concentreerde zich op de geluiden om zich heen. Het gekraak van de stijgijzers, de ene voetstap na de andere, terwijl ze in een gestaag tempo terugliepen over de gletsjer, begeleid door het bulderende geluid van de wind en de griezelige echo van de stilte.

Ze hield haar ijsbijl stevig vast en zette koppig haar ene voet voor de andere, hoewel ze alles nog steeds dubbel zag. Eén, twee. Eén, twee.

Voor haar gevoel uren later, hoewel het in werkelijkheid misschien maar een paar minuten was, kwamen ze bij het gedeelte waar ze in een enkele rij achter Sven aan moesten lopen. Alex liet met tegenzin haar arm los. Ze dacht aan de griezelig uitziende spleten in het ijs parallel aan hun pad omhoog en aan Svens waarschuwingen.

Ze verstijfde. Haar benen weigerden te bewegen. Haar voeten waren te zwaar om op te tillen.

'Lucy. Kom op, we moeten doorlopen.'

De anderen liepen al voor hen uit, in een wazige enkele rij, en de zware sneeuwbui maakte het nog moeilijker om iets te zien. Twee Svens draaiden zich om en zwaaiden heftig naar hen. Zijn ongeduldige schorre kreet dreef mee op de in kracht toenemende wind.

'Ik... kan het niet.' Haar gezichtsvermogen veranderde steeds opnieuw, de ene keer zag ze dubbel en de andere keer was alles vaag. Ze werd er duizelig van.

'Natuurlijk kun je het, het is niet ver meer. Je bent al helemaal tot hier gekomen. Leg je hand op mijn schouder en volg me.'

'Welke schouder?' Nu ze waren gestopt, stond ze een beetje gedesoriënteerd op haar benen te zwaaien. Ze was gewend geraakt aan de ritmische routine van de ene voet voor de andere zetten. Weer gaan lopen was verwarrend. Met haar gehandschoende hand wilde ze zijn schouder vastpakken, maar ze greep mis.

Ze zag de frons op de beide gezichten van Alex. Hij keek haar scherp aan. 'Lucy, kun je alles wel goed zien?'

'Een beetje,' zei ze rillend. 'Ik zie jou twee keer. Als ik je nu zou willen kussen, denk ik niet dat ik je mond zou vinden.' Haar poging er luchtig over te doen mislukte volkomen.

Alex' frons veranderde in een boze blik. 'Waarom zei je dat verdomme niet eerder?' vroeg hij woedend.

'Omdat dat helemaal geen verschil had gemaakt. We moesten naar beneden en... ik dacht niet dat het zo moeilijk zou zijn.' Ze boog haar hoofd en voelde dat de tranen in haar ogen sprongen. Vermoeidheid, of misschien was het angst, dreigde de spieren in haar benen te kapen waardoor ze amper kon blijven staan.

Toen voelde ze zijn armen om haar heen in een geruststellende omhelzing en voelde ze heel even een ijskoud kusje op haar toch al koude voorhoofd. Klontjes sneeuw hingen aan de franje van haar wollen muts.

'Helaas kan de piccolo zich niet meten met Superman, dus kan ik niet aanbieden je te dragen.' Hij kneep haar zacht. 'Maar samen komen we wel beneden. Vertrouw me.'

Vertrouwen. O shit! Alles in haar verzette zich daartegen. *Vertrouw hem.*

Kon ze dat?

Haar twijfel was haar kennelijk aan te zien.

Hij nam haar beide handen in de zijne. 'Ik zal op je passen Lucy, dat beloof ik. We gaan samen naar beneden.'

'Beloof je dat?' vroeg ze met een heel zielig stemmetje, en zowel haar woorden als de toon waarop ze dat zei maakten dat ze zich geneerde. Ze zou zich morgen waarschijnlijk doodschamen.

'Ik krijg je wel naar beneden.'

Ze liet zijn diepe stem, vol overtuiging, tot zich doordringen. Dat was een belofte.

En ze wist, heel diep vanbinnen, dat hij die belofte zou houden. Heel even aarzelde ze. Hem vertrouwen of niet vertrouwen.

'Oké.' Ze zuchtte diep. 'Laten we gaan.'

'Pak het andere uiteinde van mijn ijsbijl vast en geef mij het uiteinde van die van jou. Vertrouw op je voeten en loop stapje voor stapje.'

Dat was een uitstekende praktische oplossing, echt iets voor Alex.

Kraak. Kraak. Kraak. Als een mierenleger liepen ze over de bevroren gletsjer. Lucy luisterde aandachtig omdat ze in de maat van Alex' voetstappen voor haar wilde lopen, maar de diepe en drukkende stilte werkte ook desoriënterend op haar. Ze had nooit gedacht dat het zo vermoeiend was om te proberen op je gehoor te vertrouwen.

Eindelijk kwamen ze bij de op een na laatste kruising. Ze hoefden niet langer in een enkele rij achter elkaar te lopen. Toch was het heel zwaar, wat nog erger werd doordat het zicht door de almaar heviger wordende sneeuw steeds slechter werd.

Alex hield de beide ijsbijlen in zijn ene hand en haar hand in zijn andere. 'Goed gedaan, Lucy. Nu is het niet ver meer. Hoe gaat het met je zicht?'

'Ik zie nu beter, want ik zie maar één Alex. Maar het is gemakkelijker als ik mijn ogen dichtdoe en ze af en toe even open. Ik heb zo'n hoofdpijn dat het wit van de sneeuw gewoon pijn doet aan mijn ogen.'

'Oké. Ik kan je wel leiden. Je doet het geweldig, hoor. Ik hou je hand wel vast en vertel je wat we allemaal tegenkomen. Doe je ogen alleen open als het echt moet, oké?'

Ze hield zijn hand stevig vast. 'Oké. Leid me maar, mijn lot ligt in jouw handen.'

Warme adem streek over haar voorhoofd. Zijn lippen gleden heel verleidelijk over haar huid.

'Goed. We lopen een lichte helling af en gaan dan naar links. Zet je voeten echt heel voorzichtig neer en leg je hand op mijn schouder.'

Verstijfd van spanning deed ze wat hij zei. Ze voelde dat haar kuitspieren zich spanden toen ze heel behoedzaam voetje voor voetje de helling afdaalden.

'Nog maar vijf stappen en dan hebben we dit stuk gehad.'

Eén, twee, drie, vier, vijf. Ze had haar adem ingehouden en ademde nu eindelijk uit. Door haar hoofdpijn kostte het grote moeite zich te concentreren.

'Geweldig. Nu volgt een korte helling. Hou mijn hand goed vast, dan trek ik je een beetje omhoog. Het zijn denk ik tien of twaalf stappen. Het is steil.'

Tellen maakte het gemakkelijker en Alex telde hardop met haar mee. Zijn stem werd een baken, haar privévuurtoren, en aarzelde geen moment tijdens zijn duidelijke en precieze instructies.

Langzaam maar zeker ontspanden haar spieren zich. Het opvolgen van Alex' zachte instructies werd even natuurlijk als ademhalen. Het was gemakkelijker om niets te zeggen, zodat ze zich kon concentreren en niets miste van wat hij zei.

'Hier kunnen we naast elkaar lopen.'

'Oké, het ijs is hier waterig. Kun je je dat beekje herinneren waar we zijn gestopt om water te drinken? Daar zijn we nu bijna. Als ik het zeg, moet je een grote stap nemen om het beekje over te steken.'

Het laatste stuk was het deel waar ze echt tegen opzag. De glooiende open ijsvlakte die naar beneden helde zonder ook maar enige beschutting tegen de wind en de steeds zwaardere sneeuwbui, en niets wat hen kon tegenhouden als ze vielen. Zodra ze de luwte van de berg verlieten, beukte de wind over de gletsjer. Het waaide zo hard dat Lucy bang was dat ze omver zou worden geblazen, maar Alex was bij haar. Hij pakte haar arm en drukte zijn lichaam stijf tegen het hare, terwijl zij de helling af stommelde.

Het laatste stuk van de wandeling duurde slechts twintig minuten, maar het was afschuwelijk door de wind die aan hen trok en rukte, en waardoor de ijskoude sneeuwvlokken als naalden in hun gezicht waaiden.

Toen ze wankelend het ruwe grindpad achter de gletsjer op stapten, slaakte Lucy een diepe zucht van opluchting. Ze hoorde de anderen hun stijgijzers losmaken waar ze aan het begin van de tocht zo blij mee waren geweest omdat het zo avontuurlijk leek. Nu wilden ze zo snel mogelijk van die irritante dingen af, omdat ze allang niet meer opwindend waren.

Gehurkt frommelde ze met de bindingen.

'Wacht, laat mij het maar doen,' zei Alex. 'Straks snij je je nog in je vingers.'

'Geen *Happy Feet* meer,' mompelde ze, te verzwakt om te protesteren en al ver voorbij het punt waarop ze zich nog kon verzetten.

Hoofdstuk 22

Het was tien over drie 's nachts. Voorzichtig verplaatste Lucy haar hoofd op het kussen, want de cijfers op haar digitale wekker stoorden haar. Haar hoofd voelde wel al veel beter, helderder en minder verward, vergeleken met het moment waarop Alex haar naar het hotel had geleid.

Eerder, nog vanuit de auto, had hij Hekla gebeld met de vraag waar de dichtstbijzijnde arts was. Dat was in Hvolsvöllur, waar ze langs kwamen. De arts, de beste vriend van Hekla's oom, had met een te fel lichtje in haar ogen geschenen, verklaard dat ze een lichte hersenschudding had en de komende achtenveertig uur niet alleen gelaten mocht worden.

Hekla werd erg ongerust toen ze dat hoorde. 'Lucy, Lucy,' zei ze, waarna ze een stroom IJslandse woorden uitte. Toen sloeg ze haar armen om Lucy heen en gaf ze haar een stevige knuffel.

'Hé Hekla, ik ben oké, hoor,' had Lucy gezegd toen ze Hekla's tranen op haar wang voelde. Hekla's bezorgdheid ontroerde haar.

Glimlachend dacht Lucy aan het tafereel in de lounge van het hotel, waar het vuur in de grote open haard had geknetterd en Hekla haar naar de dichtstbijzijnde bank had geloodst. 'Kom, kom, ga zitten.' Hekla had Lucy geholpen haar jack uit te trekken, gaf dat aan Elin, die achter hen stond, en duwde Lucy op de bank. Ook Brynja en Olafur waren er. Brynja vouwde haar handen en Olafur zag er gespannen en ongelukkig uit. Freya rende naar hen toe, liet zich op haar knieën vallen en trok Lucy's vieze en natte wandellaarzen uit.

Lucy kreeg opeens tranen in haar ogen omdat iedereen zich zoveel zorgen om haar had gemaakt. Haar zwakke pogingen om hen duidelijk te maken dat haar niets mankeerde, waren door iedereen genegeerd. Ze was het liefst meteen naar bed gegaan, maar dat leek haar geen goed plan nu ze allemaal zo ongerust waren en Hekla ook nog eens zei: 'We zullen allemaal voor je zorgen,' waarna ze een van de zachte kasjmieren plaids over haar heen legde.

'Wil je misschien wat drinken?' vroeg Elin snel. Ze klopte een kussen op en gaf dat aan Hekla, die het achter Lucy's hoofd legde.

Heel voorzichtig schudde Lucy haar hoofd, net zoals ze in de lounge had gedaan om Elin duidelijk te maken dat ze niets wilde drinken.

Niemand had haar echter serieus genomen. Hekla en Brynja discussieerden even over de vraag wat beter was: gloeiend hete chocolademelk helemaal uit de keuken of chocolademelk uit het koffieapparaat vlakbij. Hekla won de discussie, maar het was Elin die aanbood naar de keuken te gaan. Toen Lucy had gezegd dat chocolademelk uit het koffieapparaat prima was, zwaaide Elin bestraffend met haar wijsvinger. Lucy had erom geglimlacht, want Elin was veel te vriendelijk en veel te rank om iemand te kunnen bedreigen. Vervolgens waren Elin en Hekla zacht kibbelend naar de keuken vertrokken. Kristjan was een paar minuten later bij haar gekomen met een schaal brownies, op de voet gevolgd door Hekla en Elin met een dienblad vol dampende chocolademelk in blauw geglazuurde aardewerken bekers, die Kristjans tante inmiddels voor het hotel maakte. 'Deze heb ik voor je meegenomen. Chocolademelk is goed, hè? Wat is er gebeurd? Ben je gevallen?'

'Ja, hoe is dit eigenlijk gebeurd?' Brynja ging op de rand van een stoel zitten, geflankeerd door Freya en Olafur. Hekla en Elin gingen aan weerszijden van Lucy zitten en Kristjan liet zich op de grond zakken en leunde met zijn rug tegen Hekla's benen.

Lucy sloot haar ogen toen ze eraan dacht hoe ze het hele verhaal langzaam had verteld, regelmatig aangevuld door Alex. Iedereen luisterde met de gebruikelijke IJslandse aandacht. Toen ze uitverteld was, volgde er een tevreden stilte die alleen werd verstoord door het geknetter van het vuur in de haard.

Toen zei Olafur: 'Je hebt echt veel geluk gehad. Weten jullie nog, de gast die vorig jaar haar enkel brak? En die Zweed die is verongelukt? Er was ook...'

Ze had geluk gehad. Ze had niets gebroken, maar nu haar blauwe plekken en de kneuzingen begonnen op te spelen, had ze veel minder het gevoel dat ze geluk had gehad. De kloppende pijn in haar hoofd was iets minder hevig, maar het was moeilijk om zich in bed om te draaien. Ze probeerde dat een paar seconden en begreep absoluut niet waarom haar benen klem lagen onder het dekbed. Het duurde even voordat ze helder genoeg kon nadenken om de oorzaak te achterhalen.

Naast haar, nog volledig gekleed, zat Alex. Hij zat met zijn benen over elkaar en zijn armen voor de borst geslagen met zijn rug tegen een stapel kussens. Met een licht schuldgevoel omdat ze naar hem keek terwijl hij sliep, rolde ze op haar zij en steunde op een elleboog. Het was fijn om eindelijk het gevoel te hebben dat ze zich in een voordelige positie bevond in plaats van midden in een crisis.

Nu hij zo roerloos zat, deed hij haar denken aan het standbeeld van een middeleeuwse ridder dat ze in de Winchester Cathedral had gezien. Zijn roerloosheid fascineerde haar en even stokte haar adem. Ze bestudeerde zijn knappe gezicht en bekeek daarna de verschillende onderdelen. Was hij zo knap door het geheel of door de som van de verschillende delen? Zij dacht dat het vooral kwam door zijn warme chocoladebruine ogen die alles griezelig precies leken te zien, maar dat deukje in zijn lip vond ze ook heel sexy. En dan de sproetjes naast een van zijn mondhoeken die zijn perfecte uiterlijk ontsierden, maar zijn gezicht toch juist iets interessants gaven. Haar ademhaling haperde even toen ze naar zijn borst keek die rustig op en neer ging, in hetzelfde ritme als zijn ademhaling, die ze boven het geknetter van het vuur aan de andere kant van haar kamer kon horen.

Ze vond het heerlijk dat ze hem kon bestuderen en nam daar ook alle tijd voor. Dus ging ze door met haar inventarisatie. Brede schouders, slank, maar goed gevormd. Zijn biceps, zichtbaar onder de korte mouwen van zijn vaalblauwe T-shirt, waren mooi stevig. Hij had zich omgekleed en droeg nu een vale, veel gedragen spijkerbroek met een scheur in het bovenbeen, waardoor ze een blik kon werpen op zijn verleidelijk zongebruinde huid en donkere haren.

Ze vroeg zich opeens af hoe het zou voelen om hem daar te kussen en wat hij ervan zou vinden als hij wakker werd terwijl ze dat stukje blote huid kuste.

Snel wendde ze haar blik af van die belachelijk verleidelijke oase in de versleten spijkerstof. Ze werd warm toen ze zich realiseerde dat hij de hele nacht bij haar was geweest. Hij had haar de afgelopen uren twee of misschien drie keer wakker gemaakt, en ze kon zich bijna niet herinneren wat ze tegen hem had gezegd. Ze wist alleen nog dát hij bij haar was en heerlijk rook naar houtvuur en warme chocolademelk. Ze leunde iets naar hem toe om te controleren of ze zich die geur misschien had verbeeld.

'Voel je je al wat beter?' Zijn ogen vlogen open.

'Je bent wakker!' piepte ze. Haar ledematen verstijfden als een geschrokken tekenfilmkat.

'Zat te doezelen.' Hij keek haar geamuseerd aan. 'Hoe gaat het met je hoofd?'

'Beter.' Haar stem was schor, haar keel was droog. 'Ik heb niet meer het gevoel dat Erik de Rode heeft geprobeerd mijn schedel met een botte bijl doormidden te hakken.' De rest van haar lichaam voelde echter alsof ze een paar keer keihard op het ijs was gevallen. Ze bewoog haar schouders, kreunde en vertrok haar gezicht. 'Maar de rest van mijn lichaam doet wel pijn.'

Hij zei: 'Je hebt een behoorlijke val gemaakt en geluk gehad dat je niets hebt gebroken.'

'Alleen mijn schedel.'

'De arts denkt van niet, maar we moeten je goed in de gaten houden. Hoe voel je je? Ben je misselijk? Zie je dubbel?'

'Nu niet meer. Ik heb wel hoofdpijn, maar lang niet zo erg als eerst.'

'Je mag wel een pijnstiller nemen als je wilt, of een heerlijk hete douche.'

Help! Ze herinnerde zich opeens dat ze in zijn bijzijn haar broek en T-shirt had uitgetrokken, te uitgeput om zich af te vragen of dat eigenlijk wel fatsoenlijk was.

Ze kreunde opnieuw toen ze haar benen onder het dekbed uit

zwaaide en op de rand van het bed ging zitten. 'Een hete douche.' Nu hij haar op dat idee had gebracht, kon ze zich niets heerlijkers voorstellen. Ze keek achterom en zag dat hij naar haar benen keek, maar snel zijn blik afwendde. Toen ze zag dat hij bloosde, trok ze snel het dekbed over haar bovenbenen, een steek van vrouwelijke ijdelheid negerend.

'Wil je misschien wat drinken? Dan kan ik terwijl jij onder de douche staat de keuken plunderen.'

'Ja,' zei ze, zonder zich zelfs maar af te vragen of ze eigenlijk wel dorst had.

Alex glimlachte om haar enthousiasme.

Er ontging hem ook nooit iets.

'Zin in iets speciaals, of zal ik je verrassen?'

'Ik vind alles goed.' Ze wilde heel graag dat hij nu even wegging, zodat zij kon douchen en weer in bed kon kruipen voordat hij terug was.

'Ik zal hier eerst wat meer hout op leggen.' Hij pakte een paar houtblokken uit de metalen mand en legde ze op het vuur.

Zodra hij de kamer had verlaten stond Lucy op, alweer luid kreunend. Terwijl ze onder de heerlijke straal warm water stond bekeek ze haar blauwe plekken: eentje op elke knie, een op haar rechterelleboog, een monster groter dan haar hand op haar schouderblad, een paar plekken rechts van haar ruggengraat en nog eentje op drie ribben. Nee hè, ze voelde zich nu zelfs nog ellendiger, want deze verzameling blauwe plekken herinnerde haar eraan hoe kwetsbaar en broos ze was.

Met tegenzin stapte ze onder de hete douche vandaan, hoewel ze er het liefst nog heel lang met haar mishandelde lichaam onder was blijven staan. Maar wat ze nog liever wilde, was zich afdrogen en een schoon T-shirt en slipje aantrekken voordat Alex terugkwam.

'Hete chocolademelk!' Alex duwde de deur open en kwam binnen met een dienblad en een grote cadeautas. 'Plus nog meer van Kristjans geheime voorraad brownies en een goodiebag van Hekla.'

Lucy ging wat meer rechtop zitten en leunde tegen de stapel kussens. Ze kromp even in elkaar door de enorme pijn in haar schouder toen Alex haar een dampende beker overhandigde. 'Lekker, met marshmallows.'

Hij ging op de rand van het bed zitten en zette de goodiebag naast haar neer.

Glimlachend wreef ze over het blauwe glazuur en hield de grove aardewerken beker met beide handen vast. Ze vond deze bekers echt prachtig. 'Zeg alsjeblieft dat Hekla op dit tijdstip niet nog steeds wakker is?'

'Nee, ze is dit tasje al eerder komen brengen, toen je nog uitgeteld was.' Alex fronste. 'Voel je je wel goed?'

'Ja.' Ze vertrok haar gezicht. 'Zolang ik me niet beweeg, tenminste.' Vanaf het moment dat ze weer in bed was gestapt, had ze het gevoel dat iemand alle energie uit haar had gezogen. Maar nu, lekker onder het dekbed en met deze heerlijke warme chocolademelk, voelde ze zich prettig en goed verzorgd.

'Dat geloof ik meteen.' Met een gekwelde blik voegde hij eraan toe: 'Je zit onder de blauwe plekken.'

'Een paar maar.' Ze klemde haar lippen op elkaar. Het leek wel alsof elke pijnlijke plek door zijn woorden wakker was geworden en om aandacht vocht.

'Ik kan bijna niet geloven dat je niet...' Hij deed zijn ogen dicht en rilde. 'Toen je over die rand viel... Het spijt me dat ik je heb meegenomen, ik...'

'Hé, Alex.' Ze zette haar beker neer en gaf een klopje op zijn knie. 'Doe niet zo gek. Het was een bizar ongeluk en zonder jou was ik nooit beneden gekomen.'

Hij haalde zijn schouders op. 'Hekla maakt zich zorgen om je. Ze zegt dat je Vikingbalsem op je blauwe plekken moet smeren en dat je je dan beter zult voelen.' Hij schoof het tasje naar haar toe.

Ondanks zijn weinig subtiele manier om van onderwerp te veranderen, was hij ingetogen en leek hij zich bijna schuldig te voelen.

'Vikingbalsem? Bestaat zoiets echt?' vroeg ze, in een poging hem op te vrolijken. Ze haalde een rond potje uit de tas. 'O, het bestaat echt. En...' Ze haalde nog iets uit de tas, een thriller en een paar dikke wollen sokken. 'Hekla is geweldig!' Ze drukte de zachte wol – of was het kasjmier? – van de sokken tegen haar gezicht.

'Dan kun je maar beter doen wat ze zegt.' Alex draaide het deksel van het potje, waardoor de delicate geur van amandelen en lavendel vrijkwam, en bood het haar aan.

Het rook heerlijk. Ze deed wat crème op haar vingertop en probeerde het op haar pijnlijke elleboog te smeren, maar slaakte onwillekeurig een gilletje toen ze haar schouder verdraaide.

'Voorzichtig!' Alex ging dichter bij haar heup zitten. 'Wat doet pijn?'

'Wat niet?' jammerde ze. Ze liet zich achterover tegen de kussens vallen, maar toen hij haar strak aankeek voegde ze eraan toe: 'Vooral mijn schouderblad.' Ze wees naar haar rechterschouder.

'Draai even opzij.'

Ze keek hem aan, maar zijn blik was onbewogen, alsof hij er gewoon van uitging dat ze deed wat hij zei en vond dat het niets voorstelde. Door de kalme autoriteit die hij uitstraalde was het een eenvoudige beslissing, en ze draaide een beetje opzij.

Hij streek zacht over haar nek langs de hals van haar T-shirt en trok die iets opzij om haar rug beter te kunnen zien. Ze voelde zijn koele vingers over haar nog enigszins vochtige huid.

'Ga op je buik liggen, dan doe ik je T-shirt omhoog.'

Stilte.

Ze klemde haar kaken op elkaar. Ze gedroeg zich belachelijk. Hij wilde haar helpen.

Met stijve bewegingen ging ze op haar buik liggen.

Terwijl hij ervoor zorgde dat het dekbed niet lager kwam dan haar middel, trok hij haar T-shirt omhoog zodat hij haar naakte rug kon zien.

Naakt. Ze klemde haar kaken op elkaar.

Elke spier in haar lichaam spande zich en elke zenuw stond klaar om zijn handen van haar af te slaan. Ze hoorde dat hij zijn adem even inhield en wachtte. De stilte werd drukkender, het vuur plofte en knetterde en toen ritselde de dekbedhoes doordat Alex ging verzitten. Haar maag maakte een salto terwijl de seconden verstreken.

Zijn eerste aanraking was weifelend. Zijn vingers bewogen alsof hij niet goed wist waar hij moest beginnen. Opnieuw hield hij zijn adem in en hij mompelde bijna onhoorbaar: 'O, Lucy.'

Ze werd warm vanbinnen. Dit was de man op wie ze had vertrouwd om haar de gletsjer af te krijgen, de man die steeds bij haar was gebleven in extreme weersomstandigheden, die haar had geholpen met zijn vriendelijke en bemoedigende woorden, geen moment ongeduldig of geïrriteerd.

Ze voelde dat hij aarzelde, terwijl zijn vingers over haar schouderblad streken. Langzaam wreef hij de crème in haar huid, die warm werd onder zijn vingertoppen die langzaam en met ronde bewegingen over haar huid gleden. De cirkels werden steeds groter en met een vlakke hand masseerde hij zacht de gespannen spieren onder haar schouderblad. Ze slaakte een onwillekeurige zucht toen haar lichaam zich eindelijk ontspande. Bij hem was ze veilig.

Alex ging door met de voorzichtige manier waarop hij de blauwe plekken op haar rug masseerde. Toen bleef zijn hand stil liggen. Ze sloot haar ogen, voelde dat hij naar voren boog. Warme adem en toen een heel zachte kus op haar rug, toen nog een, en nog een. Hij kuste elk blauw plekje. Ze verstijfde. Daarna trok hij heel behoedzaam haar T-shirt naar beneden en stopte het dekbed om haar lichaam alsof hij wilde dat ze zich veilig voelde. Ze kreeg tranen in haar ogen door dit subtiele gebaar. Deze man zag zoveel.

Langzaam rolde ze op haar rug zodat ze hem aan kon kijken.

Hij had een tedere, bezorgde blik in zijn ogen, maar dat was niet alles.

Ze zeiden geen van beiden iets.

Hij pakte zijn eigen beker chocolademelk, liep naar de andere kant van het bed, sloeg het dekbed open en ging naast haar zitten met zijn rug tegen de kussens.

Zwijgend dronken ze hun chocolademelk op.

Lucy bleef maar denken aan zijn tedere kusjes op haar rug en aan de behoedzame manier waarop hij met haar omging, alsof ze een schichtig paard was.

'Alex?' Haar stem verstoorde de stilte. Ze hield de zware beker met beide handen vast, stevig, alsof het een talisman was.

'Ja?' Alsof hij wist dat ze steun nodig had om dit te doen, omdat ze hem nog steeds niet het hele afschuwelijke Lucy Smart-verhaal had verteld, gleed zijn hand achter haar en om haar schouder. Hoewel ze dit waarschijnlijk niet verdiende, liet ze toe dat ze zich ontspande met zijn arm om haar heen en met haar hoofd tegen zijn hals.

Ze slikte en zweeg. Het gewicht van dit alles drukte zo loodzwaar op haar dat ze bijna de fysieke behoefte had om dat gewicht van haar borst te halen. Ze deed haar ogen dicht, haalde diep adem en begon, zonder haar hoofd op te tillen. 'Ik heb je toch verteld dat ik was ontslagen?'

'Ja.' Alex omvatte haar schouder met zijn hand, zodat ze zijn warmte door de stof van haar T-shirt kon voelen.

'Ik had er een puinhoop van gemaakt, een grote puinhoop.' Ze dwong zich haar hoofd op te tillen en hem aan te kijken.

Hij keek haar bemoedigend aan en vroeg, terwijl hij haar met een open blik aan bleef kijken: 'Is er iemand doodgegaan?'

'Nee!' zei ze snel, bijna geschokt door zijn nonchalante vraag.

'Je hebt niemand vermoord?'

'Nee!'

'Oké. Heb je iemand bedrogen?' Zijn mondhoek ging omhoog.

Ze schudde haar hoofd.

'Ben je naar bed geweest met de partner van iemand anders?'

Opnieuw schudde ze haar hoofd.

Hij zette zijn beker op het nachtkastje en nam haar beker uit haar handen. 'Heb je iets gestolen?

'Nee.'

'Heb je iemands vertrouwen beschaamd, iemands baan ingepikt of iemand opzettelijk en onterecht ontslagen?'

'Nee.'

'Oké.' Hij vlocht zijn vingers door de hare. 'Ik kan bijna geen echt slechte dingen meer bedenken. Ik heb bijna alle tien geboden gehad, in elk geval de geboden die ik belangrijk vind.' Hij trok haar dichter tegen zich aan, zodat ze zijn warme adem langs haar wang voelde. 'Gij zult niet doden, stelen of overspel plegen. Ik ben niet echt gelovig, maar dat mag je niet tegen mijn moeder zeggen, zij is lid van de presbyteriaanse kerk van Schotland. Maar dit zijn wat mij betreft de belangrijkste. Dus kan, wat je ook hebt gedaan, zo erg niet zijn.'

Lucy beet op haar lip.

Alex raakte haar mond even aan. 'Niet doen.' Zijn vingers gleden van haar mond omhoog en hij omvatte haar wang, terwijl hij haar geduldig en begripvol aankeek.

Ze schraapte haar keel en probeerde zonder enige emotie te zeggen: 'Ik wil niet dom en egoïstisch klinken, maar ik neem aan dat je nooit op Google hebt gezocht naar Lucy Smart, hotelmanager?'

'Nee, dat heb ik gek genoeg inderdaad niet gedaan.'

'Maar goed ook,' zei Lucy bitter. 'Je zou je ogen niet geloven.'

Alex fronste. 'Nu ben ik geïntrigeerd.'

'Dat geldt voor de meeste mensen als ze het horen. Die kunnen zich niet beheersen en gaan meteen kijken.'

'Lucy...' De vriendelijke klank in zijn stem vloerde haar bijna. 'Ik begrijp er niets van. Waarom begin je niet bij het begin?'

Lucy keek strak naar het vuur, zag dat de gloeiende kooltjes rood, oranje en zwart leken.

'Er was ooit een hotelmanager. Ze heette Lucy Smart en ze was echt slim. Ze was de beste van haar jaar op de opleiding Hospitality Management en werkte zich omhoog tot assistent-manager bij de Forum Group. En toen werd ze ontslagen wegens uitgesproken professioneel wangedrag, waarmee ze de onderneming een slechte naam bezorgde.'

Alex bleef haar bedaard en gelaten aankijken.

Was er dan niets dat hem van slag bracht?

'Ik had een vriend, Chris. We hadden vier jaar een relatie en woonden samen in een appartement in Manchester. Hij werkte voor dezelfde hotelketen, in een hotel aan de andere kant van de stad. We waren allebei assistent-manager.' Monotoon somde ze de belangrijke gebeurtenissen in haar leven op, alsof het slechts feiten waren.

'Je hoeft me dit niet te vertellen,' zei hij zacht, terwijl hij met zijn duim over de hare wreef.

Lucy vertrok haar gezicht. 'Ik ben al begonnen, dus maak ik het ook af.'

'Zo erg kan het niet zijn wat je me gaat vertellen.'

Lucy's maag verkrampte. Dit was moeilijker dan ze had gedacht, maar ze moest het hem vertellen. 'Ik ben een beetje een controlfreak.'

Alex keek haar verbaasd aan.

'En niet erg... avontuurlijk. Chris... kocht een sexy kerstlingeriesetje voor me. Je weet wel: goedkoop rood satijn en wit namaakbont. Hij zeurde steeds dat ik dat voor hem moest aantrekken en zei plagend dat ik preuts was.' Ze klemde haar lippen op elkaar. 'Ik doe het graag met "het licht uit", als je begrijpt wat ik bedoel.' Ze kreeg tranen in haar ogen. 'En ik ben laat begonnen. Chris was mijn eerste echte vriend. Ik was niet heel goed in... seks.'

Alex zei niets, maar zijn kaakspieren spanden zich en hij keek opeens vreemd uitdrukkingsloos.

'O mijn god, dit is... zo gênant.' Lucy vermande zich.

Vertel verder, dan is het eerder achter de rug.

Ze deed haar ogen dicht en ploeterde door. 'We vierden dat we vier jaar samen waren. Onze relatie was saai geworden. Zijn woorden, niet de mijne, hoewel hij misschien wel gelijk had. Dat gebeurt in een relatie als je allebei lange dagen maakt. Ik werd dronken.' Ze kon het bijna niet opbrengen verder te vertellen. 'Trok dat kerstsetje aan. Deed een slechte Marilyn Monroe-imitatie en begon zelfs hijgerig te zingen. Je weet wel, "Santa Baby".'

Alex bracht zijn hand naar haar onderlip toen ze op het gevoelige plekje daar begon te bijten.

Daardoor zweeg ze even. Ze kreeg een brok in haar keel. 'Dat doe je steeds.'

'Omdat ik niet wil dat je jezelf pijn doet. Zo te horen heb je al meer dan genoeg geleden.'

Zijn lieve woorden ontroerden haar. Ze spande haar kaakspieren en zei kwaad: 'Doe alsjeblieft niet zo lief tegen me. Dat verdien ik niet. Ik heb het allemaal aan mezelf te danken! Ik had beter moeten weten. Chris filmde me. Toen leek het grappig, hoewel dat misschien altijd zo is als je een derde van een fles wodka op hebt. Overmoedig door de alcohol.'

'Echt?'

'De moed die je door drank krijgt is altijd gevaarlijk.' Ze kromp ineen en rilde. 'Mijn god, het was afschuwelijk!'

'Kun je niet zingen?'

'Wát zeg je?' Van alle dingen die hij kon zeggen was dit wel het laatste wat ze had verwacht.

'Maak je geen zorgen, ik zing ook als een kat die wordt gewurgd. Niets om je voor te schamen.'

Lucy schoot bijna in de lach.

'We moeten samen een keer karaoke doen, 'Islands in the Stream' of zo.'

Deze keer lachte ze wel een beetje. 'Het was niet zozeer mijn zang, maar mijn striptease.' Ze keek hem aan. Hopelijk keek hij niet vol walging of afkeer terug.

'Een striptease? Nou ja, daar heb ik weinig ervaring mee. Ik heb een keer iemand zien paaldansen. Gewone bokkenfuif, maar niet echt mijn idee van een leuke avond. Als ik een naakte vrouw wil zien, heb ik liever dat dat alleen voor mij is en dat er dan sprake is van een zekere mate van intimiteit.' Hij keek haar veelbetekenend aan. 'Ik kan daar dus eigenlijk niet over oordelen. Was het te amateuristisch?'

Ze begon bijna te giechelen door zijn spottende en tegelijkertijd zakelijke toon. Hij moest dit serieus opvatten, niet er de grappige kant van inzien. Had het eigenlijk een grappige kant? Dat had ze zich nog niet eerder afgevraagd. Dat idee vond een plekje ergens in haar achterhoofd.

'Heel erg.' Lucy gaf hem een zachte por met haar elleboog om te voorkomen dat hij zou glimlachen. 'Ik ben niet goed in striptease. Proberen je slipje op een sexy manier uit te trekken en er boven je hoofd mee rond te zwaaien als je stomdronken bent was veel minder verleidelijk dan ik had verwacht.'

'Dat kwam natuurlijk door al die wodka.' Alex verborg het onderste deel van zijn gezicht achter zijn hand, alsof hij zichzelf wilde dwingen ernstig te blijven kijken.

Lucy lachte met tegenzin. Zijn luchtige opmerkingen maakten haar vernedering veel minder erg en voor het eerst was ze in staat de humor van deze ellendige situatie in te zien. 'Ja, die wodka heeft veel veroorzaakt. Zonder die veertig procent alcohol in mijn lijf had ik dat nooit gedaan. Een stripteaseshow is niet echt mijn ding.'

'Oké, je bent dus een heel slechte zangeres en een heel slechte stripper. Moet ik nog meer weten?'

'Is dat alles?' vroeg ze.

Hij fronste. 'Dat vroeg ik toch?'

'Hoezo? Vind jij dan dat het niets voorstelt?'

'Het is wat jij het laat zijn.'

Ze fluisterde: 'Maar mensen hebben me naakt gezien.'

Alex zei niets. Geen grappige opmerking deze keer.

'Chis eh...' Ze kneep beschaamd haar ogen dicht. 'Hij stuurde de video naar een paar vrienden op het werk en die stuurden het door naar een paar anderen en zo ging het maar door.' Ze slikte. 'Ik werd van de ene op de andere dag een sensatie op het bedrijfsnetwerk.'

'Ach, Lucy,' verzuchtte hij in haar haar, terwijl hij haar naar zich toe trok.

'Vijfduizend hits op YouTube,' mompelde ze, terwijl haar maag net als vroeger opspeelde.

'Wat erg voor je. Dat is wel shit, maar niet jouw schuld.' Hij streek met een vinger over haar jukbeen en zijn woedende blik verwarmde een klein stukje van haar hart, waarvan ze had gedacht dat het voor altijd gebroken zou blijven.

'Ik kan er niet bij dat iemand zoiets doet.'

Ze knipperde om haar tranen tegen te houden. 'Dat was nog maar het begin.'

Hij hield haar stevig vast, terwijl de tranen over haar wangen stroomden.

'Mensen... Ze...' Lucy rilde. 'Volkomen onbekenden zeiden afschuwelijke dingen tegen me. Mannen die ik amper kende, stelden dingen voor... Sommigen raakten me zelfs aan alsof ze daar alle recht toe hadden, mijn borsten, mijn billen. En ze werden nijdig als ik zei dat ze moesten oprotten, alsof ik het recht niet had hen af te wijzen.' Ze ademde heel diep in en haar borstkas deed weer pijn nu ze deze herinneringen ophaalde. 'Zelfs vrouwen noemden me een slet, een hoer, een sloerie. Soms heel zacht als ik hen passeerde. Mensen met wie ik werkte. Er was altijd wel iemand die me vertelde wat die en die had gezegd. Zelfs zogenaamd goede vrienden van me behandelden me opeens veel koeler, alsof ze niet door me besmet wilden worden. En toen...' Ze zweeg. In gedachten kon ze nog altijd de emotieloze blik zien van de vrouw van HR. Met een bittere blik zei ze: 'En toen, als kers op de taart, werd ik ontslagen.'

Alex verstijfde en hij hield haar schouder steviger vast. 'Op basis waarvan? Ze kunnen je toch zeker niet ontslaan om iets wat buiten je werk is gebeurd? En als het op het bedrijfsnetwerk is gezet, hadden ze de plicht voor jou op te komen en het er onmiddellijk af te halen.'

'Dat zou je denken. Zelfs de directeuren stuurden die verdomde video door. Nee, ik werd ontslagen omdat te zien was dat het in een van onze hotelkamers was gefilmd. Je wordt meteen ontslagen zodra je als werknemer een hotelkamer gebruikt zonder daarvoor te betalen. Komt doordat een van de portiers jaren geleden een escortservice in de lege kamers organiseerde. Die avond vierden we dat we vier jaar samen waren.' Ze slikte. 'Ik vertelde Chris dat ik iets bijzonders voor hem had. Mailde hem een foto van een kerstmuts en schreef erbij dat Santa Baby op bezoek kwam.' Ze kromp ineen. 'Ongelofelijk stom van me. Ik gaf toe aan zijn eindeloze gezeur en besloot dat ik... Nou ja, de rest weet je nu. Chris zei dat hij ter ere van de avond en van mijn belofte een suite had gehuurd via de website voor vrienden en familie van het bedrijf, zodat het allemaal keurig geregeld was.' Ze wreef over haar voorhoofd. 'Later bleek dat hij een sleutelkaart had geléénd!' Bij dat laatste woord tekende ze aanhalingstekens in de lucht. 'Er was helemaal geen officiële reservering of betaling. Op de video was duidelijk te zien dat ik in een van onze kamers was. Niet zomaar een kamer, maar de Presidentiële Suite. Ik werd ontslagen wegens grof wangedrag.'

'En hij?' vroeg Alex.

'Ha! Je maakt een grapje zeker? Mijn woord tegen het zijne. Hoewel ze de video afkeurden en ik een verantwoordelijke baan had, waardoor ik de onderneming een slechte naam bezorgde, was dat geen gegronde reden voor ontslag. Het feit dat er een hotelkamer was gebruikt was dat wel. Ik was te zien in die video, maar hij niet. Dat walgelijke misbaksel beweerde dat hij er niets mee te maken had en er helemaal niet bij was geweest.'

'Dat meen je niet!'

'Echt wel! Zijn argument was dat de zaak het niet waard was dat we allebei onze baan kwijtraakten, omdat we de hypotheek wel moesten betalen.'

Alex hapte naar adem en zei vol afkeer: 'Wat een ongelofelijke hufter. Ik hoop dat je hem verrot hebt geslagen.'

'Nee.' Ze vertrok haar mond. Inmiddels schaamde ze zich, omdat ze toen niet voor zichzelf was opgekomen. 'Ik ging er met de staart tussen mijn benen vandoor. Probeerde een andere baan te krijgen. Zonder referenties. Het werd alom bekend. Snel. Ik kon nergens een andere baan krijgen.'

'Alleen in IJsland.'

'Alleen in IJsland.'

Alex begreep het opeens en zuchtte diep. 'Nu begrijp ik waarom je je zo druk maakt om die tv-ploeg.'

'O mijn god, stel je voor. Ik doe mijn best niet op te vallen, omdat ik weet wat viral gaan echt betekent. Dat is een fatale besmettelijke ziekte. Alles op internet wordt heel snel verspreid. En dan komt hier verdomme een filmploeg die erop staat dat ik met mijn gezicht op tv kom.'

Alex keek haar opeens scherp aan. 'Bob weet het.'

Ze knikte en zakte vermoeid in elkaar. 'Ja, Bob weet het.'

'Heeft hij je bedreigd?'

Hoe was het mogelijk dat Alex alles zo snel begreep, elke keer weer? 'Hij kwam alleen met walgelijke voorstellen om samen in zaken te gaan.'

Ze voelde dat zijn lichaam zich spande en hij woedend werd. 'Ik vermoord die walgelijke rotzak.'

'Alex!' Ze ging rechtop zitten, volkomen verrast door zijn onverwachte dreiging geweld te gebruiken.

'Ik wist wel dat hij een klootzak is, maar dit...'

'Zeg alsjeblieft niets tegen hem! Straks vertelt hij het aan Clive en de eigenaren van het hotel en dan ontdekken de nieuwe eigenaren het misschien ook. Ik heb deze baan echt nodig.' Ze keek hem smekend aan.

'Maar Lucy, je mag hem hier niet mee laten wegkomen.'

'Hij komt nergens mee weg. Ik ontloop hem en zorg dat ik nooit alleen met hem ben. Zeg alsjeblieft niets tegen hem!'

Alex leunde met een woedende blik naar achteren.

Lucy zei: 'Ik los dit op, zodra ik weet hoe het zit met mijn baan.'

'Wij zullen...' Hij keek haar met een eigenaardige blik aan en zei: 'Wij gáán dit oplossen.'

Hoofdstuk 23

'Goedemorgen! Ik kom je ontbijt brengen.'

Zodra Hekla haar kamer binnenkwam, rook Lucy de heerlijke geur van bacon. Ze hees haar beurse lichaam overeind en haar schouder protesteerde toen ze zich omdraaide om haar kussens rechtop te zetten.

'Hoe voel je je?'

'Helemaal beurs. Alsof een vrachtwagen over me heen is gereden en daarna ook nog eens terugkwam om de klus af te maken,' kreunde ze.

'Jeetje!' Hekla zette het dienblad neer. 'Alex zegt dat je vandaag in bed moet blijven.' Ze keek Lucy veelbetekenend aan en daarna dwaalde haar blik naar de kussens en het dekbed, waaraan goed te zien was dat daar eerder iemand had gezeten.

'Is dat zo?'

'Hij maakt zich grote zorgen om je.'

Lucy rolde met haar ogen. 'Hij is ook heel bazig.'

'Ik ook, en jij moet vandaag in bed blijven.'

'Eerlijk gezegd voel ik me veel beter. Mijn hoofd doet helemaal geen pijn meer. Mijn moeder zei altijd al dat ik een dikke schedel heb, dus misschien heeft ze wel gelijk.'

'Toch kun je maar beter rust nemen.'

Lucy zei: 'Maar er is zoveel te doen. We moeten alles regelen voor het banket. Had ik mijn mond maar gehouden. Clive is helemaal enthousiast geworden en verwacht een tafereel uit de tv-serie *Vikings*. Gelukkig heeft hij inmiddels zijn gewenste opnamen van het noorderlicht. Ik dacht echt dat hij daardoor wat rustiger zou worden, maar nee, hij gedraagt zich als een veel te enthousiaste peuter. Ik dacht alleen aan een menu met een IJslands thema.' Ze keek Hekla veelbetekenend aan en zei: 'Ik neem niet aan dat je me mijn notitieboekje en een pen uit het kantoor wilt brengen.'

'Lucy!'

'"Geen stress," zei de dokter, maar ik word juist gestrest als ik niet met de planning kan beginnen.'

Hekla kneep haar ogen halfdicht en kreunde even, maar kwam een kwartier later toch terug met Brynja, die meteen aanbood de eetzaal te versieren.

'Voor de tafels kan ik de natuur als thema gebruiken. Het strand naar binnen brengen. Je zult het geweldig vinden, echt waar.'

'Dat klinkt fantastisch,' zei Lucy, die zelf helemaal niet goed was in dit soort dingen.

Samen begonnen ze te brainstormen over de invulling van de avond, zonder het bloed en de gruwelen van een bepaalde tv-serie.

'Verhalen vertellen,' stelde Hekla voor. 'IJslandse volksverhalen. Dat wil Freya wel doen, zij is de actrice en kan verhalen over de huldufólk vertellen.' Ze gaf Lucy een knipoog.

'Volgens mij hebben we zelf wel genoeg verhalen,' zei Lucy.

Het was rustig geweest de laatste tijd, zonder nieuwe rampen. Ze hoopte dat degene die achter deze trucjes had gezeten ermee was gestopt.

Ze keek naar Brynja, die meer op een wijze oude uil leek.

De vrouw keek haar ongerust aan en vroeg zacht: 'Heb je enig idee wie het kan zijn?'

Lucy schrok. Ze had helemaal geen zin haar vermoedens uit te spreken.

Brynja beantwoordde haar eigen vraag en zei bitter: 'Het moet toch zeker iemand van hier zijn?'

Met een verdrietig knikje zei Lucy: 'Ik ben bang van wel.'

Brynja zei: 'Ik word er zo kwaad om! Waarom doet iemand zulke dingen?'

'Als ik dat wist, konden we zorgen dat het ophield,' zei Lucy.

'Het is zo oneerlijk!' riep Brynja. 'We hebben echt keihard gewerkt.

Het hotel heeft er nog nooit zo goed uitgezien, is nog nooit zo goed geleid en nu... Ik verwacht elk moment dat er weer iets naars gebeurt. En dan die afschuwelijke Bob. Hij wacht er ook op. Ik zie dat hij je in de gaten houdt.'

Lucy, ontroerd door haar uitbarsting, kneep even in haar hand. 'En we blijven keihard werken, als een team. Zonder jullie zou ik dit niet kunnen doen. We gaan een enorm succes maken van dit banket.'

'Ja,' zei Hekla fel, met een strijdlustige blik. 'We gaan ervoor zorgen dat die Clive het in zijn broek doet.'

Lucy en Brynja schoten in de lach.

'O Hekla, ik hou van je! Dat heb je geweldig verwoord!'

Tegen de tijd dat de beide vrouwen vertrokken, stond Lucy's notitieboekje boordevol ideeën. De laatste avond van Clive en zijn filmploeg zou spectaculair worden, al was dat het laatste wat ze deed. Wat heel goed het geval kon zijn, dacht ze.

Haar contract liep bijna af, over drie weken, en ze had nog steeds niet gehoord of de verkoop was afgerond en er dus sprake was van nieuwe eigenaren.

Ze lag een beetje te soezen tot Alex rond lunchtijd binnenkwam met een kom soep.

Hij keek haar goedkeurend aan en zei: 'Iemand ziet er al veel beter uit.'

Opgewekter dan in tijden keek ze om zich heen en vroeg: 'O, wie?'

Alex lachte. 'Ik heb soep bij me voor de patiënt.'

'Op de blauwe plekken na voel ik me prima. En ik voel me een beetje een bedrieger, omdat ik lig te slapen terwijl iedereen aan het werk is.' Ze keek nieuwsgierig naar de wallen onder zijn ogen; hij had vannacht niet veel geslapen.

'Geniet er maar van. We hebben een hele stroom reserveringen voor de komende week en een heleboel aanvragen. Er staan allemaal recensies op TripAdvisor waarin staat dat dit een geweldige plek is om koffie te drinken. En een juichende recensie op een reisblog: ze waren enthousiast over het eten, het gastvrije personeel en de *huggulegt*... wat dat ook maar is.'

'Dat is de IJslandse versie van hygge,' zei Lucy. Ze bewoog haar tenen in de heerlijk warme sokken die Hekla haar had gegeven.

'Van wat?'

'Hygge,' herhaalde Lucy. 'Je spreekt het uit als hoegga.'

'Nooit van gehoord. Mis ik iets?'

'Als je van plan bent langer in dit noordelijke klimaat te blijven, zou ik ja zeggen. In Scandinavië zijn verschillende versies van dat woord. Het betekent 'gezellig', maar eigenlijk nog veel meer. Huggulegt betekent genieten van gezelligheid, de tijd nemen om de eenvoudige dingen in het leven te waarderen en om een gevoel van warmte en welzijn te ervaren.'

Alex trok zijn neus op. 'Klinkt een beetje... new age-achtig. Grote onzin, volgens mij.'

Ze rolde met haar ogen en lachte hartelijk. 'Ik moet toegeven dat ik dat eerst ook dacht, maar weet je, nu ik hier een tijdje ben en tijd heb doorgebracht met Hekla en de anderen begrijp ik het. Het weer hier kan een beetje somber zijn.'

'Dat is een understatement.' Alex keek door het raam naar de grijze wolken en de ijsregen die langs de ramen naar beneden droop.

'Ja, maar dat is het dus. Kijk hoe gezellig het hier is.' Ze wees naar het laaiende vuur in de houtkachel, naar het zachte licht van de lampen en naar de plaid over haar knieën.

Ze knikte naar de dampende kom soep op het dienblad op haar schoot en zei: 'De mensen hier moeten een manier vinden om de lange winter door te komen, dus maken ze het gezellig. Een van de manieren om dat te doen is genieten van kleine rituelen. We noemen ze wel klein, maar waar het om gaat is dat je er tijd voor máákt om ze te doen. Zoals bewust proberen om te genieten van een houtvuur, de kamer gezellig te maken door het mooie licht van kaarsen in fraaie kaarsenstanders en door een goed boek te lezen met een heerlijke kop thee. En dan niet zomaar thee, nee, een bijzondere thee, geserveerd in een prachtig porseleinen kopje met een verrukkelijk chocoladekoekje of biscuitje.'

Ze kreeg een warme klank in haar stem toen ze dit allemaal beschreef. Ze gaf Alex een zachte por toen hij zijn wenkbrauwen optrok. 'Het is echt bijzonder, geloof me maar. Je zou het een keer moeten proberen.'

'Hmm.'

'Nou, de gasten vinden het prettig. De koffiesessies in de ochtend en de theesessies in de middag zijn volgeboekt.'

'Komt natuurlijk door de prachtige porseleinen kopjes.' Hij knipoogde.

'Je mag het niet belachelijk maken. Het maakt echt verschil.'

'Nou ja, het spijt me dat de soep in een gewone kom zit, maar je moet er wel aan beginnen voor het koud is.'

'Heb jij al wat gegeten?' Ze pakte de lepel en proefde de heerlijke schapenbouillon.

Alex glimlachte. 'Wie heeft je broodjes bacon gemaakt, denk je? Het is onmogelijk om voor iemand anders bacon te bakken en daar niet zelf iets van te eten. En ik neem straks ook soep.'

Terwijl zij de soep at, pakte hij haar boek en las de flaptekst. Hij sloeg het boek open en las de eerste bladzijde.

Ze vond het vreemd gezellig dat hij zat te lezen en zij zat te eten. 'Hm, dat was heerlijk! Dank je wel.' Ze schraapte de kom helemaal leeg.

'Je hebt dus geen blijvende schade aan je eetlust opgelopen.' Alex legde het boek weg en haalde het dienblad van haar schoot. 'Hoe gaat het met je schouder?'

'Gevoelig,' zei Lucy.

'Laat me even kijken.'

Zonder erover na te denken rolde ze op haar buik, waarna ze onhandig probeerde haar T-shirt omhoog te trekken.

'Doe ik wel.' Zonder enige ophef en zonder er ongemakkelijk over te doen, deed hij het. 'Au! Je blauwe plekken zien er vandaag nog erger uit.' Hij pakte het potje balsem en draaide het deksel eraf. 'Denk je dat dit helpt?'

'Ik heb geen idee, maar het... ruikt lekker.' Ze had bijna gezegd dat het lekker voelde, maar zich op het laatste moment bedacht.

Nee, het voelde niet lekker, maar heerlijk, besloot ze toen zijn vingers over haar huid streken en hij de balsem heel behoedzaam in de huid van haar schouderblad wreef.

Ze zuchtte, sloot haar ogen en genoot van het gevoel waarmee haar huid over het bot gleed, van de warme balsem en van de zorgvuldige en ongehaaste grondigheid waarmee Alex dit deed. Zijn handen gleden op magische wijze over elke zwelling en over elke blauwe plek – heel licht op plekken die pijn deden, maar steviger op de gekneusde en pijnlijke spieren. Haar verwarmde huid tintelde en ze drukte haar lichaam dieper in de matras toen ze merkte dat haar tepels hard werden.

'Mmm,' kreunde ze zacht toen hij een spierknoop kneedde met een rukkende beweging, waardoor haar tepels over de stof van haar omhooggeschoven T-shirt schuurden. Ze ontspande haar ruggenwervel en vergat de tijd, terwijl zijn handen elke vierkante centimeter van haar rug aanraakten en extra behoedzaam over de blauwe plekken wreven. Toen kwam hij bij haar onderrug, waar het dekbed haar heupen bedekte, en gedurende een paar heerlijke seconden streken zijn vingers over het harde bot en speelden met de zachte huid. Ze verlangde ernaar dat zijn handen lager gleden, haar billen streelden, haar dijen vonden. Onwillekeurig bewoog ze zich en spreidde ze haar benen.

Ze kreeg een gevoel van verlies toen zijn handen haar loslieten en klagend bewoog ze haar heupen heen en weer.

'Geen kusjes vandaag,' zei ze dromerig, maar ze verstijfde toen ze besefte wat ze had gezegd. Haar vingers grepen haar donzen kussen stevig vast.

Alex zei niets.

Ze beet op haar lip en verzette zich tegen haar neiging haar hoofd onder haar kussen te verbergen.

Toen streek hij heel behoedzaam over de blauwe plekken, een voor een, met ronde bewegingen. Hij kuste haar op haar mond en haar huid rilde onder elke tedere vlinderachtige streling. 'Sorry, de balsem smaakt niet echt lekker.'

Ze hapte naar adem, werd opeens vuurrood en schaamde zich dood.

Alex grinnikte, trok haar T-shirt naar beneden en drukte een kus op haar nek. Zijn warme adem streek over haar oor toen hij fluisterde: 'Misschien de volgende keer. Ik moet weer aan het werk.'

Alex kwam die avond niet terug.

Hekla kwam om zes uur bij haar met een maaltijd; ze leek geagiteerd.

Lucy, die de hele middag in haar eentje had liggen broeden en spijt had van wat ze had gezegd, had behoefte aan iemand om mee te praten, om haar aandacht af te leiden van Alex en haar weinig subtiele uitnodiging. Ze wist niet wat erger was, dat ze het had gezegd of dat hij haar had afgewezen.

'Kun je even blijven?' vroeg ze een beetje zielig.

Hekla leek nogal opgejaagd.

'Is er iets mis?' vroeg Lucy, meteen vol argwaan.

'Nee hoor, alles is oké.'

'Niet dus,' zei Lucy terwijl ze haar strak aankeek.

Hekla keek gefrustreerd en maakte een gebaar van overgave. 'Alex zei dat we je niet lastig mochten vallen.'

'Is dat zo?'

'En het is oké. Hij is nu de baas, ik bedoel, hij heeft de leiding. Daarmee wil ik zeggen dat hij de zaak onder controle heeft.'

'Hekla!'

Door de waarschuwende klank in Lucy's stem leek Hekla zelfs nog opgejaagder.

Ze zei: 'Een halfuur geleden kwam er een bus met veertig mensen aan. Voor het diner. De chauffeur zegt dat ze hadden gereserveerd.' Ze fronste en zei ontdaan: 'Maar ik... kan me daar niets van herinneren.'

Lucy gooide het dekbed van zich af en zwaaide haar benen uit bed.

'Nee, nee! Het is oké. Echt waar, Lucy. Brynja en ik helpen Alex in de eetzaal. Kristjan heeft al een plan bedacht. Jij kunt echt niets doen. Maar ik kan niet lang bij je blijven.'

'Weet je het zeker?'

Hekla knikte. 'Alex regelt alles. Alsof hij de manager is.'

'Ja, hij is goed.'

Hekla grijnsde ondeugend en trok haar wenkbrauwen op.

'In het managen van dingen,' zei Lucy scherp, maar ze bloosde en kon niet voorkomen dat ze glimlachte. 'We moeten overwegen hem promotie te geven. Dat zou jouw werk verlichten.'

'Ja, dat zou goed zijn. Dan zou hij vaker bij ons in het kantoor zijn. Leuk om naar te kijken,' zei Hekla plagend.

'Ik weet niet wat je bedoelt,' zei Lucy preuts, waarna ze haar lippen op elkaar klemde.

'Echt wel!'

Lucy zuchtte, trok haar benen weer op bed en leunde met haar rug tegen de kussens.

'Als je je beter voelt heb ik een plan,' zei Hekla opeens.

'Ik voel me beter.' Lucy ging rechtop zitten.

'Ik moet een paar dingen regelen.' Hekla leek heel tevreden met zichzelf. 'Het is een verrassing,' zei ze. Daarna liep ze opgewekt naar de deur.

'Ik hou niet van verrassingen!' riep Lucy, maar het was te laat, want Hekla was al weg.

Hoofdstuk 24

'Dit ga je geweldig vinden,' zei Hekla, terwijl ze betaalde voor hun toegangskaartjes van de Fontana Geothermale Bronnen. Onderweg waren ze een paar keer door een sneeuwbui gereden en nu sneeuwde het ook. Hekla keek vrolijk omhoog naar de minuscule sneeuwvlokjes die naar beneden vielen.

'Een dagje uit als meiden onder elkaar,' zei Elin met een tevreden zucht. 'Dit is echte ontspanning. Niets kan op tegen een dagje uit naar de warmwaterbronnen.' Ze gaf Lucy een knipoog toen ze zag dat deze nieuwsgierig naar het donkergrijze wolkendek keek. De voorspelling dat het vandaag zou sneeuwen had de anderen er niet van weerhouden op pad te gaan.

Deze verrassing vond Lucy geen enkel probleem. Ze had gehoord dat Hekla voor deze dag een ingewikkelde roosterwijziging had aangebracht. Alex en Dagur bemanden de receptie, hoewel Alex al een paar nachten amper had geslapen, en Gunnar hielp Freya met het verschonen van de bedden en het schoonmaken van de badkamers, zodat Hekla, Elin en Brynja mee konden.

'Ik heb hier echt zin in,' zei Lucy en ze meende het echt. Nadat ze gisteren de hele dag in bed had gelegen voelde ze zich veel beter. Hoewel… gek genoeg miste ze Alex. Ze had hem niet echt gezien na de lunch gisteren, maar was zich vaag bewust geweest van het feit dat hij de afgelopen nacht een paar keer bij haar was komen kijken. Hij had een vinger op haar wang gelegd, haar haar uit haar gezicht gestreken en gefluisterd: '*Good night, sleep tight*.'

Toen Hekla dit dagje uit had voorgesteld, had Lucy met haar beurse lichaam meteen toegehapt en Alex, die haar haar ontbijt bracht, had het goed gevonden – na enige aarzeling en pas nadat Hekla had beloofd dat Lucy zich die dag niet hoefde in te spannen en alleen maar mocht ontspannen.

Lucy propte de tas met haar handdoek onder haar goede arm en volgde samen met de anderen de borden naar de kleedkamers. Zoveel hotelgasten hadden enthousiast verteld over hun bezoekjes aan de verschillende warmwaterbronnen en de zwembaden in IJsland, dat ze daar zelf ook heel graag naartoe wilde. Deze plek leek echt geweldig, en ook een beetje trendy.

'De toeristen kennen alleen de beroemde Blue Lagoon,' zei Elin, 'maar dit is mijn favoriet. Rustiger en goedkoper.'

'Vooral nu, voordat de tourbussen arriveren,' zei Hekla, een beetje arrogant, waardoor Lucy en Brynja in de lach schoten.

'Zelfs nu we je daarvoor op een onmogelijk tijdstip uit bed moesten sleuren,' zei Brynja plagend. Zij was degene geweest die erop had gestaan dat ze heel vroeg vertrokken.

Hekla haalde goedmoedig haar schouders op en glimlachte. 'Lach maar, ik heb deze...' Uit haar tas haalde ze een paar witte pluizige badjassen van badstof die voor de luxe suites bestemd waren. 'Ik heb ze een dagje geleend.'

'Goed idee!' zei Elin.

'Ik zal maar doen alsof ik ze niet heb gezien,' zei Lucy met een uitgestreken gezicht, terwijl ze er eentje van Hekla aannam.

Er waren weinig kleedkamers en er liepen al een paar andere mensen rond. En er was, tot Lucy's grote afschuw, een grote gemeenschappelijke doucheruimte. Voordat ze kon vragen of er ook andere douches waren, was het al te laat. Hekla, Brynja en Elin kleedden zich vrolijk uit, zonder blijk te geven van enige gêne. Lucy's adem stokte, want hier voelde ze zich helemaal niet goed bij. Ze aarzelde heel even, maar de anderen kleedden zich zo zorgeloos uit en liepen zo ontspannen naar de douches dat ze onmogelijk kon weigeren hetzelfde te doen.

'Hebben jullie deze moedervlek al gezien?' Hekla wees naar een moedervlek onder haar tepel, terwijl ze één arm in de lucht stak zodat ze haar oksel kon inzepen.

'Wauw, is dat een echte? Die lijkt wel op Mount Hekla,' zei Brynja verbaasd. 'Wat ben je, een elvenkind?'

'Ik weet het, cool hè? Je hebt toch geen tattoo nodig als je je eigen merkteken hebt?'

'Ik wil een tattoo,' zei Brynja. 'Die vind ik cool.' Ze wees naar de vlinder boven Elins navel.

'Ja,' zei Elin glimlachend, 'vooral als mijn vriend Roger hem kust en dan langzaam naar beneden toe werkt. *Yes, baby!*'

'Fijn voor je, Elin.' Brynja schudde haar hoofd, terwijl het water over haar brede schouders stroomde. 'Gunnar is wat dat betreft een beetje verlegen.'

'Probeer honing, als een soort wegwijzer. Werkt altijd,' zei Elin met een vette knipoog.

Lucy had zich uitgekleed, op haar slipje na. Toen haalde ze diep adem, probeerde haar schouders te ontspannen, ging met haar rug naar de anderen staan en trok haar slipje uit. Ze kon dit. Met een domme glimlach hief ze haar kin, waarna ze nonchalant naar de douches liep. Ja hoor, ze voelde zich zo ontspannen als maar kon.

'Hoi, Lucy.' Brynja stapte opzij om ruimte voor haar te maken, terwijl ze haar donkere schaamhaar inzeepte, en draaide zich weer om naar Elin: 'Denk je dat je in plaats van honing ook Brennivin of wodka kunt gebruiken?'

'Je kunt ook een pijl tekenen en er "potje honing" bij schrijven,' zei Hekla.

'Hé, je kunt ook een tattoo nemen met die tekst,' zei Elin met een scheve grijns.

Ze schoten in de lach.

Lucy deed een beetje vloeibare zeep in haar hand en tilde haar arm op.

'Ik moet nog iemand vinden die mijn potje honing wil checken,' zei Hekla met een spijtige frons, terwijl ze haar lange benen inzeepte. 'Dat is al veel te lang geleden.'

'Wat is er gebeurd met dat stuk, die Deen?' vroeg Elin. Ze hief haar gezicht en liet het water over haar kortgeknipte blonde haar stromen.

'Terug naar Denemarken. Hij was hier op vakantie.'

'Wat jammer,' zei Lucy. Ze probeerde ontspannen te kijken terwijl ze haar oksels inzeepte. Volgens de posters die aangaven wat je moest doen voordat je de warmwaterbronnen in mocht, moest ze dat op andere plekken ook nog grondig doen.

Hekla lachte. 'Nee hoor, je kunt heel veel doen in twee dagen. Hij was... hoe zeg je dat... goed in bed.'

'Twee dagen?' Lucy probeerde haar verbazing niet te laten merken.

'Maak je geen zorgen, hij was geen gast. Ik heb hem leren kennen in Reykjavik.' Hekla glimlachte.

'Zijn jullie al in die nieuwe bar in Reykjavik geweest?' vroeg Elin, met een hand tussen haar benen om zich daar in te zepen. 'De bar met dat blauwe licht, het is daar zo cool. Daar moeten we een keer naartoe als ons salaris binnen is.'

'Weten jullie nog, die avond in de...' Brynja zei een IJslandse naam die klonk als een heleboel medeklinkers achter elkaar en die Lucy absoluut niet zou kunnen vertalen.

De anderen beaamden dat.

'Jullie spreken allemaal ongelofelijk goed Engels.' Hun beheersing van allerlei uitdrukkingen was ongelofelijk. 'Ik voel me schuldig, dus als jullie in je eigen taal met elkaar willen praten...' Ze haalde diep adem en begon zichzelf ook van onderen te wassen. Niemand keek naar haar. Natuurlijk niet. Dit was hier volkomen normaal.

'Nee hoor, niet nodig,' zei Brynja. 'Daar zijn we wel aan gewend. Ik heb een tijdje in de Verenigde Staten gewoond, Elin heeft als kind vier jaar in Canada gewoond en Hekla, waar woonde jij ook alweer?'

'Londen, Washington en Auckland. Mijn vader was ambassadeur.' Hekla haalde haar schouders op. 'Engels is onze tweede taal.' Ze stapte onder de douche vandaan en liep naar het bankje waar hun tassen stonden.

Toen Lucy onder de douche vandaan stapte en volkomen naakt voor de andere drie stond, die al kletsend en nog drijfnat hun zwemkleding uit hun tas haalden, zag ze dat niemand op haar lette. Dit was echt volkomen normaal.

'Alsjeblieft, Lucy. Deze past je wel.' Elin gaf haar de kleinste bikini die ze ooit had gezien.

Lucy trok hem aan en probeerde de dunne bandjes uit te rekken om iets meer van haar lichaam te bedekken. Wat, nadat ze met hen onder de douche had gestaan, natuurlijk belachelijk was.

'Hé,' zei Elin. 'Hou daarmee op! Je hebt een fantastisch figuur! Je zou er juist mee moeten pronken.'

'Ja,' zei Brynja. 'Dat heb je gewoon verborgen gehouden.'

'Ja,' zei Hekla, 'ze draagt graag wijde truien. Dat is me heus wel opgevallen, Lucy Smart. Waarom doe je dat?'

Lucy haalde haar schouders op, een beetje gegeneerd nu ze allemaal naar haar keken. 'Ik ben... verlegen.'

'Nou, dat is nergens voor nodig. Je bent verdomd mooi.' Hekla voegde er grijnzend aan toe: 'Maar Alex weet dat al, neem ik aan.'

Ze liepen in de richting van het zwembad.

Lucy werd vuurrood. 'Eh, nee... Hij eh... is vannacht bij me gebleven.' Verdorie! Dat klonk als iets wat het niet was geweest.

'Als zo'n knappe man de nacht met je doorbrengt, schatje, dan willen we alle details horen,' zei Elin. Ze gaf een tikje tegen Lucy's hand, waarmee ze nog steeds aan het driehoekje trok dat ternauwernood haar linkertepel bedekte.

Lucy hoopte dat ze nu zouden overleggen waar ze het eerst naartoe gingen: de sauna, de hottub, het stoombad of een van de zwembaden, en dat dit onderwerp nu van de baan was. Helaas was dat niet het geval. Zodra ze in een hottub zaten, deelde Hekla de genadeklap uit.

'Kom op, vertel eens. Wat is er gebeurd? Zorgt hij voor je?' Ze streelde Lucy's arm. 'Want er moet echt iemand voor je zorgen.' Ze duwde Lucy naar voren en streek over de grote blauwe plek op haar schouderblad.

'Dat voelt al veel beter, dankzij jouw Vikingbalsem.'

Niet door de behoedzame manier waarop Alex die had aangebracht.

'Dat bedoelde ik niet.' Hekla keek haar met een veelbetekenende blik aan. 'Jij. Toen je hier kwam, was je heel kwetsbaar en een beetje geknakt.'

De andere twee knikten instemmend.

Lucy kreunde en trok haar schouders onder water. Als ze had gekund, was ze helemaal onder water verdwenen. 'O mijn god, was dat zo duidelijk?'

'Alleen voor ons, en je voelt je nu beter,' zei Elin. Ze strekte haar lange elegante armen naar Lucy uit, die tegenover haar zat. 'Maar je leek zo gekwetst en zo bang voor alles... wanneer je dacht dat we niet naar je keken. We hadden zeg maar afgesproken dat we voor je zouden zorgen, maar toen reageerde je heel adequaat die avond in de keuken, nadat Erik zijn been had gebroken. Hekla zei dat je supergeorganiseerd was.' Ze glimlachte naar Lucy. 'En superbazig. Toen beseften we dat je onze zorg misschien helemaal niet nodig had.'

Lucy's hart maakte een sprongetje. 'Weet je, ik zal heel eerlijk zijn. Ik had wel een paar problemen.' Ze bleef even watertrappelen, ademde diep in en vertelde hun vervolgens het hele verhaal.

Omdat ze het nog maar zo kort geleden aan Alex had verteld en daar inmiddels zelfs een beetje de humor van kon inzien, leek het opeens veel minder erg en klonk haar verhaal lang niet meer zo vreselijk.

Opeens klom Hekla uit het water om haar telefoon te pakken en op YouTube op zoek te gaan naar Lucy.

Lucy keek naar de video waarin ze stomdronken malle capriolen uithaalde, maar nu ze ernaar keek terwijl het sneeuwde en ze in een hottub zat leek alles heel onwerkelijk. Vooral vergeleken met de enige keer dat ze deze video had bekeken, want toen zat ze in elkaar gedoken en met het licht uit en de deur op slot in haar kantoor.

'Je kunt echt niet zingen, hè?' zei Brynja, maar halverwege de zin begon ze te giechelen. 'Mijn kat zingt beter dan jij.'

Elin giechelde ook. 'Het is echt heel erg. Ik ben bang dat je elk moment kunt omvallen.'

'Volgens mij is dat op een bepaald moment ook gebeurd,' zei Lucy.

'O daar, kijk!' Elin lachte opnieuw en wees naar het scherm toen Lucy op haar gezicht viel en haar achterste het hele beeldscherm vulde. 'Gelukkig heb je een mooi kontje.'

Lucy was stomverbaasd. De drie anderen vonden de video kennelijk geinig en helemaal niet gênant.

'Dat is een te gekke film, Lucy. Druk op herhalen, Brynja!' Hekla probeerde lachend haar telefoon te pakken. 'Ik wil zien hoe ze haar slipje uittrekt.'

Ze bleven lachen en grapjes maken, maar geen van drieën leek ook maar een beetje kritisch, geschokt of afkeurend. Na afloop van de video bekeek Hekla Lucy van top tot teen en zei: 'Ik wil dat setje van je lenen.'

Lucy giechelde toen ze zich voorstelde dat Hekla die minuscule rood-witte outfit droeg. 'Het zou je geweldig staan,' zei ze. Hekla had hier geen enkel probleem van gemaakt. Sterker nog, met de ontspannen manier waarop deze drie vrouwen met naaktheid omgingen zou dat voor hen allemaal gelden.

'Maar wat is dat een ongelofelijke klootzak!' zei Elin. 'Het was iets voor jullie tweetjes. Ik snap wel waarom je helemaal van slag was. Wat heb je met hem gedaan? Ik zou zin hebben gehad zijn penis er met een botte schaar af te knippen en als een worstje te bakken.' Ze maakte een hakbeweging door het water, waardoor ze allemaal in de lach schoten.

'Ik zou zijn auto onklaar hebben gemaakt. Suiker in de benzinetank. Olijfolie op de ramen. Dat is heel slecht voor de motor en je krijgt het er heel moeilijk af,' zei Brynja.

'Ik zou hem stomdronken voeren, wachten tot hij sliep en met een permanente marker *kúkulabbi* op zijn voorhoofd schrijven,' zei Hekla enthousiast.

De andere twee brulden van het lachen.

'Als wij kúkulabbi zeggen, bedoelen we rotzak,' vertelde Brynja toen ze Lucy's gereserveerde glimlach zag, 'maar de letterlijke vertaling is "stront op twee benen".'

'Zeg alsjeblieft dat je dat niet hebt gedaan!' Elin keek opeens naar Hekla, die zachtjes grinnikte.

'Wie, ik?' Hekla keek haar onschuldig en met grote ogen aan, maar daar trapte niemand in.

'Ik kan jullie maar beter nooit dwarszitten,' zei Lucy, zogenaamd rillend van afschuw.

'Wat heb je gedaan?' vroeg Hekla. 'Zeg alsjeblieft dát je iets hebt gedaan!'

Lucy knikte en vertrok haar mond. 'Maar bij lange na niet zo wreed.'

'Maar je hebt wel iets gedaan.'

Lucy knikte en beet bijna op haar lip. Zelfs Daisy had ze niets verteld over haar zielige wraakactie. 'Hij ging de dag voor mijn vertrek naar IJsland weg en toen ging ik naar ons appartement om een paar van mijn spullen te halen. Ik had de sleutels natuurlijk nog, dus...' Ze glimlachte toen ze eraan terugdacht. 'Ik heb verse garnalen in de zoom van de gordijnen genaaid.'

'Goed zo!' zei Brynja.

'Dat stinkt enorm,' zei Elin, die haar neus optrok.

'Volgens mij is dat een te gekke wraakactie,' zei Hekla met een brede grijns. 'Subtiel en langdurig.'

Lucy stelde zich voor dat Chris probeerde te ontdekken wat de stank veroorzaakte en waar die vandaan kwam. Ze begon te giechelen. Ze had het zichzelf niet toegestaan om zich af te vragen wat er sindsdien met hem was gebeurd.

Hekla stak een hand op en daarna gaven ze Lucy om beurten een high five.

'Haal geen streken uit met Lucy.'

Elin knikte.

'Gewapend en levensgevaarlijk met naald en draad.'

Lucy grijnsde.

'Je hebt ons nog steeds niets over Alex verteld,' zei Hekla een paar minuten later. Ze ging wat meer rechtop zitten, met haar schouders boven water.

Verdorie! Lucy had gedacht dat ze eronderuit kwam. 'Er is niets te vertellen. Hij is vannacht bij me gebleven, maar het was...' Ze dacht aan zijn kusjes op haar rug. 'Het is te snel.'

'Maar je hoofd is nu oké,' zei Brynja, die het bewust verkeerd begreep.

'Ik eh... ik zie hem vanavond.'

De vlinders in Lucy's buik fladderden druk heen en weer, ze werd opgewonden toen ze dacht aan wat er kon gebeuren en aan hun korte gesprek nadat Hekla, nadat hij toestemming had gegeven voor hun uitstapje, snel was weggelopen om zich klaar te maken.

'Je ziet er beter uit,' had hij gezegd. 'Laten we hier vanavond als je terug bent samen eten. Je moet niet te veel doen. Ik zal Kristjan vragen een dienblad voor ons klaar te maken.'

Het was heel gek, maar hoewel ze graag zelf alle besluiten nam, vond ze het eigenlijk wel prettig dat hij bepaalde wat er gebeurde. Tijdens haar relatie met Chris, die zo ambivalent was over zoveel dingen – waar ze aten, naar welke film ze keken – had ze het bijzonder vermoeiend gevonden om altijd degene te zijn die knopen moest doorhakken, vooral omdat hij vaak zat te zeuren als ze een maaltijd of een film had uitgekozen die hem niet beviel.

'Je ziet hem vanavond.' Hekla wreef in haar handen.

'Welk deel van hem zie je vanavond?' Elin spatte water naar haar toe.

'Ja, hij is een goede man,' teemde Hekla. 'Ik weet wel welk deel ik te pakken zou willen krijgen.'

Elin kneep haar even. 'Je moet echt met iemand naar bed, en snel ook.'

'Ik weet het. Speeltjes zijn echt niet hetzelfde als een echte man. En ik vind het heerlijk om te kijken als een man zich uitkleedt.' Hekla kreunde zacht. 'Dat mis ik. Vooral als ik hoor hoe mevrouw B een beurt krijgt van haar man.'

'Ik zal oordopjes voor je regelen,' zei Brynja, die zich kennelijk nergens zorgen over maakte.

'Wij gaan niet...' protesteerde Lucy. Ze was blij dat haar huid al behoorlijk roze was door het warme water.

'Waarom niet in vredesnaam?' vroeg Hekla. 'Hij is een stuk. Hij is superknap en hij is echt een goede man. Ik weet wel zeker dat hij heel attent is in bed en geen egoïstische man die alleen op zijn eigen genot uit is.' Ze gniffelde en keek naar Elin. 'Durf te wedden dat hij de weg wel weet naar het potje honing.'

Lucy hapte naar adem. Oké, na die kus, toen ze gedachteloos haar benen spreidde, had ze een paar fantasietjes gehad over Alex' magische handen, maar die waren heel privé en zeker niet zo plastisch. Ze liet zich dieper in het water zakken alsof ze daardoor haar onvermogen verborg om zich te meten met de enthousiaste ongeremdheid van de anderen.

Tot haar grote afschuw vertelden Elin en Hekla verhalen over de beste technieken die ze hadden meegemaakt.

Lucy wist dat ze vuurrood werd.

'Ze scheppen op,' zei Brynja zacht toen ze zag hoe ongemakkelijk Lucy zich voelde. 'Hekla zou heel graag een vaste vriend willen en ze wil niets liever dan dat Kristjan haar eindelijk ziet staan, en Elin aanbidt Roger. Maar in IJsland praten we veel opener over seks.'

'Kon ik dat ook maar. Misschien, als ik daarover had kunnen praten... na Chris... Volgens mij ben ik niet erg goed in seks.'

Brynja lachte zacht. 'Niemand is in zijn eentje erg goed in seks. Daar zijn twee mensen voor nodig en die moeten het allebei belangrijk vinden dat de ander er plezier in heeft. Die Chris vond jou kennelijk niet belangrijk. Hij dwong je dingen te doen waardoor je je niet op je gemak voelde. Wees lief voor jezelf, Lucy. Als Alex een goede man is, hoef je niets te doen wat je niet wilt doen. We zijn allemaal verschillend. Hekla is trots en zelfverzekerd genoeg om haar lichaam te delen met iedereen die zij uitkiest. Niemand geeft haar daar een slecht gevoel over. Het is geweldig als je zo bent, als je dat kunt. Vrouwen zouden zich niet moeten schamen omdat ze van seks genieten. Dat is iets waar wij mee opgroeien.' Ze glimlachte.

'Bij ons is dat niet zo. Ik ben opgegroeid met negatieve woorden, allemaal vrouwelijke woorden natuurlijk, zoals slet, hoer, sloerie. Mijn ouders praatten ook nooit over seks.' Lucy rilde. 'Ik heb geen idee hoe ik ben verwekt. Volgens mij heb ik mijn vader mijn moeder nooit zien kussen.'

'Dat is heel goed,' zei Brynja stralend en met haar ogen rollend. 'Te demonstratieve ouders zijn echt heel gênant.'

Ze lachten allemaal toen Hekla opstond en zei: 'Kom mee, we gaan naar de sauna.'

In de loop van de ochtend werden de sneeuwvlokken die vielen dikker. Lucy vond het een vreemde ervaring. Ze hief haar gezicht en liet het kussen door de sneeuwvlokken, terwijl haar lichaam in het water heerlijk warm was. Blootsvoets, hun warme huid een groot contrast met het ijskoude hout, verlieten ze de sauna. Ze liepen van het ene naar het andere zwembad en ten slotte naar het stoombad. Lucy voelde zich niet helemaal op haar gemak door het rooster op de vloer boven een borrelende en gloeiend hete bron, die ze gewoon kon horen koken en sissen.

Later trokken ze hun badjassen aan en gingen naar het lichte en luchtige restaurant om te lunchen. Roggebrood gebakken in hete lava en verrukkelijke zalm die bijna smolt in je mond, de lekkerste die Lucy ooit had geproefd. Dit alles werd weggespoeld met een glas rode wijn.

Ze voelde zich aangenaam moe en heel ontspannen. Een dag om nooit te vergeten en zeker voor herhaling vatbaar.

'Dit was heerlijk. Bedankt voor de uitnodiging,' zei Lucy glimlachend tegen Hekla. 'Ik moet meer tijd maken voor dit soort dingen. Ik moet ook nodig mijn nagels laten doen en mijn haar laten knippen.'

Hekla pakte meteen haar telefoon. 'De beste vriendin van mijn zus is kapster in Hvolsvöllur.' Ze begon al iets te typen. 'Als we vanmiddag terugrijden kunnen we daar wel even langs.'

Voordat Lucy zich kon bedenken had ze kennelijk al een afspraak. 'Bedankt,' zei ze, terwijl ze naar achteren leunde. 'Ook voor vandaag. Ik voel me nu heel ontspannen en mijn blauwe plekken doen lang niet meer zo'n pijn. Mijn schouderspieren zaten helemaal vast.' Dat wist ze dankzij Alex, die de gespannen spieren daar zorgvuldig had gemasseerd. 'Dat waterfontein-ding heeft daar wonderen voor verricht.' Ze had een hele tijd doorgebracht onder de waterstralen die in een van de zwembaden stroomden. 'Die deden ontzettende pijn.'

'Doordat je te veel tijd achter de computer hebt doorgebracht.'

Lucy haalde haar schouders op. 'Er moet altijd zoveel gebeuren.'

'En dat is een goede plek om je te verbergen voor de filmploeg.' Hekla trok zoals zo vaak een wenkbrauw op.

'Ja, dat ook.' Lucy probeerde haar met een stalen gezicht aan te kijken, maar dat mislukte. Ze zei: 'Ik kan niet wachten tot ze vertrekken.'

'Ze blijven niet lang meer. Ze vertrekken de dag na de IJslandse avond.' Hekla glimlachte. 'En die avond wordt een groot succes. Half Hvolsvöllur komt, doordat je de burgemeester hebt uitgenodigd. Iedereen wil die bijzondere gelegenheid meemaken. Het zal een erg drukke en mooie avond worden. Freya vertelt volksverhalen.'

'Ja, hopelijk zal de camera op haar gericht zijn en niet op mij terwijl ik als een krankzinnige rondren.'

Hekla keek haar opnieuw fronsend aan.

'Getikt, gek,' legde Lucy uit.

'O ja. Die Bob schijnt het leuk te vinden je te filmen,' zei Hekla peizend.

'Ja,' zei Elin. 'Hij houdt je altijd in de gaten. En die Clive is zo irritant. Praat altijd veel te enthousiast. Hij is zo nep.'

'Maar geen griezel zoals die Bob.' Brynja trok haar neus op. 'Heeft hij je lastiggevallen?' vroeg ze toen ze het opeens begreep.

Lucy wilde het eerst ontkennen, maar toen knikte ze en zei grimmig: 'Ja. Hij weet het van die video. Hij heeft gedreigd het aan de nieuwe eigenaren te vertellen. Hij wil dat ik een video met hem maak.'

'Walgelijk,' zei Elin met een verontwaardigde en woedende blik.

Hekla deed alsof ze moest kotsen.

'Het is me gelukt om hem te ontlopen en ze zijn binnenkort weg. Wie wil er koffie?' Lucy sloeg haar armen over elkaar om aan te geven dat dit onderwerp afgesloten was.

Toen ze terugkwamen zat Bob de cameraman op de loer in de gang. Ze liepen druk pratend naar de wasserij, met sneeuw in hun haar en met hun tassen vol natte zwemkleding en vochtige badjassen.

'Ik doe ze wel in de wasmachine,' zei Lucy terwijl ze haar badjas uit haar tas haalde en Bob gewoon negeerde. 'Ontzettend bedankt dat je deze dag hebt georganiseerd, Hekla. Het was heerlijk.'

'Leuk uitje, dames?' vroeg hij.

'De warmwaterbronnen van Fontana,' zei Elin met de beleefde glimlach die ze voor lastige gasten reserveerde.

'Leuk.' Hij grijnsde. 'Allemaal *single ladies*.' Even liet hij een mislukte imitatie zien van Beyoncé die met haar heupen zwaaide.

'O, Bob,' zei Elin hijgerig. 'Wat ben je toch een stoute jongen!' Ze gaf een keiharde klap op zijn bilnaad die half boven zijn spijkerbroek uit kwam.

Bobs hoofd schoot omhoog en zijn wenkbrauwen gingen op en neer. Hij keek haar geschrokken en onzeker aan. Hij voelde zich zichtbaar niet op zijn gemak toen hij besefte dat de beide andere jonge vrouwen hem als een stel gevaarlijke hyena's omsingelden en er op de een of andere manier in slaagden hem mee te nemen naar de wasserij.

Elin begon op een overdreven en wulpse manier om hem heen te lopen, trok haar jas uit, liet hem op de grond vallen en zei: 'Wat denken jullie, dames? Vinden jullie dat we deze man maar eens moeten uitkleden en berijden?'

Bobs ogen vielen bijna uit hun kassen en Lucy slikte om niet hardop te lachen toen ze zag dat Brynja haar telefoon had gepakt en het hele tafereel filmde.

Elin, zeker tien centimeter langer dan Bob, drukte tegen zijn zij, duwde haar borsten naar voren en streek met haar vingers over zijn mollige gezicht, waarna ze zijn oorlelletje stevig vastpakte en iets in zijn oor fluisterde.

Eén van zijn handen vloog met een beschermend gebaar naar zijn kruis en hij werd lijkbleek.

'Ik hoorde dat je een video wilt maken,' zei Elin luid.

Bob slikte. Zijn blik schoot heen en weer, op zoek naar een ontsnappingsroute.

Met één soepele beweging trok Elin haar truitje uit. 'Jouw beurt, Bob.'

Met een glazige blik en een bezweet gezicht keek hij haar aan.

'Kom op, doe mee met dit spelletje,' zei Elin. Ze begon aan de zoom van zijn T-shirt te trekken.

Langzaam trok hij zijn shirt over zijn hoofd.

Toen stapte Hekla naar voren. Ze trok haar topje uit en bleef schaamteloos en statig in haar push-upbeha voor hem staan.

Bob wist niet waar hij moest kijken. Zijn blik schoot heen en weer tussen Hekla en Elin.

'Jouw beurt weer, Bob.' Elin knikte naar de gesp van zijn riem. 'Wil je dat ik je help?' Ze maakte een obsceen gebaar.

Lucy klemde haar lippen op elkaar om niet te lachen.

Elin was meedogenloos, negeerde het angstzweet op zijn voorhoofd en trok aan zijn riem.

'Ik kan...' Bob wilde haar handen wegduwen.

'Waar wacht je op?' Ze had de gesp al losgemaakt en trok nu aan zijn rits.

Zij en Hekla stonden stijf tegen hem aan gedrukt.

'Ik... vind dit... geen goed idee.' Hij probeerde buiten hun bereik te stappen en hield zijn broek stevig vast. Hij keek met een ellendige blik naar Brynja die haar telefoon vasthield, want de cameraman wist natuurlijk precies hoe belachelijk dit tafereel eruitzag. Twee aantrekkelijke blonde schoonheden en een klein dik mannetje.

Elin zei: 'Weet je, Bob, wij vinden dat dus wel een goed idee.' Ze zette een hand op haar heup en duwde haar borsten onder zijn neus.

'Maar ik wil het niet!' jammerde hij.

'Je wilt het niet...' Elin keek de anderen aan alsof ze een stamhoofd was en een offer eiste.

'Nee, ik wil het niet.' Hij probeerde zijn T-shirt te pakken te krijgen, terwijl de vetrolletjes over zijn broeksband puilden.

Elin leek wel een stierenvechter toen ze zijn shirt als een cape buiten zijn bereik zwaaide.

'Geef me mijn shirt terug!'

Lucy begon zich een beetje ongemakkelijk te voelen nu Elin hem zo sarde. 'Zo is het genoeg!' Ze keek naar Brynja en knikte.

Toen stapte ze naar voren. ‘Dus, Bob... Misschien weet je nu hoe het voelt als je aan iemands genade bent overgeleverd. Niet erg aangenaam, hè? Dat is niet gewoon een grapje, of wel soms?’

Hij werd vuurrood en trok onbeholpen zijn T-shirt aan. ‘Ik deed niet... Ik was... Ik maakte een grapje toen ik zei dat ik een video met je wilde maken. Dat heb je vast... verkeerd begrepen.’

Hekla, Elin en Brynja stonden voor hem, met hun armen over elkaar geslagen, terwijl ze met een blik vol walging naar hem keken.

‘Aha, ik begreep het verkeerd. O, maar dan is het goed,’ zei Lucy. ‘Ik denk dat we elkaar nu begrijpen. Maar voor alle zekerheid, kunnen we misschien afspreken dat als jij mijn video laat zien, ik jouw video laat zien?’

Bob slikte moeizaam en knikte heftig, terwijl hij achteruit naar de deur liep. Zijn blik schoot af en toe naar Elin, alsof zij een cobra was die hem elk moment kon aanvallen.

Toen hij de deur had bereikt, keek Elin hem met een roofdierachtige grijns aan, waarna ze ondeugend zwaaide en knipoogde.

Afhankelijk van de snelheid waarmee Bob door de gang ontsnapte hoorde hij wel of niet de schaterlach van de vier vrouwen, precies vijf seconden nadat hij de wasserij had verlaten.

Hoofdstuk 25

Lucy voelde zich ontspannen, bevrijd en zelfs een beetje triomfantelijk na de scène met Bob. Ze stak met een brede glimlach een paar kaarsen aan. Een dagje naar de warmwaterbronnen zou verplicht moeten zijn, of op z'n minst hottubs. Nee, besloot ze, hottubs in de sneeuw.

Ze ging voor het raam staan en keek naar buiten. Dikke sneeuwvlokken dwarrelden naar beneden en staken wit af tegen de donkere avondhemel. Rillend dacht ze aan de ijskoude beroering van haar huid in het zwembad. Ze raakte het koude glas aan en keek omhoog naar de grote pluizige sneeuwvlokken die snel naar beneden vielen en zich naadloos vermengden met de dikke sneeuwlaag op het houten dek. Haar spiegelbeeld in het glas stak spookachtig af tegen de witte achtergrond, maar ze wist dat ze er, ondanks de vele blauwe plekken op haar lichaam, veel beter uitzag dan toen ze hier aankwam.

Ze droeg een gemakkelijke trui, een legging en Hekla's kasjmieren sokken en besloot zich niet op te maken. Als ze deze afspraak niet als een date beschouwde, kon ze zich onmogelijk teleurgesteld voelen als dit geen date bleek te zijn. 'Laten we vanavond samen eten,' had hij gezegd. Dat was toch zeker geen date, of wel soms? Een date was uitgaan, iets doen. Alex zorgde voor haar omdat hij zich verantwoordelijk voelde voor haar ongeluk en omdat dat gewoon iets voor hem was. Dat probeerde ze zichzelf tenminste wijs te maken...

Maar als je zo georganiseerd was als zij, dan zette je een fles witte wijn in de koelkast, gewoon voor het geval dat. Dan nam je ook een paar wijnglazen mee uit de eetzaal, gewoon omdat je nooit kon weten wanneer je ze nodig had. En je maakte een vuur in de open haard op een avond als deze, omdat het buiten sneeuwde; dat was heel logisch en niet noodzakelijkerwijs romantisch. Ze keek naar de dansende vlammen in de open haard en naar de grote stapel houtblokken waar ze de hele avond genoeg aan had. Daarna dwong ze zichzelf om een boek te pakken, al was ze helemaal niet van plan om te gaan lezen. Met de vlammen en de sneeuw vond ze het heerlijk om op de bank genesteld naar de fascinerende combinatie van vuur en ijs te kijken, maar ze tikte af en toe wel ongeduldig met haar linkervoet op de grond.

'Het diner wordt opgediend!' Alex beende met een dienblad in zijn handen naar binnen, nadat hij had aangeklopt en zij de deur had geopend. 'Wauw, wat mooi. Het sneeuwt echt heftig. Ik ben blij dat ik vanavond nergens naartoe hoef. Clive en co zijn niet blij. Ze hoopten meer noorderlicht te kunnen filmen, maar de kans dat in dit weer te zien is nihil.'

Lucy stapte achteruit, verbaasd over zijn onverwachte stroom informatie. Ze vond deze nerveuze Alex eigenlijk wel schattig. 'Het ruikt goed.' Ze raakte zijn arm even aan om hem op zijn gemak te stellen.

'Pff, ik wist niet goed wat je lekker vindt,' zei hij met een schaapachtige glimlach. Hij zette het dienblad vol schaaltjes op de salontafel voor de bank. 'Daarom gaf Kristjan ons een soort proeverij van alle gerechten die vanavond op het menu staan.'

'Een binnenpicknick,' zei Lucy blij. 'En ik heb wijn.'

'Perfect.'

Ze keken elkaar glimlachend aan.

Daarna was het eenvoudig. Lucy pakte borden, bestek en glazen, Alex maakte de wijnfles open en daarna gingen ze tegenover elkaar op de grond zitten, met de koffietafel tussen hen in. Het was gemakkelijk om te kletsen over het eten en het was ook helemaal niet raar om elkaar af en toe een hapje van de verschillende gerechten te geven: hapjes van een zout vispotje, stukjes gemarineerd zoet varkensvlees, plakjes kort gebakken biefstuk, een paar dubbel gefrituurde frietjes, gegrilde tomaten in balsamico en rozemarijn, groente gebakken in boter en gekarameliseerde wortels met komijnzaad. Oké, het was misschien wel een heel klein beetje vreemd, want ze keken elkaar met een schittering in hun ogen aan en boden elkaar regelmatig overdreven zorgvuldig hun vork met iets lekkers erop aan.

Na het eten namen ze hun wijn mee en gingen ze op de schapenvacht voor de haard zitten.

'Hoe waren de warmwaterbronnen?' vroeg Alex.

'Warm en koud. Een beetje vreemd in de sneeuw, maar het was er geweldig. Heel chic en trendy. En de meiden waren uitstekend in vorm.' Met een ondeugende blik zei ze: 'We hebben een paar bijzonder interessante gesprekken gevoerd.'

Hij toostte met haar. 'Daar wil ik denk ik niets over weten. Proost.'

'Proost.'

Nadat het even stil was geweest, zei ze: 'Ik heb hun over de video verteld.'

Alex keek haar aandachtig aan. 'En?'

'Ze wilden hem zien.'

Hij rilde.

Ze lachte. 'Nee. Weet je, het was juist heel goed en het is iets wat ik lang geleden al had moeten doen. In mijn hoofd had ik het veel erger gemaakt dan het feitelijk was. Ze vonden het allemaal verdomd grappig. Ze hebben trouwens niet dezelfde obsessies over naaktheid en seks als wij hebben.'

'Als jij hebt,' zei Alex plagend. 'Ik ben een trotse, kiltdragende Schot.'

Ze trok haar wenkbrauwen op en knikte naar wat hij misschien onder zijn kilt droeg... als hij daar al iets onder droeg.

'En ik vertel je helemaal niets!' zei hij met een overdreven Schots accent en een ondeugende blik.

'Ik heb het gevoel dat er een zware last van mijn schouders is gevallen. En ik was lang niet zo naakt als ik dacht. Chris had dus nog wel een beetje fatsoen. Mijn herinneringen aan die avond werden vermengd met de echte beelden.'

Hoewel de absoluut niet verlegen houding van de andere vrouwen over naaktheid haar aan het denken had gezet, zou zij nooit zo ongeremd kunnen zijn als zij. Dit was wel een zaak voor haar inwendige zedenmeester die suggereerde dat haar lichaam iets was waarvoor ze zich moest schamen. Dat het iets was wat moest worden bedekt en in het donker moest blijven.

'Nou, dan zal hij wel een goede vent zijn,' zei Alex op scherpe toon en misschien zelfs met enige jaloezie.

'Ik zei niet dat ik het hem heb vergeven,' zei Lucy glimlachend. 'Maar ik voel me nu veel beter. Misschien laat ik jou die video ooit nog eens zien.'

'Alleen als je dat wilt,' zei Alex zacht, 'maar ik beloof je dat ik er niet naar op zoek zal gaan.'

'Dat weet ik.' Dat hoefde hij haar niet te vertellen.

'Dus nu kun je die gluiperd, die Bob, vertellen dat hij de pot op kan en zichzelf met de eerste de beste ijzeren stang kan doorboren.'

'Dat is wel heel bloeddorstig. De meiden hadden trouwens een veel bevredigender oplossing.' Ze vertelde hem wat ze hadden gedaan.

'Zijn verdiende loon!' zei Alex toen ze zei dat ze een beetje medelijden met hem had. 'Hij verdient je medeleven niet.' Hij trok haar naar zich toe en sloeg een arm om haar middel, waarna ze samen met hun rug tegen de leren leunstoel zaten.

'Misschien niet, maar ik vond het helemaal niet leuk om te zien dat hij zo werd vernederd. Misschien doordat ik dat zelf heb ondervonden en weet hoe dat voelt. Dat afschuwelijke gevoel van machteloosheid, de wetenschap dat iemand anders je iets heeft aangedaan, het besef dat andere mensen dat weten en je geen enkele controle hebt over de situatie. Zo wil ik me nooit meer voelen.'

Alex drukte een kus op haar wang. 'Ik hoop dat dat ook niet hoeft.'

Nu ze naast hem zat in de gouden gloed van het vuur, tevreden na de maaltijd en met een glas wijn, sloot ze haar ogen. Ze voelde de warmte van zijn lichaam tegen het hare. Tevreden liet ze haar hoofd op zijn schouder rusten en ze keek naar het slaapverwekkende effect van de vlammen die op en neer kringelden rond de brandende houtblokken die sissend en knetterend in de open haard lagen.

Ze ging verzitten, maar kromp ineen door de onverwachte pijnscheut in haar rug.

'Gaat het?' vroeg Alex. 'Hoe is het met je schouder?'

'Die begint net weer stijf te worden.' Ze draaide van links naar rechts en haar adem stokte toen haar lichaam protesteerde. 'Mijn spieren doen nu meer pijn dan de eerste dag, maar de blauwe plekken worden al minder erg.'

'Zal ik er wat balsem op smeren?'

Lucy kreeg een droge mond, ondanks zijn zakelijk gestelde vraag. 'Dat zou goed zijn.' Toen hij opstond om het potje te pakken, ging zij met haar rug naar hem toe zitten.

Toen hij terugkwam en weer naast haar zat, hoorde ze dat hij het dekseltje opendraaide en rook ze de lavendel. Ze sloeg haar armen over elkaar en bleef even zo zitten. Met een diepe 'nu of nooit'-zucht trok ze in één vloeiende beweging haar trui en behahemdje uit. Ze hoorde dat hij scherp inademde toen hij haar blote rug zag.

De stilte die daarop volgde werd alleen af en toe verstoord door het gesis van het vuur.

Alex' vingers, zacht als de vleugels van een vlinder, streken over de bovenkant van haar schouderblad. Ze hield haar adem in toen hij nauwgezet elke vierkante centimeter van haar huid verkende. Haar hart begon te zingen toen hij met zijn vlakke hand en met langzame, soepele en bezitterige bewegingen over haar rug naar beneden gleed.

Een pauze.

Zijn handen gleden naar haar zijden, zochten langzaam hun weg, vinger naar rib, vinger naar rib, vinger naar rib. Tot ze tot rust kwamen op de zachte welving van haar middel. Terwijl hij haar vasthield alsof ze van kostbaar porselein was, voelde ze dat hij naar voren leunde. Ze bleef roerloos en vol verwachting zitten, zich bewust van de warmte van het vuur op haar bovenrug, maar zijn lichaam blokkeerde de warmte verder naar beneden. Daarna de aanraking van zijn lippen en de streling van zijn haar dat naar voren viel tegen haar rug. Zijn hand bewoog over haar schouderblad.

Zachte lippen en het lichte gekriebel van zijn baardstoppels.

Mmm, onwillekeurig bewoog ze haar schouders.

Alex reageerde hierop door zijn mond naar beneden te brengen en door eerst haar blauwe plekken met vlinderachtige kusjes te bedekken en vervolgens heel langzaam haar hele ruggengraat.

De tijd smolt weg.

De aanraking van zijn tong. Ze kromde haar rug. Haar huid tintelde toen hij met zijn mond over haar rug naar beneden gleed.

Zijn vingers hielden haar middel iets steviger vast, een subtiele druk die ontspande toen zijn mond doorging met de vastbesloten verkenning van haar ruggengraat. Zijn lippen bewogen langzaam, heel langzaam, naar beneden en proefden elke welving van haar ruggengraat.

Ze begon te spinnen, kromde haar rug opnieuw en nodigde Alex uit om haar beweging te volgen. Hij likte haar huid. Ze schrok ervan. Ze voelde de warme vloeibare honing van wellust tussen haar benen. Ze kreunde toen hij zijn handen van haar middel omhoog bracht, om haar borsten heen, en ze over haar schouders liet glijden om haar haar op te tillen, waarna hij een lange en tedere kus in haar nek drukte.

Ze hief haar armen, bracht haar haar omhoog tot boven haar hoofd en rolde op haar zij. Nu kon ze zichzelf zien in het glas, afstekend tegen de sneeuw en de duisternis, met harde borsten en tepels, terwijl haar verlangen bijna pijn deed. Ze hief haar kin en keek Alex aan in de weerspiegeling van het raam. Dit erotische beeld gaf haar een vreemde sensatie van sensualiteit en veiligheid.

Ze draaide zich naar hem om zodat ze elkaar in het echt aankeken. Zijn ogen donker en geconcentreerd, haar ogen vrouwelijk en trots.

Ze zag dat hij zijn witte overhemd losknoopte, terwijl ze elkaar steeds bleven aankijken. Ze slikte, keek naar zijn brede behaarde schouders en naar zijn borst, die gespierder was dan ze had verwacht. Alles aan Alex leek vanbuiten zo rustig en hoffelijk, maar het contrast dat ze zag toen hij zijn overhemd uittrok maakte dat haar hartslag iets versnelde. O mijn god, dit was te erg. Toen hij haar tegen zijn warme, stevige borst trok en zijn armen om haar heen sloeg, zuchtte ze en ontspanden al haar spieren zich. Voor het eerst voelde ze zich heel vrouwelijk, fragiel en heerlijk beschermd, en dat vond ze helemaal niet erg. Als dit de hemel was, dan was het goed.

Hij hield haar tegen zich aan. Ze voelde de haartjes op zijn ene arm zacht tegen de onderkant van haar borst en zijn andere arm die hij bezitterig om haar middel had geslagen. Nu voelde ze zich zo veilig dat ze zich kon laten gaan en eindelijk de controle aan iemand anders kon overgeven.

Toen Alex zijn blik neersloeg en de zijkant van haar hals kuste, rilde ze en kreunde heel zacht. Zijn tong raakte de gevoelige huid en ze kreunde opnieuw. Toen keek hij opzij naar hun spiegelbeeld en naar haar reactie toen hij haar ene borst in zijn hand nam en die warm en sensueel masseerde, terwijl hij met zijn duim traag over de tepel wreef. Ondertussen drukte hij haar met zijn andere hand stevig tegen zich aan.

Ze hijgde van genot en sloot haar ogen, maar hij kneep in haar tepel als een kleine waarschuwing. Ze opende haar ogen weer en zag zijn tevreden glimlach. Hij bleef haar aankijken terwijl hij haar borsten streelde, ze met kleine, zachte, ronde bewegingen masseerde en haar met een luie arrogantie kwelde, zodat ze even jammerde. Toen omvatte hij een borst, terwijl hij met zijn andere hand haar maag streelde en met zijn vingers langzame en kwellende cirkels om haar navel tekende.

Zijn hand gleed lager, over de stof van haar legging, en nog lager, over haar schaambeen. Ze hield haar adem in, waarmee ze hem liet weten waar ze naar verlangde. Zenuwuiteinden, warm en verlangend naar zijn aanraking, klopten tussen haar benen. Ze knipperde snel en probeerde de neiging te bedwingen om haar heupen naar voren te brengen.

Alex glimlachte alsof hij precies wist wat ze dacht en voelde, waar ze op hoopte. Hij hapte in haar hals en keek naar haar toen hij zijn hand naar het warme plekje tussen haar benen bracht en haar weer tegen zich aan trok. De bezitterige manier waarop hij haar vasthield en de strakke blik waarmee hij naar haar keek, zorgden ervoor dat ze opnieuw kreunde en hulpeloos toegaf aan het brandende gevoel onder zijn vingers en de druk van zijn hand, niet in staat zich te beheersen en zich ervan te weerhouden gekweld 'O, Alex!' te fluisteren.

Zijn hand bewoog met haar mee, zijn vingers knepen zacht in haar tepels en zijn lippen beroerden haar hals. Ze had het gevoel dat hij haar volledig bezat en al haar zintuigen activeerde, terwijl hij de hele tijd naar haar bleef kijken.

Druk, genot, druk, genot. Het bouwde zich op, steeds meer.

'Alex...' fluisterde ze. Ze sloot haar ogen, hield het niet langer vol. Zijn hand hield het strelende, plagende ritme aan, zij duwde met haar heupen tegen zijn bewegingen in, zonder erbij na te denken en wanhopig. Ze was er bijna, ze kon het voelen, de sensatie werd sterker, de behoefte de top van de golf te bereiken, ze probeerde er te komen en toen tuimelde ze over de rand. Daarna gaf ze zich over aan de verrukkelijk schokkerige bewegingen die door haar hele lichaam gingen, terwijl ze ademloos steeds opnieuw zijn naam riep. 'AlexAlexAlexAlex!' Slap en versuft viel ze terug. Hij ving haar op en legde haar op de vloer, op zo'n manier dat ze elkaar aankeken. Ze keek hem met grote ogen aan. Daarna reikte ze naar de rits van zijn spijkerbroek en trok die naar beneden.

'Je hoeft niet...' fluisterde Alex toen haar hand in zijn broek en onder zijn boxershort gleed en ze zijn stijve aanraakte. 'O mijn god,' kreunde hij.

Ze glimlachte in zichzelf en boog naar voren om zijn borst te kussen, waardoor zijn borsthaartjes haar neus kietelden.

'Lucy... Ooo... Je... Mmm.'

Ze hapte in zijn borst, likte hem en streelde de zachte huid van zijn ballen, omvatte hem en rolde de eikel tussen haar vingers, terwijl ze haar bewegingen afstemde op zijn ademhaling en zijn schorre gekreun.

Haar eigen ademhaling werd ook schokkeriger en versnelde toen ze voelde dat ze zelf ook weer opgewonden raakte.

Toen trok Alex zich terug en met zijn voorhoofd tegen het hare zei hij: 'Dit zouden we niet moeten doen.'

Lucy negeerde hem. Ze kuste hem met haar mond open en duwde

haar tong langs de binnenkant van zijn mond. Het duurde een paar seconden voordat hij zich gewonnen gaf, haar terug kuste, intenser nu, en hij haar mond verkende. De kus werd steeds intenser, hun tongen bevochten elkaar in een steeds agressiever duel. Hun heupen drukten tegen elkaar in een vastbesloten dans, rollend en schurend tegen elkaar.

'Ik wil je!' zei Lucy wanhopig. 'Ik ben nog nooit zo opgewonden geweest.'

Alex slikte en kuste haar stevig. 'Ik moet eigenlijk... Je had een hersenschudding... Je moet eigenlijk... Mmm, stop! Je zou moeten rusten!' Hij maakte een onsamenhangend geluid toen ze zijn stijve opnieuw in haar hand nam. 'Je moet je ontspannen!'

Lucy, op haar rug liggend op de zachte schapenvacht, keek hem met een trage glimlach aan. 'Ik ben ontspannen, wees maar niet bang.'

'Lucy.' Hij probeerde het opnieuw. Zijn blik gleed naar haar borsten toen ze hem met grote ogen verleidelijk aankeek.

'Alex, sst!' Ze kuste hem stevig. 'Als je nog een keer zegt dat we dit eigenlijk niet zouden moeten doen, vermoord ik je misschien.'

Hij lachte. 'Dat zeg ik omdat ik niets bij me heb en ik... ik wil zo graag in je komen.'

Lucy's maag verkrampte en haar hele lichaam verstijfde toen ze daar alleen maar aan dacht. 'Mmm.' Ze gleed met haar neus langs zijn hals. 'Gelukkig heb ik een vriendin die niet wilde dat ik een uitgedroogde ouwe trut werd en me een pakje condooms meegaf.' Ze kwam omhoog toen Alex zich met een welgemeend: 'Goddank, verdomme!' achterover op de schapenvacht liet vallen

Zijn onverwachte vloek maakte haar aan het lachen, waar ze zelf van schrok. Seks met Chris was altijd een serieuze en zakelijke bezigheid geweest en die stomme video was haar enige poging geweest te veranderen in de sexy verleidster die hij wilde dat ze was. Dit was hot, erotisch, leuk... en ze had haar allereerste, niet door haarzelf opgewekte orgasme gehad. En aan de belofte in Alex' blik te zien zou het daar niet bij blijven.

Hoofdstuk 26

'Een fijne dag!' zei Alex. Hij drukte een kusje op haar slaap en trok het dekbed omhoog tot over haar schouders. 'Ik zie je om vier uur. Trek warme kleren aan, want we gaan naar buiten.'

'Klinkt echt als een opwindend afspraakje,' gromde Lucy. 'Een wandeling in het donker?'

'Als ik je dat vertel is het toch geen verrassing meer?'

'Wie zei dat ik van verrassingen hou?' Ze pruilde, sexy en slaperig.

Hij streek met een vinger over haar pruilmondje, geamuseerd door het contrast dat hij had blootgelegd. Hij hield van deze slaapkamerversie van haar, maar ook van de capabele, onverzettelijke en bazige hotelmanager. Dat maakte zijn behoefte om haar te beschermen tegen alle nare dingen die waren gebeurd alleen maar sterker, hoewel dat natuurlijk helemaal niet nodig was. Op dit moment kon hij niet zeggen wie bovenaan zijn hitlist stond, Bob of die ellendige klootzak van een ex van haar, die Chris, die zo te horen een ongelofelijke schoft was.

'Vertrouw maar op me.'

Even zei ze niets, maar hij zag een schittering in haar ogen, waardoor hij het gevoel had dat hij de Mount Everest had beklommen. 'Dat doe ik,' zei ze, waarna ze met zo'n wellustige blik naar hem keek dat hij er spijt van had dat hij volledig gekleed was en over een klein kwartier in de eetzaal werd verwacht. 'Ik kan wel zien dat je je veel beter voelt,' zei hij, terwijl hij spijtig rechtop ging staan.

'Dat komt door al die crème die je op mijn rug hebt gesmeerd.' Met een dromerige blik rolde ze met haar schouders en verplaatste ze haar benen onder het dekbed.

Verdomme, ze maakte delen van hem wakker die uitgeput hoorden te zijn na de afgelopen twee lange en aangename nachten en een korte lunchpauze, waarbij ze bijna waren betrapt door Hekla, die een afspraak had met Lucy. Alsof ze zijn gedachten had gelezen, hief Lucy haar hoofd en bracht ze haar gezicht met een ondeugende blik vlak bij het zijne. 'Hekla zei dat hetzelfde bedrijf iets maakt wat Fire of Love wordt genoemd.'

'Is dat zo?' zei Alex met een scheve glimlach. Hij zette zijn ene been voor zijn andere om de groeiende bobbel in zijn broek te verbergen. 'Dat klinkt geweldig.'

'Het is niet zo dat ik... je weet wel, met Hekla heb gepraat over... je weet wel. Ze wist dat je was blijven slapen en...'

Hij lachte om haar tegenstrijdige verlegenheid. 'Maak je geen zorgen. Ik ben al aan een derdegraadsverhoor onderworpen, mij is verteld dat ik me niet als een klootzak mag gedragen en dat ik je netjes moet behandelen, én waar ik iets kan krijgen wat Fire of Love wordt genoemd.'

'O? Nee toch!' Lucy sloeg haar hand voor haar mond en giechelde.

Hij vond dat ze er verrukkelijk uitzag. 'Hekla is helemaal niet verlegen als het om deze dingen gaat.' Hij streek over haar sleutelbeen en zag dat haar ogen donker werden, dat ze even rilde en scherp inademde. 'Ik zei bijna dat we geen hulp nodig hadden om het beddengoed in vuur en vlam te zetten.'

Lucy giechelde opnieuw. 'Dat kun je niet tegen haar zeggen. Ik ben haar baas.'

'Ik moet ervandoor. Tot vier uur.'

Het zou fijn zijn om een paar uur niet in het hotel te zijn. Hij had met Hekla's hulp plannen gemaakt voor een afgelegen en hopelijk romantische date. Toch was hij een beetje bang dat een deel van Hekla's idee een beetje ambitieus was.

Hij moest ook iemand bellen.

Alex liep naar buiten en bleef op de vlonder staan, naast de stoom die vanuit de hottub omhoogkringelde. Met een licht gevoel van onbehagen haalde hij zijn telefoon uit zijn zak. Quentin had niet gereageerd op zijn laatste e-mailverslagen, waarin hij schreef dat Lucy fantastisch werk verrichtte. Na het onzekere begin had ze meer dan bewezen dat ze goed was. Het probleem was dat hij niet zomaar even kon voorstellen dat zij de nieuwe manager werd. Hoe zou dat lijken, nu hij met haar naar bed ging? Het was belangrijk dat Lucy's vaardigheden werden beoordeeld los van alles wat ze had meegemaakt. Hij wilde niet dat iemand ooit zou zeggen of insinueren dat ze deze baan om een andere reden had gekregen dan omdat ze – zoals hij heel goed wist – gewoon de beste persoon was voor deze functie.

'Aha, de jonge McLaughlin. Ik heb goed nieuws,' zei Quentin zonder inleiding zodra hij opnam. 'Je timing is perfect. Het koopcontract is net ondertekend door mijn juridische team.'

'Dat is goed nieuws. Je koopt een juweeltje. Dit is echt een goed hotel en met enkele investeringen kan het zelfs nog beter worden.'

'Ja, je bent heel grondig geweest en zo te horen wordt het nu veel efficiënter geleid. De app om de diensten van het personeel te managen, *Sortmyshift,* bevalt me. Daar zouden we meer mee moeten doen.'

'Ja, wat het personeel betreft,' zei Alex, terwijl hij zijn telefoon steviger vasthield. 'Je zou –'

'Ja, ja, ja. Ik heb je verslagen gelezen. Ik heb je boodschap begrepen en zal iedereen een plekje geven. Maar we komen niet met dit nieuws naar buiten vóór de officiële bekendmaking volgende week door de pr-lui, omdat we ook een bod hebben gedaan op een ander bedrijf, vergelijkbaar met de lodge. Ik moet je alles vertellen over dit geweldige idee. Nou ja, eigenlijk is het je moeders idee, zij is helemaal weg van dat higgy-gedoe.'

'Hygge,' verbeterde Alex hem. Hij slaakte een zucht van opluchting. Hij had zich zorgen gemaakt over Lucy's baan, omdat Quentins standaardprocedure inhield dat hij zijn eigen managementteam in een hotel zette zodra hij het had overgenomen.

'Ja, dat is het. Je hebt er dus over gehoord.'

Alex luisterde niet meer toen Quentin begon te praten over plannen om een nieuwe keten met kleinere, knussere hotels op te zetten. Hij verheugde zich nu al op Lucy's gezicht zodra ze die middag zag wat de verrassing was. Hekla had hem verzekerd dat dit de meest romantische date ooit zou zijn.

Zodra Alex was vertrokken, maakte Lucy aanstalten om zich aan te kleden. Ze keek even in de spiegel naar de blauwe plekken, die nu donkere groene en grijze vlekken waren.

Daarna bekeek ze haar gezicht. Haar huid gloeide nog na van hun ochtendseks en de donkere wallen onder haar ogen waren verdwenen. Zelfs haar haar zag er al veel beter uit, deels door het nieuwe kapsel en deels doordat het dikker was. Het viel niet meer met handenvol tegelijk uit, en het wondje op haar lip was ook genezen.

Hekla, met haar scherpe blik, ontging niets en zodra ze het kantoor binnenkwam keek ze Lucy glimlachend aan. 'Goede nacht. Goedemorgen.'

Lucy rolde met haar ogen. 'Ik ben je baas! Zulke dingen hoor je niet te zeggen.'

'Pff!' zei Hekla met een wegwerpgebaar. 'Wil je een update over de gastenlijst?'

De rest van de ochtend maakten ze plannen voor diners, maar Lucy had haar hoofd er niet helemaal bij. Zodra iemand het kantoor binnenkwam, keek ze hoopvol op en versnelde haar hartslag.

'Je hebt het behoorlijk te pakken,' zei Hekla plagend.

Lucy bloosde. 'Ik ben zijn baas. Dit is fout. Weet iedereen het?'

'Nee hoor, ik ben de enige.' Ze trok haar neus op. 'En Elin en Brynja en Dagur.'

Lucy kreunde en sloeg haar handen voor haar gezicht. 'Dat is niet erg professioneel. Stel dat de eigenaren dit ontdekken?'

'Hoe zouden ze dat moeten ontdekken?' Hekla zette haar handen op haar heupen. 'Dit is IJsland, hier wonen 340.000 mensen. Als wij iemand vinden, nemen we ze.'

Lucy snoof. 'Klinkt heel Vikingachtig.'

'Ja,' zei Hekla trots. 'Als je ergens bent ingesneeuwd, op een afgelegen plek, en je de juiste chemie hebt, dan is het goed. Ik denk dat er bij jou en Alex sprake is van chemie.'

'Mm.' Lucy probeerde een nietszeggend geluidje te maken, maar ze werd vuurrood. Ze ademde luid uit. 'Ik weet nog altijd niet of ik over twee weken nog wel een baan heb. Er is nog geen nieuws over de verkoop. Meneer Pedersen heeft geen enkel mailtje van me beantwoord.'

Er ging een steek door haar heen toen ze eraan dacht dat ze misschien moest vertrekken. Meneer Pedersen zou toch zeker wel contact met haar hebben opgenomen als hij niet tevreden was? De recensies werden met de dag beter, de verkopen waren gestegen en de cameraploeg was enthousiast over het banket.

En hoe zat het met Alex? De gedachte dat ze afscheid van hem moest nemen deed pijn. Alles was nog zo nieuw en fijn. Misschien – ze lachte opeens hardop, waardoor Hekla argwanend naar haar keek – als haar contract niet werd verlengd, kon ze hier wel blijven als kamermeisje of als serveerster, en haar luxe kamer ruilen voor de eenpersoonskamer van Alex. Ze besloot dat dat de moeite waard was en er ging een heerlijke rilling door haar heen.

De afgelopen weken had Elins team fantastisch werk geleverd en de bibliotheek mooi gemaakt: de tafels waren allemaal glimmend gepoetst en de bevrijde kussen lagen op de leunstoelen, die in gezellige groepjes bij elkaar stonden. Lucy's dagelijkse inspecties verliepen snel en ze nam zich voor Elin te bedanken voor de verbeteringen in de gemeenschappelijke gastenvertrekken. De lodge zag er totaal anders uit dan toen Lucy hier aankwam.

Wat was er in korte tijd veel veranderd. Het was haar gewoonte geworden om in de gastenlounge voor een van de grote ramen te blijven staan en naar de lucht en de zee te kijken. Het had al twee dagen onophoudelijk gesneeuwd, zodat er een dik pak sneeuw lag dat de harde lijnen van het landschap verzachtte en glinsterde in de ochtendzon. De zon stond nog maar een klein stukje boven de horizon. De wolken waren verdwenen en de eindeloze hemel had bijna dezelfde indigoblauwe kleur als de zee. De golven hadden gouden schuimkoppen, gekleurd door het roze-gouden licht van de zon die over een paar uurtjes al onder zou zijn. Lucy glimlachte, geboeid door de kleuren en door het contrast van het wit en het blauw, en ze genoot van de lange schaduwen en het warme licht. Zelfs als ze hier elke dag stond, zou dit uitzicht haar nooit vervelen.

'Luce.'

Met tegenzin wendde ze haar blik af van het uitzicht door de stem met het accent uit Essex. 'Clive.'

'Olafur zegt dat er vanavond weer kans is dat we het licht zien. We hebben genoeg opnamen van de vorige keer, maar ik wil nog steeds die human interest-invalshoek. Zijn er nieuwe gasten die ons een geweldig verhaal kunnen geven?'

'Inderdaad!' Lucy slaakte een zucht van opluchting. Ze had er geen moeite mee om hem te verwijzen naar de verongelijkte, luidruchtige Ierse vrouw die gisteren was gearriveerd en aan iedereen die maar wilde luisteren vertelde dat het verdomme een wonder was dat ze nog leefde en dat ze de lichten wilde zien. 'Moira Flaherty. Je moet haar hebben.'

'Te gek! Nog meer nieuws over het banket? Denk je dat je Björk hierheen kunt halen, of die tandarts-voetbalmanager?'

'Sorry?'

'We dachten dat een paar beroemdheden de boel een beetje konden opfleuren. Zij waren de eersten aan wie ik dacht. Of misschien een Vikingoptreden, met plunderingen en gevechten.'

'Ik weet niet of dat Vikinggedoe gaat lukken, maar ik zal Hekla vragen naar een paar beroemdheden. Zij schijnt de meeste mensen te kennen,' zei Lucy bedaard, alsof een paar nationale beroemdheden optrommelen aan de orde van de dag was. 'De burgemeester komt.'

'Daar verwacht ik niet veel spektakel van. Of denk je dat hij een helm draagt en een bijl bij zich heeft? Voor een beetje couleur locale?'

Lucy opende haar mond, te verbaasd om te zeggen dat ze betwijfelde of een burgemeester een helm en een bijl bij zich had. 'Ik zal zien wat ik kan doen.'

'Uitstekend.' Clive krabde aan zijn miezerige sikje. 'Want zelfs als we het noorderlicht straks zien, is het banket het enige wat kan voorkomen dat dit gewoon weer een nietszeggend toeristisch promotiefilmpje wordt.' Met een ontevreden blik zei hij: 'Hier is geen spatje drama te vinden. Ik bedoel het niet verkeerd, hoor, maar deze lodge is zo saai als maar kan.'

Lucy verbeet een droge glimlach, omdat ze dacht aan het schaap in de hottub, de gesaboteerde banden, de onverwachte tourbus en haar verwondingen na de gletsjerwandeling. Ze vond het geweldig te horen dat hij de lodge heel saai vond.

Vier uur. Lucy en Hekla stonden buiten, waar het wel klaarlichte dag leek doordat de maan op het sneeuwdek scheen.

Lucy droeg verschillende laagjes kleding die ze had aangetrokken onder het toeziend oog van Hekla, die nu in de ijzige kou zonder jas op de trap van de receptie stond en haar enthousiasme amper kon bedwingen. Ze deed Lucy denken aan een peuter die werd vastgehouden en niet kon wachten ervandoor te gaan.

'Je hebt handschoenen, muts, sjaal.'

'Ja, Hekla. Het enige wat nog ontbreekt is een sint-bernard met een vaatje cognac.'

Gelukkig had Hekla haar niet gehoord, doordat ze met gespitste oren luisterde naar een geluid op de oprijlaan en probeerde iets te zien. 'Ze komen eraan! Ze komen eraan!' riep ze blij. 'O, dit wordt zo leuk!'

Lucy zag twee IJslandse pony's naar hen toe komen. Hun hoeven kletterden op de stenen, ze schudden met hun manen en hun adem kwam in witte wolken uit hun neusgaten.

'Lieve help! Wat zijn ze mooi,' zei Lucy.

De man die tussen de pony's in liep hield de teugels vast en aan een van zijn armen bungelden twee zwarte helmen. 'Hallo.'

'Anders!' riep Hekla. Ze sprong de laatste paar treden af en rende naar hem toe, waarna ze een stevige kus op zijn gelooide wangen drukte. 'Met Toto en Ilsa.' Ze stak haar handen uit naar de beide dieren. Als vanuit het niets had ze opeens een wortel in elke hand.

De pony's produceerden een bevredigend knapperig geluid toen ze de wortels opaten. Hekla en de man begonnen snel met elkaar te praten.

'Hallo,' zei Lucy. Ze aaide de fluweelzachte neus van het grijze paardje dat het dichtst bij haar stond en snoof de bekende zoete paardengeur op. 'Wat ben je mooi!' Ze aaide de dikke warrige vacht.

'Dat is Ilsa,' zei Hekla. 'Mooi is ze, hè?'

'Inderdaad.' Lucy liet toe dat de pony aan haar lege hand snuffelde. 'Heb je nog meer wortels?'

Met een snelle, blije glimlach gaf Hekla Lucy een paar wortels. 'Je bent gewend aan paarden? Dan moeten we een keer samen gaan rijden. In het voorjaar is er een goed begaanbaar pad naar de Seljalandsfoss.'

Lucy had als kind in het nabijgelegen New Forest gereden. 'Het is al even geleden, maar ja.' Ze werd steeds enthousiaster. 'Gaan Alex en ik paardrijden?'

'Ja.' Hekla grijnsde. 'En hier is Alex,' zei ze, waarna ze totaal niet subtiel iets tegen Alex mompelde en hem een sleutel gaf.

Ilsa drukte haar hoofd tegen Lucy aan omdat ze meer wortels wilde, en Lucy klopte lachend op haar neus. 'Meer heb ik helaas niet.' Tegen Hekla zei ze: 'Wat zijn ze vriendelijk.'

Hekla gaf het paardje een tikje op haar neus. 'IJslandse paarden zijn heel vriendelijk. Ze worden al duizend jaar raszuiver gefokt en staan bekend om hun ontspannen karakter. Perfect voor beginners.' Ze knipoogde naar Alex.

Alex grijnsde. 'Dat had je me al beloofd. En als Lucy kan paardrijden, kan ze ook op mij passen.'

'Niemand hoeft op jou te passen, deze paarden zijn geweldig,' zei Hekla trots. 'Klein, sterk en harde werkers. Dit zijn de beste paarden van de hele wereld. Ja toch, Anders?'

Hij gromde iets in het IJslands, en gaf Lucy en Alex een cap.

'Ga je me nog vertellen waar we naartoe gaan?' vroeg Lucy toen zij en Alex naast elkaar door de sneeuw wegreden.

'Daarheen.' Hij wees naar een lichtje op de heuvels, ongeveer anderhalve kilometer verderop.

Het brede zadel lag verder naar achteren op de paardenrug dan Lucy gewend was. Eerst voelde het vreemd, maar ze wende al snel aan Ilsa's soepele stap, zodat ze zich ontspande en zich liet meedeinen met Ilsa's bewegingen. Ze gaf het paard de vrije teugel.

Ondanks Alex' eerdere opmerkingen was duidelijk te zien dat hij al vaker had paardgereden. Toen ze hem ernaar vroeg, vertelde hij dat zijn oom een boerderij had en dat hij daar samen met zijn neven had leren paardrijden.

Het waaide niet en het was heel stil, op het gestage gekraak van de paardenhoeven op de verse sneeuw na. In dit weidse landschap hadden zij de enige mensen op de hele wereld kunnen zijn. Het maanlicht werd weerkaatst op het sneeuwdek en veranderde de ijskristallen in fonkelende diamanten. Lucy ademde diep in en keek, toen ze uitademde, naar de witte pluim gecondenseerde adem die omhoogschoot naar de sterrenhemel.

'Ik heb nog nooit zoveel sterren gezien,' verzuchtte ze. Het was spectaculair om deze duizenden en duizenden sterren te zien zonder de lichtvervuiling waar ze aan gewend was. De donkere hemel leek wel een kanten laken waar ontelbare lichtpuntjes doorheen zichtbaar waren.

Alex wees omhoog. 'Daar zie je de Melkweg.'

'Als je dit ziet, lijkt alles nietig en onbelangrijk.'

Terwijl de paarden behoedzaam over de dikke laag sneeuw liepen, vervielen ze in een bedachtzame stilte.

'Wil je iets sneller nu?' vroeg Alex na een paar minuten.

De kou drong al door haar kleren. 'Ja.'

De paarden hadden weinig aansporing nodig en draafden rustig de heuvel op, terwijl hun manen golfden in de wind.

Ze voelde de koude lucht tegen haar gezicht en haar huid begon te tintelen. Alex keek haar met een brede glimlach aan. Er ging een golf van opwinding door haar heen en ze genoot intens. Ze kon zich niet herinneren wanneer ze voor het laatst zo gelukkig en zorgeloos was geweest. Deze rit zou ze nooit vergeten en dit beeld zou haar altijd bijblijven: het silhouet van Alex' gezicht, afstekend tegen de sneeuw, de golvende manen van de paarden, de sterrenhemel en het heerlijke gevoel van zo dicht bij de natuur zijn.

'Kijk!' riep Lucy, toen ze even later op de heuveltop waren. De adem van de paarden vormde witte wolkjes en het metaal van de hoofdstellen rinkelde. Boven de horizon en afstekend tegen de donkere hemel was het noorderlicht: groene kronkelende vingers en dunne streepjes kleur bewogen in serene, geluidloze golven.

'Ik denk niet dat ik hier ooit aan zal wennen en het gewoon ga vinden,' zei ze. 'Het noorderlicht. Het is echt schitterend.'

Alex leunde naar haar toe en pakte haar hand. 'Dat is het zeker.'

Even later zag Lucy de houten hut op de heuveltop. Ze kon de rook uit de hoge metalen schoorsteen ruiken en zag de stoom die opsteeg uit de hottub die op de rand van de veranda stond.

In de kleine stal voor de paarden hingen netten vol hooi voor de dieren.

Alex kon zijn ongeduld amper verbergen toen hij haar meenam van de stal naar de deur van de hut, die hij openmaakte met de sleutel die Hekla hem had gegeven. Hij duwde de deur open.

Lucy vond het prachtig wat ze zag. 'O!' Ze keek Alex aan. 'Wauw, moet je kijken! Volgens mij zijn de huldufólk bezig geweest.'

'Irritante huldufólk, vind je ook niet?' Hij keek haar glimlachend aan.

'Ik had niet gedacht dat ze zo handig waren met lucifers en een heleboel kaarsen.' Ze zweeg, keek om zich heen in de hut en snoof de geur op van houtrook en... chocolademelk. 'Dit is heel...'

'Huggulegt?'

'Ja,' zei ze alleen.

Het leek een sprookjesland, doordat op elk oppervlak gekleurde glazen stonden met een waxinelichtje erin. Stormlantaarns met grote dikke kaarsen erin stonden aan weerszijden van de open haard, waarin een houtvuur brandde. Ervoor lagen grote kussens en op de schoorsteenmantel stonden een thermosfles en twee van haar favoriete aardewerken bekers, een kom marshmallows en een pot met metalen pinnen.

'Dit is magisch!' Lucy liep naar het enorme raam en keek naar de dampende hottub die heel strategisch op de heuveltop stond, zodat je van daaruit kon genieten van het schitterende uitzicht over het dal en zelfs helemaal tot aan de zee.

Alex kwam naast haar staan.

'Dit is geweldig. Dank je wel.'

'Ik heb wel wat hulp gehad, hoor. Hekla, Elin en Brynja wilden me heel graag helpen toen ik zei dat ik iets... aardigs voor je wilde doen.'

'Iets aardigs?' zei ze plagend.

'Oké, iets romantisch.' Hij hief haar kin met een vinger en streelde haar gezicht.

Ze trokken een paar lagen kleding uit en nestelden zich op de kussens die voor het vuur op de grond lagen.

Lucy trok haar knieën op tot aan haar kin, terwijl Alex een marshmallow roosterde en aan haar gaf.

Ze glimlachte en keek hem ernstig aan.

Hij vroeg: 'Gaat het goed?'

Ze knikte. 'De rit hiernaartoe... zet alles in perspectief. Word je dapper van.'

'Je hoeft niet dapper te zijn, je mag gewoon jezelf zijn.'

Ze keek naar het vuur. De schaduwen van de vlammen flikkerden over haar gezicht en ze verschoof op haar kussen alsof ze letterlijk genoeg moed verzamelde om te zeggen wat ze wilde zeggen. 'Dit gaat allemaal erg... snel. We zijn zeg maar over een rand gevallen. Dit alles is nieuw voor me. Ik ken de regels niet. Voor de video...' Ze wreef over haar nek. 'Misschien moet ik mijn leven verdelen in voor en na de video. Voor de video had ik alles onder controle. Ik wist wat wat was. Ik ging al maanden om met Chris voordat we...' Ze haalde haar schouders op en keek Alex aan met een blik die verraadde hoeveel vragen ze had. 'Denk je dat hij en ik misschien zo lang hebben gewacht om met elkaar naar bed te gaan omdat we... niet genoeg voor elkaar voelden? Maar jij en ik... deze gevoelens... Het was alsof ik zou knappen als ik je niet zou krijgen. Maar is het... Wát is dit? Ik weet niet wat ik moet doen. Ik ben maar één keer met hem naar bed geweest. Dit is zo snel gebeurd. Zoals ik al zei, ik ken de regels niet.'

Hij lachte zacht, raakte haar mond even aan met zijn mond en kuste haar zacht op haar lippen. 'Lucy,' zei hij ernstig. Hij streek een lok haar achter haar oor en liet zijn vingers even op haar wang rusten omdat hij het contact in stand wilde houden. 'Dit is ook allemaal nieuw voor mij. Ik weet niets van regels, maar wat ik wel weet, is dat dit meer is dan ik ooit voor iemand anders heb gevoeld.'

'Echt?'

Ze keek hem zo ongelovig aan dat het pijn deed in zijn hart.

'Ik zag er niet uit toen ik hier aankwam.' Ze raakte haar haar even aan en zei onzeker: 'Wat dacht je wel toen je me drijfnat uit die hottub zag klimmen?'

'Je zag er niet slecht uit, alleen een beetje doorzichtig.' Hij trok haar naar zich toe en sloeg een arm om haar heen, waarna ze zich weer op hun kussens nestelden.

'Wat, doorzichtig, zoals een spook?'

'Ja.' Hij streelde haar kaaklijn. 'Inderdaad. Alsof je hier was, maar toch niet echt. Op dat moment realiseerde ik me dat niet, maar je was zo verdrietig en verslagen. Ik wilde weer een glimlach op je gezicht toveren. Alleen...' Shit, hij moest haar vertellen wie hij echt was en waarom hij hier was. Daar had hij steeds aan gedacht. 'Ik moet je iets vertellen.'

'Alex, ik weet het.' Ze legde haar hand op de zijne.

'Echt?'

'Ja. Je hebt geen pokerface, dus kon ik het gewoon aan je zien. Jij vond dat ik waardeloos was en mijn werk slecht deed.'

'Nou... nee, dat is niet zo.'

'Ja, dat is wel zo.' Ze prikte met haar vinger in zijn bovenbeen.

'Oké, ik was niet –'

'En je had gelijk. Het heeft lang geduurd voordat ik de boel op orde had. Geen wonder dat je dacht dat ik mijn werk niet aankon, hoewel je dat nooit hebt gezegd. Je bent veel te aardig.'

Alex keek somber. *Aardig. En aardige mannen eindigen altijd als laatste.* Hij wilde niet aardig zijn.

'En vriendelijk,' zei ze een beetje strijdlustig, alsof ze iedereen wilde uitdagen haar tegen te spreken. 'Jij bent een van de vriendelijkste mensen die ik ooit heb ontmoet.'

'Dat ben ik niet, echt niet.' Wat zou ze zeggen als hij eindelijk bekende dat hij helemaal geen barkeeper was? En dat hij op een bepaald moment terug moest naar Parijs, al wist hij nog steeds niet wanneer precies?

'Ja hoor, echt wel. Je hebt me steeds geholpen en geen enkele keer gezegd wat je dacht, zelfs al kon ik dat aan je gezicht zien – meestal dan. Echt waar, je zou dik verliezen met kaarten. Die eerste ochtend met dat huldufólk-gedoe wist ik dat jij vond dat ik tegen ze moest zeggen dat ze hun mond moesten houden en gewoon aan het werk moesten gaan. Maar toen ik met dat belachelijke eenhoorn-idee kwam, steunde je me wel.'

'Dat was ook zó'n belachelijk idee, ik kon toch niet anders?'

'Ik kon wel zien dat jij vond dat het veel te lang duurde voordat ik de boel op orde had, maar mijn gevoel van eigenwaarde was volkomen verdwenen. Ik was zo bang een fout besluit te nemen dat het de eerste paar dagen gemakkelijker was om me in het kantoor te verstoppen en helemaal geen besluiten te nemen.'

'Gezien alles wat je hebt meegemaakt, kan ik dat goed begrijpen.' Hij zei niet 'nu', omdat hij daarmee zou toegeven dat hij in het begin inderdaad geen hoge pet van haar op had gehad. Hij wilde dat hij dat had geweten voordat hij de eerste keer met Quentin had gepraat.

'Geef het maar toe, jij dacht dat jij het veel beter zou kunnen. Dat jij de leiding hoorde te hebben over een hotel als dit. Jij bent zo... Je zou een fantastische manager zijn. Als ik blijf, afhankelijk van wat er met de nieuwe eigenaren gebeurt, kun je misschien...'

Hij verstijfde. Shit. Ze was bang dat hij zich misschien beledigd zou voelen door het idee dat hij meer moest willen dan ober zijn.

'Ik heb je niet gevraagd wat je plannen voor de lange termijn zijn.' Lucy beet op haar lip. 'Ik ging ervan uit dat je zou blijven, maar... ik kan me voorstellen dat je wilt reizen en ergens anders naartoe wilt gaan.'

Alex fronste. Van Parijs naar IJsland was drieënhalf uur vliegen. Gezien hun werk was een lange-afstandsrelatie vaak onvermijdelijk. Zijn assistent-manager in Parijs had al een jaar een vriend in Oostenrijk en ze vlogen altijd probleemloos heen en weer. Het was dus te doen.

'Laat je lip met rust,' gromde hij. 'Hij is al genezen en als je het wondje weer openmaakt, kun je me niet goed kussen.'

'Betekent dit dat je me wilt blijven kussen?'

'Zit je op complimentjes te azen?'

Ze keek hem met een verlegen glimlach aan.

'Wat kussen betreft hoef je je echt geen zorgen te maken.' Hij begon opgewonden te worden. 'Je kunt vrij goed kussen.' Verdomme, hij moest het haar nog steeds vertellen. 'Maar –'

'Dat kan ik echt niet op mijn cv zetten. Niet na wat er is gebeurd.'

'Lucy, ik moet je -'

'Weet je, ik heb erover nagedacht en vraag me af of ik niet gewoon had moeten terugvechten.' Ze stak strijdlustig haar kin in de lucht, prikte een marshmallow op een spies en hield hem boven het vuur.

'Lucy, ik moet je –'

'Ik heb je toch al verteld dat die video veel minder erg was dan ik me herinnerde? En ik heb erover nagedacht. Mijn baas heeft niets gedaan om te voorkomen dat die werd verspreid via het intranet van het bedrijf. Hij was lid van de raad van bestuur. Hij wist het meteen, omdat hij er de dag nadat Chris de video erop had gezet iets over zei. In het bijzijn van een regiomanager en mijn directe baas, allebei mannen. Hij zei: "Misschien moeten we je roomservice laten aanbieden. We kunnen die video opnemen in onze volgende marketingcampagne."'

'Wát zei hij?' Alex werd zo kwaad dat hij nergens anders meer aan kon denken. Hij kon er niet bij dat iemand zo grof kon zijn. Hij zou die klootzak op staande voet hebben ontslagen. 'Wat deed je toen?'

'Ik verliet de kamer, ging naar de wc en begon te huilen. Achteraf gezien had ik meteen naar Personeelszaken moeten gaan om een klacht in te dienen, maar ik was er zo slecht aan toe door dit alles dat ik niet helder kon nadenken.'

'Dat had je inderdaad moeten doen. Waar haalde hij het lef vandaan? Je zou nog steeds een klacht kunnen indienen. Ten eerste gedroeg hij zich volkomen ongepast en ten tweede had hij als lid van de raad van bestuur de positie om iemand opdracht te geven de man te ontslaan. Hij had de plicht om op te komen voor jou als werknemer.' Alex zou die klootzak van een Chris onmiddellijk hebben ontslagen en alle stafleden streng hebben toegesproken. Ik heb een paar vrienden bij HR die ik dat kan vragen.'

'Heeft dat nog zin?'

'Misschien krijg je dan een getuigschrift en dat zou alleen maar eerlijk zijn.'

'Inderdaad. Ik hoopte er hier een te krijgen, maar ik weet niet goed hoe zoiets gaat. Ik heb nog steeds niets gehoord van meneer Pedersen. Ik stuur hem steeds mailtjes en zijn PA zegt dat ze het me zal laten weten. Ik weet niet eens of de verkoop van het hotel doorgaat en of de nieuwe eigenaren me willen aanhouden.'

Alex bedwong de neiging op zijn horloge te kijken om te zien wat de datum was. 'Ik zou niet weten waarom ze je niet zouden aanhouden,' zei hij zacht.

'Misschien sturen ze hier hun eigen mensen naartoe.'

'Niet nadat ze hebben gezien dat je hier fantastisch werk doet,' zei Alex glimlachend. Hij was heel opgelucht nadat hij die middag met Quentin had gepraat. 'Ik durf te wedden dat ze je zullen aanhouden als manager.'

Hoofdstuk 27

De afgelopen week hadden Lucy en Alex elke vrije minuut benut en genoten, in haar kamer of terwijl ze de prachtige omgeving verkenden. Geen van beiden zei iets over de deadline van Lucy's contract, die steeds dichterbij kwam. Al over een week zou haar contract aflopen en in de laatste e-mail die ze van meneer Pedersen had ontvangen, stond dat de verkoop was doorgegaan en dat de nieuwe eigenaar contact met haar zou opnemen over haar contract.

'De watervallen hier zijn mijn favoriet,' zei Lucy onderweg, na hun uitstapje naar de Seljalandsfoss en de minder bekende Gljúfrabúi.

'Vind je dat we ze allemaal moeten bezoeken?' Alex reed, zijn ene hand lag op het stuur en de andere op haar bovenbeen.

Lucy lachte en zwaaide met haar reisgids. 'Er zijn er meer dan tienduizend!'

'O, dan misschien toch niet. Ik vroeg me af of je zin hebt in een meerdaags reisje naar een paar plaatsen in het noorden van IJsland.'

Het was bijna half december, zodat de zon zelfs nog lager stond en de dagen nog korter waren.

'Alex, je weet dat ik hier dan misschien niet meer ben.'

Dit onderwerp hadden ze sinds hun verblijf in de blokhut gemeden.

'Natuurlijk ben je hier dan nog.' Hij pakte het stuur met beide handen stevig vast. 'Na het banket vanavond zouden de nieuwe eigenaren wel gek zijn als ze je niet aanhouden. De filmploeg zal je fantastische organisatietalent en het enorme succes van het banket vastleggen, en ze zullen je dus zeker in dienst willen houden.'

'Ze wachten wel tot het laatste moment, maar dat vind ik niet erg, weet je.'

'O?' Alex keek haar even aan.

'Als mijn contract wordt verlengd, zou ik dat geweldig vinden. Ik vind het hier fantastisch. Maar zo niet... dan kan ik daar niets aan doen.'

Alex maakte een geïrriteerd geluidje.

'Maar dat betekent niet dat ik moet vertrekken.'

'Hoe bedoel je dat?'

'Ik heb zitten denken. Ik zou in IJsland kunnen blijven. Ik weet al dat ik niet weer bij een grote hotelketen wil werken. Ik zou het voorlopig prima vinden om, als jij hier ook blijft, samen te werken met Elin en Hekla.'

Na alle jaren waarin ze keihard had gewerkt omdat ze aasde op een promotie, leek dat opeens helemaal niet meer zo belangrijk. Natuurlijk zou het moeilijk zijn om te werken voor iemand die haar baan had, maar ze was niet te trots om als serveerster of kamermeisje te werken. Hotels hadden altijd moeite om personeel voor deze banen te vinden.

'Echt?' Alex klonk een beetje ongerust.

'Echt. Zo geweldig is de functie van manager nou ook weer niet. Als ik hier een kamer krijg, zou ik hier kunnen blijven... als jij dat zou willen...'

Hij leek niet erg enthousiast. Sterker nog, hij leek een beetje in paniek. 'Dat is helemaal niet nodig, dat kan ik je garanderen,' zei hij.

Toen ze opzijkeek en zijn profiel zag, klemde hij zijn kaken op elkaar en hield hij het stuur stevig vast. Ze keek weer voor zich uit. Hun relatie had zich snel ontwikkeld, maar misschien maakte ze hem bang met haar voorstel een lagere baan aan te nemen en haar aanbod bij hem te blijven. Ze hadden nog nooit echt gepraat over wat híj wilde met zijn leven. Op dit moment leek hij tevreden met zijn baan, maar hij werkte hier nog niet eens zo lang, dus misschien was hij van plan verder te trekken. Had hij eraan gedacht om haar bij zijn plannen te betrekken? En wilde ze wel zo'n nomadisch leven waarin ze daar naartoe ging waar werk voor hen was?

Toen ze de hoofdweg verlieten en afsloegen naar de lodge reed er een andere auto achter hen aan.

Lucy keek achterom en zuchtte. 'Taxi. We krijgen nieuwe gasten en moeten dus weer aan het werk. Bedankt voor deze middag. Het was fijn om er even uit te zijn voor het banket vanavond. Hierdoor kon ik mijn hoofd even helemaal leegmaken.'

'Graag gedaan.' Alex keek haar aan met een warme glimlach die haar een beetje gespannen maakte.

Ze leunde naar hem toe en gaf hem een kus op de wang. 'Ik zou willen dat we niet meteen aan het werk moesten.'

'Ik ook. Zal ik even stoppen, dan kunnen we hier nog een paar minuten knuffelen.'

'Dat is heel verleidelijk, maar deze avond is heel belangrijk en dus moet ik terug.'

'Het komt allemaal goed. Je kunt dit en het zou helemaal geen probleem moeten zijn. Je hebt genoeg waxinelichtjes voor een hele Ikea-vestiging, Kristjan heeft een prachtig menu opgesteld en Freya kan uitstekend kletsen en heeft altijd wel een sexy verhaaltje in petto.'

'Ja, hè?' Lucy pakte haar tas en jas toen ze de laatste hoek naar de lodge omsloegen.

'Ja, en het is een geweldig idee. Dat heb ik al eerder tegen je gezegd.'

'Dat is waar,' zei ze met een vrolijke glimlach.

'Je kijkt heel zelfvoldaan. Als je niet oppast, ga ik je Lucy Smug noemen.'

'Nou ja, zolang alle vip-gasten komen, zou alles volgens plan moeten verlopen,. Ik kan niet geloven dat de burgemeester op zo'n korte termijn kon komen. In Manchester moest je de burgemeester zes maanden van tevoren boeken, hoewel zijn komst volgens mij alleen aan de tv-camera's te danken is.'

'En die gaan morgen weg. Hoera!'

'Hoera? Hé, dat is vreemd, de lodge lijkt heel donker.'

Ze kwamen dichterbij en kregen meteen een naar voorgevoel.

Alex ging sneller tijden.

'Dit bevalt me helemaal niet,' zei Lucy. Zodra de auto stilstond, duwde ze het portier open en rende over het pad naar de trap voor de receptie, op de voet gevolgd door Alex.

Binnen was het schemerig en een paar waxinelichtjes deden hun best de receptie te verlichten. Hekla, Brynja, Olafur en Dagur stonden bij de receptiebalie, samen met een kleine kale man met een enorme krulsnor.

'Hoi, Lucy,' zei Hekla met een zwakke glimlach. 'Ik wilde je net bellen...'

'Wacht!' Clive kwam binnen en de receptie werd opeens fel verlicht door het licht op Bobs camera en een sterke zaklamp. 'Bob, ik wil hier beelden van.'

Lucy keek hem kwaad aan, maar ze had geen tijd om ruzie te maken. De notabelen van Hvolsvöllur zouden over een paar uur komen voor een groots banket.

Ze negeerde hem dus en zag dat het groepje afwachtend naar haar keek. 'Wat is er gebeurd?'

'De stroom is uitgevallen. Ik heb de elektricien al gebeld.' Hekla wees naar de kale man.

Hij knikte, zei snel iets in het IJslands en schudde met een verslagen blik zijn hoofd.

'Hij vindt het heel vreemd,' zei Hekla met haar bekende kinderlijke en verbaasde blik.

'Zeg alsjeblieft niet dat dit komt door de huldufólk.'

'Nou...' begon Hekla.

Brynja zei: 'Wat zo gek is, is dat hij niet kan ontdekken wat er mis is.' Ze keek boos naar Hekla, die een beetje pruilde. 'Het elektriciteitsbedrijf zegt dat er geen stroomstoring is, maar Henrik is er nog maar net. Hij controleert alle groepenkasten om te zien of er een stop is doorgeslagen.'

'En is alles uit of alleen het licht?' vroeg Lucy.

'Alles.'

Natuurlijk.

'Juist.' Lucy keek op haar horloge en herinnerde het zich opeens. 'Maar we hebben hier een generator.'

Hekla knikte terneergeslagen en Olafur schudde zijn hoofd. 'Die doet het niet,' zei hij verdrietig.

Waarom verbaasde haar dat niet? Ze keek Henrik aan. 'Heb je nog andere ideeën?'

'Ik kan wel blijven zoeken, maar... dat is heel moeilijk, omdat ik dit gebouw niet ken.'

Lucy vroeg aan Hekla: 'Weet je of er ergens bouwtekeningen liggen? Plattegronden met het elektriciteitsplan?'

Hekla keek haar met grote ogen aan en haalde haar schouders op. 'Zoiets heb ik nog nooit gezien.'

Alex zei: 'Toch zou hier zo'n tekening moeten zijn.'

Lucy keek naar hem en voelde zoals zo vaak dat ze er warm van werd. 'Wil jij misschien samen met Hekla op zoek gaan in het kantoor om te kijken of jullie zoiets kunnen vinden? Brynja, er zijn meer dan genoeg waxinelichtjes voor vanavond, maar die zullen heel snel op zijn. Wil je alle kaarsen die je maar kunt vinden verzamelen? Ik weet dat er een grote voorraad kaarsen in de voorraadkast ligt. Dagur, wil je een groot vuur aanmaken in de bar en de lounge? Als jullie daar dan alle kaarsen neer kunnen zetten, nodigen we de gasten uit voor een welkomstdrankje... Verdomme, maar dan hebben we geen koffie. We zullen hen een drankje moeten aanbieden. Ik ga nu naar Kristjan in de keuken om te zien hoever alles klaar is voor vanavond.'

'Cut!' riep Clive.

Lucy keek hem vals aan.

'Dit is dynamiet! Uitstekend werk, mensen. Te gek, Lucy. Ik hou wel van deze stoere, kordate, bezige meid.'

Lucy rolde met haar ogen en klemde haar kaken op elkaar.

'Oké Lucy, nog even een snelle close-up en dan gaan we met je mee naar de keuken.' Clive stuurde Bob en zijn camera al naar haar toe.

Lucy keek naar Alex en bleef staan, want hij keek alsof hij door de bliksem was getroffen en had een bik van afschuw op zijn gezicht.

'Alex! Lieveling!' Een onberispelijk uitziende vrouw met rood haar, een wit donzen jack en een smaragdgroene lange broek die riepen 'duur, designer en moet je mijn perfecte kont zien', verscheen als uit het niets. Ze beende door de lobby en sloeg haar armen om hem heen. 'Wat heerlijk om je te zien!'

'Gretchen.' Hij maakte zich los uit haar enthousiaste omhelzing en leek zo stijf als een plank. 'Wat doe jíj hier?'

'Quentin heeft me gestuurd. Ik ben de nieuwe general manager.'

Het werd opeens doodstil.

Lucy voelde dat haar hart met een plof op de bodem van haar maag landde, terwijl zeker tien mensen naar haar keken.

Clive rilde van opwinding. Hij streek met zijn ene hand door zijn blonde haar, dat daardoor stijf rechtop bleef staan, en maakte Bob met zijn andere hand duidelijk dat hij terug moest komen om dit tafereel te filmen.

Lucy was zo teleurgesteld dat haar oren suisden en haar ledematen loodzwaar waren, zodat ze geen stap kon verzetten.

'M-maar...' mompelde Alex. Hij keek vol afschuw naar Lucy en schudde zijn hoofd. Hij leek even wanhopig als Lucy zich voelde.

'Quentin zegt dat ik je moet vertellen dat The Metropole zo ongeveer klaar is en dat hij verwacht dat je eind deze week terug bent in Parijs. Mazzelkont die je bent. De GM van het nieuwste, chicste hotel van Parijs.'

GM?! Lucy had even tijd nodig om alle feiten te verwerken. General Manager. Lucy dacht dat ze moest overgeven.

Op Alex' gezicht verscheen een hele serie tegenstrijdige emoties: schuld, verbazing, gêne en spijt.

Lucy keek hem volkomen ontdaan aan. Wat was er aan de hand?

'O ja, leuk jullie allemaal te ontmoeten...' Gretchens stem ebde weg. Nu pas merkte ze dat ze zich in een vijandige omgeving bevond en dat alle personeelsleden naar haar keken.

Lucy stak haar neus in de lucht en knipperde even. 'Welkom in The Northern Lights Lodge, Gretchen,' zei ze met een gedwongen glimlach. Toen voegde ze eraan toe: 'Voor zover ik weet, ben ik tot vrijdag nog steeds de general manager en ik moet mijn werk doen.

We moeten een banket organiseren, zorgen dat we weer elektriciteit krijgen en nog duizenden andere dingen doen. Ik heb het nu even erg druk. Alex, wil jij Gretchen alsjeblieft naar de personeelsverblijven brengen?' Lucy knikte hooghartig naar de deur en was heel trots op zichzelf omdat ze zo kalm en bedaard overkwam. 'Ze zal de komende dagen een kamer met Elin en Freya moeten delen.'

'Dagur, regel de kaarsen. Brynja, kun jij Henrik rondleiden en overal op zoek gaan naar een elektriciteitsplan? Hekla, ga ook kijken of jij dat kunt vinden. Als je het vindt, geef je het aan Henrik. Olafur, jij kunt Hekla helpen, aangezien...' Het was een wonder, maar ze slaagde erin om zonder dat haar stem trilde te zeggen: '... Alex nu met iets anders bezig zal zijn.' Ze keek expres niet naar hem. 'Ik ga een kijkje nemen bij Kristjan.' Daarna, met haar hoofd geheven, verliet ze de receptie. Ze was zich er goed van bewust dat de camera al haar bewegingen volgde en dat het opeens doodstil werd, tot iedereen bijna gelijktijdig een diepe zucht slaakte.

Ze beende door de gang, voor die verdomde filmploeg uit die haar op de voet volgde. Ze hield haar hoofd geheven en haar blik ondoorgrondelijk, ondanks de ontelbare woedende gedachten die door haar hoofd tolden. Quentin. The Metropole. En Alex een GM!

'Verdomme!' brulde ze opeens. Mijn god, hij zal zich slap hebben gelachen. The Metropole. Ze schudde haar hoofd, keek kwaad en kreunde, voordat ze zich realiseerde dat de filmploeg hier intens van genoot.

Clive stak zijn duim op. Hij liep vlak achter Bob, die haar helaas goed bij kon houden.

Met haar kaken op elkaar geklemd negeerde ze de camera en concentreerde ze zich op het einde van de gang.

The Metropole. Dat was verdomme het chicste, duurste en beste hotel in heel Europa! En als je in de horeca werkte en nog nooit had gehoord van Quentin Oliver, dan leefde je al sinds de prehistorie onder een steen. De man was slim, invloedrijk en kennelijk Alex' baas. Alex. Verdomme. Nee. Ze zou niet denken aan Alex. Ze zou niet denken aan die laatste kus in de auto. Ze zou niet denken aan zijn kusjes in haar nek, wat volgens hem zijn favoriete plekje van haar was. Ze zou niet denken aan... Wat een klootzak! Barkeeper! De leugenachtige... Wat was er verdomme mis met haar? Natúúrlijk was hij geen barkeeper. Dat was zo duidelijk. Hoe vaak had ze niet gedacht dat hij overgekwalificeerd en te ervaren leek? Wat was ze ongelofelijk stom.

Ze rukte de deur naar de keuken open en liet hem achter zich dichtvallen, vlak voor de neus van de filmploeg.

En die superslanke Gretchen die was komen binnenzeilen, kon verdomme gewoon in de coulissen op haar beurt wachten. Lucy was niet van plan deze baan op te geven voordat de laatste minuut van haar contract was ingegaan. Bovendien moest ze vandaag een banket redden.

'Volhouden, Lucy!' riep Clive met een brede glimlach toen de ploeg binnenkwam. 'Dit is dynamiet. Kunnen we dat nog eens filmen vanaf deze kant van de deur, als je hier binnen komt stormen?'

'Wat!' Ze draaide zich op haar hakken om en keek hem vals aan.

Toen hij haar blik zag, deinsden hij en Bob een stukje achteruit.

'Misschien wil Lucy even met rust worden gelaten,' zei Bob rustig. 'Wil ze wat ruimte.'

'Doe niet zo belachelijk,' zei Clive. 'Dit is Action Woman die van zich afbijt. We willen dit zien.' Hij imiteerde een kung fu-trap. Clives geluidsman rolde met zijn ogen.

'Pfff!' Ze draaide zich om en beende verder de keuken in.

Verdomme! De camera had alles gefilmd en Clive wreef bijna letterlijk in zijn handen van plezier. Dit was precies het verhaal waar hij op had gewacht. Ze kon de voice-over bijna horen: *'De tijd tikt weg, dus zal Lucy, de manager, de dag kunnen redden? Zal het banket doorgaan zoals gepland? Zullen de hotelgasten honger moeten lijden? Zal het banket in Hvolsvöllur bekend komen te staan als het belangrijkste evenement van dit stadje dat nooit heeft plaatsgevonden? En wat gaat ze doen nu ze geen baan meer heeft en geen huis om naartoe te gaan?*

Ze vertrok haar gezicht toen ze dacht aan de duizenden mensen die tijdens de reclamepauze wachtten om te zien of ze met het zinkende schip ten onder ging of dat ze triomfantelijk een mogelijke ramp kon voorkomen.

Kristjan beende als een hongerige leeuw heen en weer in de schemerig verlichte keuken. Een campinglamp hing aan het rek boven een van de werkbladen, waarop een snijplank lag met gehakte uien en een mes. Zodra hij haar zag, hief hij zijn handen. 'Lucy! We hebben geen stroom!'

Ze keek naar de gasbranders op de grote fornuizen.

Kristjan schudde zijn hoofd. 'Zonder de ventilatoren doen de ovens het niet en de ontstekingen werken allemaal op stroom.'

Bob grinnikte even.

Lucy keek hem kwaad aan.

'Ik weet het.'

De arme Kristjan leek bijna in huilen uit te barsten. Lucy gaf een klopje op zijn arm. 'Maar de elektricien is hier en ik weet zeker dat hij het probleem kan oplossen. We hebben nog wel wat tijd.'

Kristjan keek haar met grote ogen aan. 'En als we geen stroom krijgen?'

'Dan beginnen we aan plan B.'

'Heb je een plan B?'

Lucy keek hem met een grimmige en vastbesloten glimlach aan. 'Altijd,' loog ze. 'Oké, vertel me wat er nog moet gebeuren en wanneer alles uiterlijk klaar moet zijn. Hoe laat heb je op het laatst weer stroom nodig?'

Kristjan fronste, dacht diep na en pakte een mes waarmee hij in de stapel uien wroette. 'Ik heb de meeste voorbereidingen al klaar, de vis is gefileerd en het gerookte lamsvlees is aangebruind, maar ik kan niets verwarmen of warmhouden, en ik kan de voorgerechten niet klaarmaken. Deze avond wordt een ramp! Mijn eten!'

Hij had zoveel moeite gedaan om het menu op te stellen: als voorgerecht langoustine-risotto met venkelsalade of een gekarameliseerde aardappelsalade, gevolgd door gerookt IJslands lamsvlees of gebakken IJslandse kabeljauw met aardappelschijfjes met rozemarijn en knoflook en een keuze van groenten, zoals, langzaam gebakken wortel en kool. Lucy wist niet meer hoeveel uren hij had besteed aan het perfectioneren van het geliefde brownierecept dat hij had voorgesteld als nagerecht. Hij had in zijn enthousiasme zelfs een tweede optie toegevoegd: citroenkwarktaart van Skyr.

Lucy negeerde de kramp in haar maag. Ze moest rustig blijven. 'Weet je, Kristjan, je bent een fantastische kok. Ik weet zeker dat we wel een oplossing kunnen bedenken, dus mogen we ons niet gek laten maken. We hebben nog steeds meer dan genoeg tijd. Goed, hoe laat moet je op z'n laatst beginnen met koken?'

Hij keek haar aandachtig aan en leek al iets minder ongerust. 'Over een halfuur zou het beste zijn. Het lamsvlees heeft ten minste tweeënhalf uur nodig, maar ik ben pas net begonnen met de voorbereiding. Misschien kan ik het in anderhalf uur doen, maar dan kan het vlees een beetje taai zijn. De vis hoeft pas een halfuur voor het opdienen in de oven. De risotto een uur van tevoren. De aardappels wilde ik eerst koken, voordat ze worden gekarameliseerd, en ik wilde ze warm opdienen. Maar ik zou ze in een uur kunnen klaarmaken.' Hij vertrok zijn gezicht. 'Ik moet dus op het laatst over een uur beginnen met koken.'

'Oké. Dan moeten we maar hopen dat de elektricien de stroom weer kan aansluiten. Maar voor het geval dat niet zo is, waar is de dichtstbijzijnde commerciële keuken? Kunnen we vragen of we het eten daar mogen klaarmaken en het vervolgens hiernaartoe brengen?'

'Te ver weg. We kunnen daar niet naartoe gaan, het eten klaarmaken en terugkomen, en het eten warm genoeg houden.'

'Oké. Goed, het menu. Wat kunnen we koud opdienen met de ingrediënten die we hebben? Vertel me wat we kunnen doen.'

'Ik zou een langoustinesalade kunnen maken. De ingrediënten zullen goed blijven, áls we de deuren van de koelkast dichthouden.'

Lucy beet op haar lip. 'Heb je nog meer ideeën voor koude gerechten voor zestig gasten waarvoor je voldoende ingrediënten in huis hebt?'

Kristjan fronste en pakte een schrijfblok. 'Misschien kan ik een grote garnalensalade maken. Ik heb diepgevroren gekookte garnalen. En met de makreel zou ik een ceviche kunnen maken. Maar dan moet ik er snel mee beginnen, want dat kost tijd.' Hij keek hoopvol naar de wandklok.

'Dat is verse rauwe vis gemarineerd in citroensap, nietwaar?' Dat leek haar geen lekkernij, maar ze hield ook niet echt van vis.

'Ja, de vis gaart door het zuur, maar... Ik heb dan wel hulp nodig om de vis in stukjes te snijden zodat het op tijd klaar is. Anna, de keukenhulp, komt pas over een uur, maar ik kan haar vragen eerder te komen.'

'Oké, dat is een begin. Blijf nadenken en probeer een ander menu te bedenken. Ik kom over een halfuur terug. Als we het kunnen doen, gáán we het doen.' Ze keek opnieuw op haar horloge, al wist ze precies hoe laat het was. 'Zo niet, dan moeten we de boel afblazen.' Maar dat ging dus niet gebeuren.

'Cut!' riep Clive. 'Dit is verdomd goed.'

'Ik ben blij dat je dat vindt,' zei Lucy. 'Nu moet ik nog heel veel doen.'

'Geen probleem. We doen een paar opnamen hier met Kristjan.' Clive zei tegen de jonge kok: 'Blijf heen en weer lopen. Kun je misschien een pan in de gootsteen gooien? Je weet wel, om je te laten zien hoe gefrustreerd je bent door deze situatie.'

Lucy rolde met haar ogen en verliet de keuken.

In de gang kwam ze langs Brynja en Henrik, die met een grote zaklamp in een kast keken. Dit was een van de vele kasten waar ze al tientallen keren langs was gelopen, maar die ze nooit had geopend. Dit hotel stond vol met dit soort kasten. 'Al succes?'

Henrik had zijn lippen op elkaar geklemd en zei hoofdschuddend: 'Dit is bijzonder vreemd.'

Lucy en Brynja keken elkaar even aan.

Lucy keek even om zich heen, maar er was verder niemand. 'Een hypothetische vraag: als je de elektriciteit opzettelijk zou willen uitschakelen, wat zou je dan doen?'

Aan Henriks verbaasde blik was te zien dat hij er niets van begreep, dus vertaalde Brynja het snel.

Henrik antwoordde in het IJslands.

Brynja vertaalde het voor Lucy. 'Hij zegt dat hij een stop in de groepenkast zou weghalen. Maar doordat dit gebouw zo vaak is veranderd, zijn hier heel veel groepenkasten. Hij is bang dat de stop, zelfs als we de juiste groepenkast vinden, heel oud zal zijn, zodat hij een nieuwe moet bestellen, en dat kan een paar dagen kosten. Hij zegt dat we op zoek moeten naar een andere generator.'

Lucy knikte. 'En regelen dat die van ons wordt gerepareerd. Dat zal ik toevoegen aan de lijst.' Hoewel dat niet erg lang meer háár lijst zou zijn. 'Blijf zoeken,' zei ze. Ze keek op haar horloge.

'Ga je het annuleren?'

'Niet als ik dat kan voorkomen.'

Lucy liep naar het kantoor.

Hekla stond op een stoel en haalde systematisch de dossiermappen van de bovenste planken aan de achtermuur. Ze had haar armen vol mappen en keek naar het bureau onder haar.

'Wacht, ik help je wel.' Lucy zag al gebeuren dat alles op de grond viel als Hekla van de stoel sprong.

'Dank je.' Hekla wilde Lucy de mappen aangeven, maar liet ze toch bijna vallen, zodat ze weggleden.

Lucy slaagde erin ze op tijd te pakken. Ze legde ze op een slordige stapel op het bureau, maar die viel meteen om.

'Als dit allemaal klaar is, moeten we echt een keer gaan archiveren en een paar dingen weggooien,' zei ze met een blik op de gehavende mappen. Sommige vielen bijna uit elkaar en er gleden een heleboel met de hand beschreven vellen uit. 'We hebben een betere...' Ze maakte haar zin niet af.

Hekla draaide zich om en keek haar vol medeleven aan.

'Alleen, als dit klaar is ben ik hier niet meer.'

'Dat is zo oneerlijk, Lucy.'

Lucy haalde haar schouders op. 'Zo te zien is de verkoop doorgegaan, is de nieuwe eigenaar Quentin Oliver en heb jij een nieuwe general manager.'

'En Alex?' vroeg Hekla ongelukkig.

'Hij schijnt te werken voor de nieuwe eigenaar, Quentin Oliver.'

De klootzak! Hij had de hele tijd tegen haar gelogen.

Hekla fronste. 'Hij is geen barkeeper?'

'Hij is zeker weten geen barkeeper!' Lucy spuugde de woorden bijna uit.

'Wie is die Quentin Oliver?'

Een beroemde hotelier. Hij bezit enkele fantastische hotels in Europa en staat op het punt een nieuw hotel te openen.'

'En Alex werkt voor hem?' vroeg Hekla ongerust.

'Volgens wat deze schattige Gretchen zei blijkt Alex een soort rechterhand van hem te zijn. Een manager van een groot vijfsterrenhotel in Parijs.'

'Waarom was hij dan hier?'

Lucy trok een wenkbrauw op. 'Waarschijnlijk om alles voor zijn baas te inspecteren.'

'O, maar hij is zo aardig.' Hekla fronste en keek ongelukkig en verbaasd. 'Wist jij het niet?' Ze pakte een heel oude dossiermap van de hoge plank waar ze nu mee bezig was.

'Dat wist ik echt niet,' zei Lucy met een grimmige blik. Ze was ontzettend dom geweest, hoewel het nu wel logisch leek. Hij had precies gedaan wat zij zou hebben gedaan als zij een onbekend hotel wilde overnemen: de situatie ter plaatse opnemen, het huidige personeel inspecteren en hun manier van werken bekijken.

'Dat is... niet heel eerlijk. Dus deze nieuwe vrouw neemt het van jou over en dat heeft niemand je verteld?'

Lucy schudde haar hoofd en haar keel was zo dichtgeknepen dat ze geen woord kon uitbrengen.

'Wat ga je nu doen?'

Lucy stak haar neus in de lucht en slikte moeizaam, voordat ze weer iets kon zeggen. 'Doorgaan met werken tot vrijdag. En een succes maken van het banket van vanavond. Waar is Olafur eigenlijk? Ik had hem gevraagd je te helpen.'

'Hij zei dat hij de elektricien zou helpen.'

'Maar ik zag de elektricien net samen met Brynja.' Lucy fronste toen een paar puzzelstukjes in haar hoofd op hun plek vielen. 'Heb je het telefoonnummer van Eyrun?'

'Ja.' Hekla knikte en fronste ook.

Lucy belde Eyruns nummer en verontschuldigde zich omdat ze haar thuis belde. 'Weet je nog dat je me vertelde dat je een mailtje van de vorige manager had gekregen waarin stond dat je alle plaids en kussens moest weggooien?'

'Ja?' zei Eyrun heel behoedzaam.

'Maar je kunt niet lezen, dus moet iemand je dat mailtje hebben voorgelezen.'

'Olafur. Hij las het voor,' zei Eyrun, opeens meer kortaf.

'Ik neem aan dat je dat mailtje niet hebt bewaard?'

'Nee, ik heb het zelfs nooit gezien. Olafur kwam ermee naar de wasserij. Hij vertelde het me. De dag nadat de manager was vertrokken.' Ze maakte een afkeurend geluidje.'

'Bedankt, Eyrun. Tot morgen.'

Lucy wreef over de brug van haar neus. Dit telefoongesprek bevestigde haar ongewilde vermoedens.

De deur ging open.

Lucy en Hekla draaiden zich snel om en zagen Alex in de deuropening staan.

'Wat kan ik doen om te helpen?' vroeg hij met zijn gebruikelijke rustige oprechtheid.

'Volgens mij heb je al genoeg gedaan. Dank je wel, Alex.'

Hekla glimlachte om Lucy's ijzige en afwijzende toon.

Alex wreef over zijn voorhoofd en kromp ineen. 'Ik neem aan dat "ik kan alles uitleggen" niet voldoende is?'

Waarom moest hij zo verdomd spijtig kijken? Waarom keek hij alsof het hem echt iets kon schelen?

De ene helft van Lucy wilde naar hem luisteren, maar de andere helft was te erg gekwetst. Gevangen tussen die twee snauwde ze: 'Wat denk je zelf?'

En heel typerend voor Alex accepteerde hij haar snauw. 'Ik ben je een verklaring schuldig, en het was verkeerd om het je niet eerder te vertellen.' Hij stond voor haar, zonder zich te verontschuldigen en zonder te proberen het te ontkennen. Klootzak! Hij gedroeg zich volwassen en redelijk en eerlijk. 'Maar het was zakelijk. Ik kón het je niet vertellen.'

Lucy aarzelde. Ze keek naar zijn ernstige gezicht en probeerde het holle gevoel in haar borstkas te negeren. Het was verdomme haar eigen schuld. Had ze haar lesje dan nog steeds niet geleerd? Ze had hem nooit haar hart moeten toevertrouwen.

Haar telefoon piepte. Het was een berichtje van Kristjan met een update: hij had niet genoeg garnalen voor een zeevruchtensalade.

Ze keek Alex kwaad aan. Hij wist hoe belangrijk ze het vond om een succes van deze avond te maken, vooral nu de glamoureuze Gretchen hier was en die verdomde filmploeg zou genieten van dit drama. 'Ik heb hier nu geen tijd voor.' Lucy trok haar schouders naar achteren en slikte de grote brok in haar keel weg. Ze moest dit helemaal alleen doen. De vorige keer had niemand haar op het laatste moment gered en dat zou nu ook niet gebeuren. Ze had echt niemand nodig. Al zou dit het laatste zijn wat ze deed, deze avond werd een succes!

'Je hebt gelijk,' zei Alex, 'we moeten een soort reddingsplan opstellen.'

Hekla zag eruit alsof ze naar een tenniswedstrijd keek en draaide haar hoofd van Alex naar Lucy en terug.

'Wij?' vroeg Lucy met zoveel mogelijk minachting in haar stem. 'Als ik me niet vergis ben jij hier de barkeeper en ben ik de manager. Dit is mijn probleem. Niet het jouwe.'

Alex slikte. Hij liep naar haar toe, bleef voor haar staan en legde een hand op haar onderarm.

De warmte van zijn huid voelde als een schok.

Hij keek haar aan met die warme blik in zijn bruine ogen, oprecht en direct. 'Ik begrijp dat je kwaad op me bent. Dat neem ik je niet kwalijk. Daar heb je alle recht toe.' Hij kneep even in haar arm. 'Ik had het je moeten vertellen.'

'Ja, dat had je moeten doen!' snauwde Lucy. Ze rechtte haar rug en stapte bij hem vandaan. Ze keek demonstratief op haar horloge. 'Maar op dit moment kan me dat niets schelen. Ik ben hier nog steeds de manager en ik moet een banket organiseren.'

Alex glimlachte en keek trots en vol bewondering naar haar.

'Haal het niet in je hoofd!' snauwde ze tegen hem.

Hekla grote ogen werden zelfs nog groter.

Zijn blik verzachtte en zijn glimlach bleef, wat haar witheet van woede maakte. Hij zei: 'Ik weet dat je het kunt. Jij kunt zo ongeveer alles doen wat je wilt. Je heet Smart en je bent smart.'

Hij hoorde niet trots op haar te zijn. Niet nu hij haar had misleid. Niet nu hij tegen haar had gelogen.

'En hou die achterlijke Gretchen bij me uit de buurt!' Oeps, dat had ze echt hardop gezegd.

'En hou op met die stomme grijns van je.' Verdomme, waarom had ze dat nu weer gezegd? Daardoor dacht ze met een schok terug aan die avond in de wasserij.

'Ja, baas. Wat wil je dat ik doe?'

'Grrr!' O mijn god, nu had ze het alweer gedaan! Daardoor dacht ze terug aan haar gegrom tegen die personeelsconsulent. Maar deze keer zou ze echt niet zonder gevecht ten onder gaan.

Er hing een geschrokken stilte. Hekla leek haar voeten opeens ontzettend interessant te vinden en Alex keek haar nog steeds met die stomme glimlach op zijn knappe gezicht aan. Hij keek meelevend en behulpzaam.

Verdomme! Dit was erger dan de vorige keer. Het was één grote leugen geweest. Waarom had hij haar niet verteld wie hij was? Omdat hij haar de hele tijd had bespioneerd. Omdat hij de hele tijd een rol had gespeeld.

'Ik vertrouwde je,' zei ze zacht.

Nu verdween zijn glimlach tenminste.

'Ik weet het. Het spijt me. Ik wilde het je wel vertellen, maar...'

Ze slikte. Shit! Nee! Ze ging niet huilen. Niet waar hij bij was.

De wankele stapel dossiermappen op het bureau verschoof opeens en de mappen gleden traag als een gletsjer naar beneden, op de grond.

Lucy en Hekla begonnen ze op te rapen.

'Maak jezelf nuttig. Help Hekla en bekijk de inhoud om te zien of jullie een elektriciteitsplan kunnen vinden.'

Lucy ramde een dossiermap keihard tegen zijn borst, genoot intens van zijn uitroep van pijn en ontsnapte uit het kantoor, waarna ze de deur stevig achter zich sloot.

Ze stond alleen in de receptie, ademde diep uit en trok haar paardenstaart recht. Ze ging ervoor!

Ze keek op haar horloge. De tijd tikte door. Ze zou dus al heel snel een besluit moeten nemen. Zelfs als Henrik de oorzaak ontdekte, leek het er niet op dat hij er vertrouwen in had dat hij de elektriciteit weer kon laten functioneren.

Wat stom van die generator! Ze fronste. Iemand had de elektriciteit en de generator onklaar gemaakt. Iemand die een goede reden had om problemen voor het hotel te veroorzaken.

Ze liep naar de bar, waar een paar gasten zaten die al terug waren van hun uitstapje van die dag. Er was gelukkig heel veel heet water; dat was tenminste niet beïnvloed door de stroomstoring. De gasten die in de lounge zaten, leken zich helemaal niet druk te maken over het schemerige licht van de verzameling brandende kaarsen en de gloed van het haardvuur, dat behoorlijk was opgestookt zodat het veel warmte verspreidde.

Dagur zette overal op schaaltjes en bordjes nog meer waxinelichtjes en kaarsen neer. Hij keek haar glimlachend aan. 'Tegen de tijd dat we ze allemaal hebben aangestoken, ziet het er hier ontzettend cool uit. En ik heb een heleboel brandhout, dus wordt het hier heel gezellig.' Zachter zei hij: 'En de gasten lijken allemaal tevreden. Iedereen houdt van een gratis drankje.'

'Hm, inderdaad,' zei Lucy droog, terwijl ze heel trots om zich heen keek.

Ze zóúden het redden en om de een of andere reden zou deze avond een succes worden, dankzij de steun van haar geweldige team – op een of twee uitzonderingen na.

'Het ziet er prachtig uit hier. Nu hoef ik me alleen nog druk te maken over het eten.'

Dagur haalde zijn schouders op. 'Daar kan ik je helaas niet mee helpen.' Met een knipoog voegde hij eraan toe: 'Maar als we iedereen dronken voeren, vinden ze dat misschien niet erg.'

'Dat is plan C,' zei Lucy. Nadat ze nog een laatste keer om zich heen had gekeken, draaide ze zich op haar hakken om en liep ze naar de keuken voor een nieuwe update van Kristjan.

Onderweg kwam ze de filmploeg tegen, die gelukkig naar de bar ging om 'iets van de sfeer te proeven'. Toen ze de keuken binnenkwam, stond Kristjan fronsend in een stuk lamsvlees te prikken.

'Hoe gaat het?' vroeg Lucy.

Hij slaakte een trieste zucht en schudde geagiteerd zijn hoofd. 'Er is niet genoeg. Ik heb onvoldoende zeevruchten om een salade voor zestig personen te maken.'

'Oké.' Ze hield haar hoofd schuin. 'Wat weet jij van generators?'

Hij fronste weer, legde zijn mes neer en keek haar aan. 'Hoeveel wil je dat ik ervan weet?'

'Weet je hoe je hem moet starten? Hoe ze werken?'

'Natuurlijk. Ik heb ergens gewerkt waar ze een generator hadden voor het geval het weer heel slecht was. Zolang je voldoende brandstof hebt om ze te laten draaien, kan er weinig misgaan.'

'Uitstekend. Vergeet dit maar even en kom mee. Neem die lamp ook mee. Mijn telefoon is bijna leeg.' Ze had de zaklamp heel vaak gebruikt.

Hij deed zijn schort af en haakte de lamp los, waarna hij zijn zwarte fleece van een haakje achter in het kantoortje pakte. 'Kijk eens, trek dit reservejack aan. Het is koud buiten.' Hij gaf haar een idioot groot en spuuglelijk beige jack.

Ze liepen in het pikdonker naar het bijgebouw. De laatste keer dat ze hier was geweest, was dat samen met Alex... Nee, ze ging níét aan hem denken!

Ze liepen naar binnen.

Rechts stond een rij grote benzineblikken. Ze pakte er eentje, schudde hem en hoorde de inhoud klotsen. 'We hebben brandstof.' Ze tilde nog een paar blikken op. 'Heel veel zelfs.'

'Dat is zeker genoeg voor deze avond,' zei Kristjan vol overtuiging. Hij liep naar de generator, die als een kleine trekker midden in het vertrek stond. Hij richtte er het licht van de campinglamp op.

Lucy liep achter hem aan. 'Weet je hoe dit werkt?'

'Ik ben een boerenzoon, dus natuurlijk. We moeten hem koppelen aan de voorraad brandstof hier.' Hij maakte iets ergens aan vast. Lucy was blij te zien dat hij wist wat hij deed. Hij draaide aan een grote zwarte knop en daarna aan een schakelaar. Hij keek haar met een brede grijns aan en trok heel hard aan een zwarte hendel.

Met een zoemend, ratelend geluid kwam de generator tot leven.

Lucy zag door het raam dat alle lampen in de lodge opeens gingen branden. 'Nou zeg, dat is een verrassing,' zei ze met haar handen op haar heupen. 'Volgens mij is-ie helemaal niet kapot.'

'Wie zei dat dan?' Kristjan knipte het licht aan en bekeek de generator. 'Hij draait als een tierelier. En met deze hoeveelheid brandstof houdt-ie dat ook nog wel een hele tijd vol.'

Lucy negeerde zijn vraag en zei alleen: 'Uitstekend.'

Kristjan draaide zich met een brede glimlach naar haar om. 'We kunnen koken! Ik kan maar beter teruggaan naar de keuken.' Kristjan danste bijna naar buiten en in de richting van de lodge.

Lucy leunde met slappe knieën tegen de wand en keek naar de luid trillende generator.

Pfff, ze had het gered!

De teleurstelling knaagde echter aan haar. Dat ze wist wie de saboteur was, gaf haar geen gevoel van voldoening en maakte haar alleen een beetje misselijk. Het voelde als een daad van verraad. Als een tweede daad van verraad.

Ze slaakte een diepe zucht. Verdorie! Ze had echt niet gewild dat het een van de personeelsleden was die ze de afgelopen twee maanden had leren kennen. Ze kreeg een zure smaak in haar mond door deze diepe teleurstelling. Gelukkig was het elektriciteitsprobleem tenminste opgelost. Nu moest ze alleen nog de rest van de avond zien door te komen zonder aan Alex of aan haar baan te denken.

Hoofdstuk 28

Iedereen juichte toen Lucy het kantoor binnenkwam. Hekla, Alex, Dagur, Brynja, Henrik en Olafur waren er allemaal.

'De elektriciteit doet het weer!' zei Hekla stralend.

Ze begonnen allemaal opgewonden door elkaar te praten met de gebruikelijke euforie na een bijna-ramp, alsof niemand echt had durven denken aan hoe afschuwelijk het zou zijn geweest als ze niet op tijd voor het banket weer over elektriciteit hadden beschikt.

'De generator,' zei Lucy met een blik naar Olafur, die meteen begon te blozen, 'was dus helemaal niet kapot.'

Alleen Alex hoorde haar korte opmerking. Waarschijnlijk doordat hij haar nauwlettend in de gaten hield.

Lucy had al besloten dat ze hem het beste net als ieder ander personeelslid kon behandelen.

Hekla klapte in haar handen en zei: 'Dat is goed nieuws!'

Olafur mompelde iets.

'Toch niet zo'n heel goed nieuws,' zei Brynja gefrustreerd, 'want Henrik begrijpt nog steeds niet wat er mis is.'

Lucy zei: 'De generator zal vanavond zeker blijven draaien en ik ga ervan uit dat de elektriciteit zichzelf vannacht wel zal repareren. Jullie weten toch hoe de huldufólk werken.'

'Maar jij gelooft helemaal niet...' Hekla maakte haar zin niet af toen ze zag hoe streng Lucy Olafur aankeek.

Alex keek peinzend naar Olafur, maar de anderen waren zo druk met elkaar in gesprek dat zij dat niet zagen. Alex ving Lucy's blik en trok vragend een wenkbrauw op.

Ze negeerde hem en zei: 'Oké mensen, we moeten een banket organiseren. Iedereen moet meehelpen. We moeten de meubels naar de eetzaal verplaatsen en alle tafels dekken. We hebben wat tijd verloren, maar kunnen het nog op tijd voor elkaar krijgen.'

Ze gaf snel een heleboel instructies en iedereen, behalve Olafur, kreeg een taak. Deze keer zou ze er maar op vertrouwen dat iedereen zijn of haar taak goed zou uitvoeren. 'Olafur, als jij nog even hier kunt blijven...'

Alex bleef in het kantoor hangen.

'Wil je nog iets?' vroeg Lucy nadrukkelijk.

'Ik dacht dat ik misschien beter even kon blijven,' zei hij.

Lucy liet de stilte even hangen en zei toen: 'Dat dacht je dan verkeerd.'

Het deed pijn om die woorden uit te spreken en hem weg te sturen. Dat deed nóg meer pijn door het besef dat ze de komende dagen steeds alleen zou zijn. Ze had zich niet eerder gerealiseerd hoezeer ze op zijn rustige, altijd aanwezige steun had vertrouwd. Het was natuurlijk geen wonder, verdomme, maar hij bezat een goed instinct en als ervaren hotelmanager kende hij deze functie vanbinnen en vanbuiten.

Toen ze zijn teleurgestelde blik zag, wist ze dat ze een goed besluit had genomen. Jammer dan! Hij had elk recht verloren om de rol te spelen van behulpzame collega of, dacht ze met een hol gevoel in haar maag, welke rol dan ook.

'Maar heb je dan –'

'Ik wil en hoef helemaal niets van je. Ik stel voor dat jij je weer aan je taken als barkeeper gaat wijden. Er is heel veel te doen in de eetzaal. Ik ben de manager en ik kan je verzekeren dat ik dit echt wel zonder je af kan.' Haar houding en haar kille woorden, alsof ze een soort ijskoningin was, schonken haar geen enkele voldoening en versterkten haar ellendige gevoel alleen maar. Door haar verbale aanval op hem liet ze duidelijk merken hoe kwaad ze was, wat haar zelfs nog verwarder en kwader maakte.

Ze stortte bijna in toen ze zijn berustende en schuldige blik zag toen het tot hem doordrong dat ze meende wat ze zei. Met grote tegenzin verliet hij het vertrek, nadat hij nog een keer met een spijtige blik achterom had gekeken.

Lucy slikte moeizaam en spande haar spieren, want ze vond het afschuwelijk om iemand ergens mee confronteren. Ze wachtte tot Alex de deur had dichtgedaan en leunde met haar armen over elkaar en haar benen gekruist tegen haar bureau. 'En?'

Olafur haalde zijn schouders op, frunnikte aan de tailleband van zijn spijkerbroek en trok aan de lussen waar zijn dikke leren riem doorheen was getrokken. 'De generator zal wel ondeugdelijk zijn.'

'Heb je echt geprobeerd of hij het deed?' vroeg Lucy heel zacht en quasirustig, hoewel haar maag verkrampte.

Olafur aarzelde en zweeg, maar ontweek haar blik. Hij frunnikte nog steeds aan zijn kleren en inmiddels ook aan de manchetten van zijn flanellen overhemd.

'Ik zou het heel fijn vinden als je de elektriciteit repareert, zodat die vanavond weer functioneert.'

Hij keek haar onzeker aan, alsof hij haar rustige, kalme benadering niet kon begrijpen.

Ze kon zijn tegenstrijdige gevoelens bijna zien: hij had zichtbaar tijd nodig om te besluiten of hij zou liegen of de waarheid zou vertellen. Lucy twijfelde er geen moment aan dat Olafur achter deze minderwaardige sabotage zat, maar kon dat absoluut niet bewijzen. In HR-termen had ze geen been om op te staan.

'Ik weet dat deze boerderij van je familie is geweest. Je hebt hier in je jeugd vast veel tijd doorgebracht.'

Hij leek verbaasd door haar vriendelijke opmerking en zijn ogen werden een beetje groter.

'Ik weet bijna zeker dat iemand die dit gebouw zo goed kent als jij zal weten wat de oorzaak is van dit probleem.' Ze wilde dat hij het zichzelf gemakkelijker maakte door te bekennen en zich bereid te verklaren om alles in orde te maken.

Olafur keek haar strak aan en zijn lippen bewogen alsof hij iets wilde zeggen, maar zichzelf daar toch niet toe kon dwingen.

'Kom op, Olafur. Ik weet dat jij het hebt gedaan.' Ze leunde naar voren en keek hem aan, terwijl ze zelfverzekerder klonk dan ze zich voelde. Zeggen dat ze het wist was iets te sterk uitgedrukt, maar

Sherlock Holmes was nooit zover gekomen door om de hete brij heen te draaien. 'Op dit moment heeft niemand nog een idee... Nog niet. Maar zodra dat wel het geval is...' Ze liet een behulpzame stilte vallen, maar bleef hem strak en beschuldigend aankijken. 'Denk je niet dat iedereen zwaar teleurgesteld zal zijn als ze horen dat jij dit hebt veroorzaakt? En hoe moet je verder als dit bekend wordt? Iedereen hier kent iedereen. Dit verhaal zal worden rondverteld en dan zal het moeilijk voor je worden om een andere baan te krijgen. En er zal over je worden geroddeld. Altijd. Achter je rug én in je gezicht. Dit is een kleine gemeenschap.' Ze keek hem met een niet bepaald vrolijke glimlach aan. 'Ik kan je wel vertellen dat het afschuwelijk is als iedereen achter je rug over je praat en je uitlacht.' Door haar verbittering klonk haar waarschuwing nog feller.

Zijn warrige wenkbrauwen trokken naar elkaar toe, hij kromp ineen en keek haar met een spijtige blik aan. 'Ik... Ik...'

Ze knikte bemoedigend.

'De boerderij...' Hij spreidde zijn handen. 'Was van de familie.' Hij sloeg zijn handen voor zijn gezicht. 'Ik ben... Ik wilde niet dat...' Hij haalde zijn schouders op toen hij niet meer wist wat hij moest zeggen.

Lucy zag dat hij huilde.

'Het was verkeerd. Ik weet het... Ik ben zo... Dit was ons huis, tot mijn veertiende. Pedersen kocht het, voor heel weinig geld. Mijn vader... hij dronk, hij werd steeds opnieuw ontslagen en toen verloor hij de boerderij. We hadden niets en Pedersen wist dat.' Olafur snoof en schudde zijn hoofd. 'Nu gaat hij veel winst maken. Over de rug van mijn familie. Nadat hij... Het geld van de verkoop was algauw op. We moesten in Reykjavik gaan wonen, bij mijn tante, de zus van mijn moeder. Ze gingen scheiden.' Zijn snor trilde. 'Ik wilde het moeilijk maken voor Pedersen om dit hier te verkopen, zodat hij geen winst kon maken, zodat hij niet zoveel geld kon verdienen.'

'Wat erg voor je!' Ze had medelijden met hem. Ze wist hoe het was om zo diep te vallen, maar ze vond het moeilijk hem dit te vergeven omdat hij geen moment had gedacht aan hoe zijn acties andere mensen zou beïnvloeden. 'Dat is balen. Maar hoe moest het dan met Hekla, Brynja en Gunnar? Hoe moest het met hen als het hotel had moeten sluiten? Als hier geen gasten meer kwamen? Wat was er gebeurd nadat iedereen zijn baan was kwijtgeraakt?'

Ze kon aan zijn geschrokken blik zien dat hij niet zover vooruit had gedacht.

'Denk je dat de elektriciteit hier het vanavond weer doet?'

Hij knikte heftig op haar directe vraag.

'En zullen er vanaf nu niet meer van dit soort situaties ontstaan?'

Hij knikte opnieuw.

'Dan moeten we er nu maar verder niets over zeggen. We maken allemaal fouten.'

God wist dat zij dat had gedaan.

'Ik vind dat iedereen een tweede kans verdient.' Toen ze dit zei dacht ze even aan Alex' geschrokken blik. 'Maar als je ooit weer zoiets doet, word je op staande voet ontslagen, zonder waarschuwing vooraf.' Ze keek op haar horloge. 'Kun je nu de elektriciteit weer aansluiten? Of heb je Henriks hulp daarbij nodig?'

'Dat kan ik wel doen,' mompelde Olafur. 'Dank je wel.' Hij drentelde naar de deur als een grote, verslagen beer en bleef even in de deuropening staan. 'Het spijt me. En dank je wel dat je het niet...'

Lucy kneep haar lippen op elkaar en knikte even. Ze hoopte echt dat ze hier geen spijt van zou krijgen. 'Officieel heb ik hier nog maar een paar dagen de leiding. Ik zal niets zeggen. Je hebt geluk, deze keer, want niet iedereen zou zo vergevingsgezind zijn. Goed, ga nu de elektriciteit in orde maken.'

Zodra hij weg was, zakte ze onderuit in haar bureaustoel en liet haar hoofd en armen op het bureaublad rusten. Ze sloot haar ogen, want alle energie leek opeens uit haar weg te vloeien, waardoor ze achterbleef als een leeggelopen ballon. Oké, ze moest van voren af aan beginnen. Ze ging rechtop zitten.

Buiten was het al donker, maar het landschap werd verlicht door het lichte sneeuwdek. Uit gewoonte beet ze op haar lip. Die was genezen. Ze ging nog meer rechtop zitten. Zij was ook genezen. Ze ging er niet langer met de staart tussen de benen vandoor. Gretchen kreeg de baan dan misschien, maar zij was degene die The Northern Lights Lodge had veranderd in een gezellige schuilplaats waar de gasten een warm en knus welkom wachtte. Als Quentin Olivers reputatie op waarheid berustte, kwam de lodge in goede handen. Toch was ze niet van plan om die andere vrouw haar tactloze gedrag snel te vergeven.

Dit was het soort hotel waar ze vanaf nu leiding aan wilde geven, niet een ketenhotel met ontelbare kamers zonder enige persoonlijkheid of warmte. En al was dat het laatste wat ze deed, ze zóú ervoor zorgen dat ze een referentie kreeg van meneer Pedersen of van Quentin Oliver. Ze keek met een verdrietige glimlach naar het besneeuwde landschap. Ze zou straks vertrekken met heel veel goede herinneringen aan IJsland, en de verdrietige herinneringen... nou ja, de tijd zou het leren.

Lucy werd helemaal blij toen ze de eetzaal binnenkwam. Tientallen waxinelichtjes flikkerden en creëerden een gouden aura. Boven haar, aan de houten balken, hingen een heleboel goudkleurige minilampjes die een charmante, uitnodigende sfeer verspreidden. Ze liep naar het midden van de eetzaal, waar de grote rustieke tafel was verplaatst naar een nog mooiere plek. Ze vond de nieuwe opstelling fantastisch, draaide om haar as en keek naar de eettafels die in een cirkel om de grote tafel waren geplaatst. Wauw, alle tafels zagen er geweldig mooi uit! Brynja had haar magie verspreid en veel tijd besteed aan het maken van tafelstukjes van kiezels en drijfhout, zodat het leek alsof er een stukje strand naar elke tafel was gebracht. Op de grotere kiezels die tussen het bestek en de glazen lagen, was met een witte pen in verschillende talen WELKOM geschreven. Tot slot had Brynja de linnen servetten opgerold en vastgebonden met een bandje raffia, en daarin had ze takjes heide en bosbes gestoken.

'O mijn god, dit is schitterend!' zei Lucy toen Brynja binnenkwam. 'En wauw, wat ben je mooi!'

Brynja droeg een donkergroene cape die ze bij de hals had vastgemaakt met een zilveren broche die Lucy heel bekend voorkwam. 'Elin heeft fantastisch werk verricht, vind je ook niet?'

'Dat heeft ze,' zei Lucy glimlachend. 'Ik vind dit geweldig.' Ze wees naar de broche.

'Die heb ik geleend. Volgens Elin zou dit goede reclame zijn voor de juwelier die sieraden in de receptie gaat verkopen.'

'Goed idee.' Lucy's blik gleed even naar haar eigen ring, waar ze nog altijd met plezier naar keek. 'En je hebt geweldig werk verricht met de tafeldecoraties. Ik ben diep onder de indruk.'

Brynja keek haar stralend aan.

Toen kwam Kristjan, in zijn kokskleding, vanuit de keuken de eetzaal in. 'We zijn helemaal klaar. Kom, je moet de langoustinerisotto proeven.'

Lucy liep met hem mee naar de keuken en proefde onder Kristjans waakzame blik de risotto, het lamsvlees en de aardappelsalade. Ze zag dat hij zijn adem inhield, dit was zijn grote moment. De smaken dansten over haar tong. Hij had fantastisch werk geleverd. Lucy legde haar lepel neer en zei: 'Het is allemaal verrukkelijk. Je hebt jezelf overtroffen.'

Hij omhelsde haar en draaide haar rond in de keuken, maar toen zette hij haar neer en gaf haar een high five. 'En je hebt de uitgaven niet eens gecheckt!'

'Sst!' Ze glimlachte en zei: 'Je mag het tegen niemand zeggen, anders denken ze nog dat ik een softie ben geworden.'

Ze verliet de keuken en liep door de eetzaal naar de receptie. De vips konden elke moment komen en ze wilde hier zijn om hen te begroeten.

Hekla stond in de receptie op haar te wachten. Zij droeg ook een cape met een broche, maar die van haar zat een beetje schuin en haar haar zat in een ingewikkelde vlecht.

'Klaar?' vroeg Lucy.

Hekla knikte. 'Ja, en de burgemeester is al onderweg. Zijn taxi is vijf minuten geleden vertrokken.'

Lucy trok vragend een wenkbrauw op.

Hekla zei met een ondeugende glimlach: 'De broer van mijn neef is vanavond de chauffeur en zijn vrouw belde me.'

‘Waar zou ik zijn zonder jou en je netwerk?’ Lucy trok Hekla’s cape recht.

‘Wij zouden dit niet kunnen doen zonder jou, Lucy. Vergeet niet dat dit jouw idee was.’

‘Dan moeten we maar hopen dat het een goed idee was. Gelukkig doet de elektriciteit het weer.’

Hekla fronste peinzend. ‘Heel vreemd, vind je ook niet, dat alles het zomaar weer deed?’

Lucy lachte. ‘In dit geval denk ik dat de huldufólk er iets mee te maken hebben.’

Hekla straalde. ‘Dat denk ik ook.’

In de bar stonden Alex, Dagur en Gunnar naast elkaar. Ook zij droegen een cape waarin ze er heel aantrekkelijk uitzagen.

Lucy slikte toen Alex ter begroeting een elegante buiging voor haar maakte en daarbij met zijn cape zwaaide.

Wat was dat toch met een man in een kostuum? Ze keek hem kwaad aan om het verraderlijke sprongetje dat haar hart maakte te verbergen.

Alex zei: ‘Je hebt uitstekend werk verricht, Lucy. Vanavond gaat een enorm succes worden. De eetzaal ziet er prachtig uit en Kristjans menu klinkt als iets voor fijnproevers. Ik denk dat de mensen hier er nog heel lang over zullen praten. En gefeliciteerd, je hebt de elektriciteit weer in orde gekregen. De huldufólk zeker weer?’

‘Je kunt je niet inhouden, wel?’ Ze slikte en baalde van de zielige klank in haar stem.

‘Lucy, we staan aan dezelfde kant.’

‘Ja, dat is waar. Een feit dat je bij heel veel gelegenheden hebt verzuimd te noemen.’

‘Lucy! Daar was het nooit het juiste moment voor. Eerst deed ik gewoon mijn werk en toen... Nou ja, toen begon ik je aardig te vinden en daarna sloeg de vonk echt over. Als volslagen egoïst was ik bang dat je je zou terugtrekken. En als je het had geweten, zou men kunnen denken dat ik misbruik van je maakte, vooral toen ik wist hoezeer je deze baan nodig had. Of de mensen zouden denken dat je met me naar bed ging om de baan te krijgen. Ik wilde je niet in die positie brengen.'

De waarheid van zijn woorden was ook zichtbaar in zijn smekende blik.

'Ik had geen idee dat hij Gretchen zou sturen. Hij zei tegen me... Hij gaf me de indruk dat hij je wilde aanhouden. Ik begrijp er niets van, maar ik zal morgenochtend met hem praten. We kunnen dit wel regelen en jou je baan teruggeven.'

Lucy keek hem aan. 'Je begrijpt het echt niet, hè? Dat kan me helemaal niets schelen. Ik vertrouwde je.'

Hij sloeg zijn blik neer.

'Ja, die drie woordjes,' zei ze spijtig, terwijl haar hart verschrompelde in haar borstkas en er alleen pijn en leegte overbleef.

Met een verdrietige en spijtige blik schudde hij zijn hoofd. 'Ik heb het alweer verkloot.'

'Dat heb je inderdaad.'

Op dat moment hoorden ze geroezemoes bij de deur en kwam er een groep gasten binnen.

'Showtime!' Ze draaide zich om en liep soepeltjes naar de burgemeester en zijn entourage, die onder andere bestond uit het hoofd van het Bureau voor Toerisme in Reykjavik, de plaatselijke reisagent en iemand anders die, zoals Hekla haar later toefluisterde, een afgevaardigde was van een ministerie. Ze schenen elkaar allemaal te kennen.

Natuurlijk was dat zo, dit was IJsland. Lucy was heel opgelucht dat ze had besloten alles informeel te houden en niet samen met hen te dineren.

Deze ene keer bleven Clive en zijn filmploeg op een discrete afstand. Ze filmden de vips in de bar, terwijl Alex en Gunnar drankjes rondbrachten. Er was afgesproken dat ze na het diner een paar interviews mochten doen. Lucy hoopte dat alle gasten iets aardigs zouden zeggen.

Ze bracht de groep naar de eetzaal, waar de vaste gasten 'ooh' en 'aah' riepen toen ze de transformatie zagen.

De obers serveerden de eerste gang, en in de eetzaal hing de geur van langoustine en de zoete honingachtige geur van gekarameliseerde aardappelen.

Lucy ontspande zich en luisterde naar het geroezemoes van tevreden gasten. Ze keek onderzoekend om zich heen, nam alle details in zich op, checkte of alle gasten werden verzorgd en of ze allemaal tevreden leken. Ze voelde de vertrouwde kriebels: dáárom deed ze dit werk.

Vanuit haar ooghoek zag ze dat Bob zijn camera op haar had gericht. Ze draaide haar hoofd en keek recht in de camera. Bob zoomde op haar in en ze keek met een brede glimlach in de camera, zonder zich zelfs maar een heel klein beetje verlegen of ongemakkelijk te voelen.

'Freya, je was te gek!' Lucy liet zich met een plof neervallen in een van de stoelen voor de haard waarin de kooltjes nog lagen te gloeien.

De gasten waren allemaal vertrokken en alleen het personeel was nog in de bar. Af en toe doofde een van de waxinelichtjes met een zacht plofgeluidje.

Iedereen was euforisch en tevreden omdat ze alles zo goed hadden gedaan. De gasten waren met zachte hand van de eetzaal naar de bar gedirigeerd en kregen daar een shot Brennivin, een IJslandse gedestilleerde sterke drank. En toen ze allemaal in de comfortabele stoelen rondom de haard zaten, was Freya verschenen. Voor deze gelegenheid droeg ze een soepel vallende lange jurk en over haar schouder hing een dikke vlecht die zeker twintig centimeter langer was dan haar haar die ochtend was geweest. Ze droeg net als de anderen een wollen cape, maar deze hing tot op de grond en was vastgemaakt met een zelfs nog grotere gouden broche. Ze liep tussen de gasten door en ging op een kussen op de grond zitten met een dik boek op haar schoot. Het leek een familiestuk, een magisch boek vol toverformules. Ze las met haar melodieuze stem een paar traditionele volksverhalen voor over prinsen en donkere bossen, heksen en zeemonsters.

'De gasten zaten allemaal geboeid naar je te luisteren,' zei Lucy. 'Volgens mij wil het hoofd van het Bureau voor Toerisme je een baan aanbieden. Net als de burgemeester, trouwens.'

Hekla giechelde. Ze hadden de man bijna letterlijk in de auto moeten zetten, want hij was zo ongeveer in tranen geweest om deze mooiste avond sinds tijden. 'Iedereen vond het geweldig,' zei Hekla. Ze trok even liefdevol aan Freya's vlecht. 'Vikingmeisje.'

Freya glimlachte. 'Die extensions waren een goed idee.'

'Het voorlezen van die verhalen was een geweldig idee,' zei Brynja, terwijl ze naar voren leunde en een klopje op Lucy's schouder gaf.

'Elin heeft de kleding gemaakt.'

Elin glimlachte. 'Sst, niet tegen Lucy zeggen, maar ik heb Freya's cape van een sprei gemaakt.'

Lucy lachte en nam een slokje van haar drankje. 'Ik dacht al dat die stof me bekend voorkwam.' Ze keek iedereen aan en er ging een steek door haar heen. Ze hief haar glas en zei: 'Bedankt allemaal! Ik ben heel trots op jullie. Vanavond was een teamprestatie en jullie hebben er allemaal iets aan bijgedragen.' Ze keek expres niet naar Alex. 'Zonder jullie had ik dit niet kunnen doen.'

Olafur had zijn blik neergeslagen toen ze hem wilde aankijken.

Dagur zei: 'Het was een groot succes. We hebben in de bar veel geld verdiend. De burgemeester was heel gul met zijn onkostenrekening en heeft veel mensen op een drankje getrakteerd.'

'Dat is maar goed ook, want Lucy heeft mijn budget voor het eten niet gecheckt,' zei Kristjan met een plagerige glimlach.

'Dat was ook niet nodig,' zei ze. 'Je hebt fantastisch werk geleverd. En ik wist dat ik je kon vertrouwen.' Ze keek hem glimlachend aan en zag dat hij bloosde en met haar proostte. 'Jullie waren allemaal geweldig.' Ze wendde haar gezicht expres af van Alex om hem te laten weten dat haar compliment niet over hem ging.

'Dat komt doordat je ons onze gang liet gaan,' zei Hekla plagend.

Lucy keek haar glimlachend aan. Het was waar. Ze had de taken gedelegeerd en iedereen vervolgens zijn of haar werk laten doen. En jeetje, wat was ze trots op hen!

Bovendien was alles vastgelegd op film. De filmploeg was als enige een beetje teleurgesteld, omdat de bijna-ramp was afgewend en er eigenlijk niets was misgegaan. Maar Clive had ongedwongen en met een brede glimlach verkondigd, terwijl hij zijn grote glas whisky hief, dat ze de beelden konden editen zodat het er veel erger zou uitzien. Gelukkig was de hele filmploeg nadat de burgemeester was vertrokken naar hun respectievelijke kamers verdwenen, omdat ze de volgende dag zouden vertrekken en alles nog moesten inpakken. Geen dag te vroeg, wat Lucy betrof.

'O ja,' zei Hekla. 'We hebben allemaal goed werk geleverd.' Ze trok haar voeten onder zich en pakte een kussen voor achter haar hoofd. 'Agneta van het toeristenbureau was diep onder de indruk. Ze wilde weten wie de kok was. Ze vindt je een genie.'

Kristjan leek zelfvoldaan in de rode gloed van het vuur, strekte glimlachend zijn benen voor zich uit en vouwde zijn handen achter zijn hoofd.

'Dat moet je hem niet vertellen,' zei Alex op precies hetzelfde moment dat Lucy zei: 'Dat moet je hem niet vertellen.'

Ze was woedend op zichzelf. Zij en Alex waren zo verdomd gelijk en ze vroeg zich af of zij, als ze in zijn schoenen had gestaan, hem wel had verteld wie ze was.

'Straks wil hij opslag.' Alex keek haar met een droge glimlach aan.

Lucy klemde haar kaken op elkaar en negeerde hem. Toen ze naar Hekla keek, zag ze dat deze Kristjans hand vasthield. Lucy zei: 'Je wilt echt niet dat hij zich gaat gedragen als een prima donna.'

'Er moet morgenochtend iemand in de receptie zijn,' zei Hekla terwijl ze moeizaam opstond en aan Kristjans hand trok. 'En jij wilt natuurlijk even controleren of de keuken helemaal opgeruimd is.'

Kristjan werd vuurrood, knikte en antwoordde iets, half in het IJslands en half in het Engels.

'En jij hebt ook ontbijtdienst,' zei Brynja terwijl ze Gunnar uit zijn stoel trok.

O nee! Dat konden ze haar niet aandoen! Ze stond tegelijk met hen op en negeerde Alex, die ook opstond en probeerde haar blik te vangen. Dat kon hij wel vergeten. Hij had meer dan genoeg tijd gehad om dit allemaal uit te leggen, maar hij had ervoor gekozen dat niet te doen. Nu wilde ze het niet meer horen.

Hoofdstuk 29

Toen Lucy het kantoor binnenkwam, zat Gretchen in haar bureaustoel aan haar bureau.

O, dus zo wil ze het spelen?

Lucy negeerde Gretchen, liep meteen door naar het koffieapparaat en maakte zonder iets tegen haar te zeggen een kop koffie voor zichzelf.

Hekla kwam binnen, bleef met grote ogen stokstijf in de deuropening staan en wist niet of ze binnen moest komen of weg moest gaan.

'Goedemorgen, Hekla,' zei Lucy zorgeloos. 'Heb je goed geslapen na alle opwinding van het banket?'

'Ja, hoor,' zei Hekla. Haar gebruikelijke enthousiaste glimlach verscheen weer op haar gezicht. 'Dat was een van onze mooiste avonden.' Meteen daarna leek ze geschrokken, alsof ze dacht dat ze misschien iets verkeerds had gezegd.

'Het was een uitstekende avond voor de lodge,' zei Lucy geruststellend en met een zwakke glimlach. Het was een professionele triomf geweest, maar een persoonlijke ramp – hoewel, alleen als ze dat toeliet.

Ze had het grootste deel van de nacht wakker gelegen en aan Alex gedacht. Ja, hij had haar teleurgesteld door haar niet eerlijk te vertellen wie en wat hij in werkelijkheid was, maar ze was het aan zichzelf en aan hem verplicht om vandaag een echt gesprek met hem te voeren. Ze had Olafur gisteravond een tweede kans gegeven, en misschien verdiende Alex ook wel een tweede kans. Achteraf gezien had Alex net zo geschokt geleken als zij toen hij Gretchen zag en had hij al even verslagen gereageerd toen hij hoorde dat zij de baan had gekregen. Sterker nog, hij had de afgelopen weken steeds gezegd dat

Lucy haar baan zou houden, bijna alsof hij daar meer van wist, en gisteravond had hij gezegd dat Quentin hem de indruk had gegeven dat dat ook zou gebeuren.

Lucy zuchtte en wreef over haar voorhoofd, alsof ze zo de drukkende hoofdpijn weg kon strijken die ze al had vanaf het moment dat ze wakker was geworden.

De vorige keer dat ze haar baan kwijtraakte, had ze zich niet verzet. Ze was weggegaan en had de situatie geaccepteerd. Deze keer zou ze Alex en haar baan niet zomaar opgeven.

Lucy draaide zich om naar Gretchen en keek haar met een vriendelijke glimlach aan. 'Mag ik mijn bureau terug? Ik moet vandaag heel veel doen.'

Gretchen kneep haar lippen op elkaar. 'Ik dacht dat ik het net zo goed nu meteen kon overnemen.'

'Waarom dacht je dat? Mijn contract loopt nog tot vrijdag.'

Gretchen zei met een onaangename glimlach: 'Op papier misschien, maar geloof me, als je je werk goed had gedaan, had Quentin jou de baan wel aangeboden en niet mij.'

Lucy voelde dat ze vuurrood werd.

'Alex had geen hoge pet van je op.'

'Hoe bedoel je?' vroeg Lucy scherp, als reactie op de onverwachte pijnscheut in haar borst. Dat was niet waar! Alex was de afgelopen weken juist vol lof geweest. *'De nieuwe eigenaren zouden wel gek zijn als ze jou niet overnamen.' 'Wat doe je het goed!' 'Je hebt uitstekende organisatievaardigheden.'* Vannacht, in de kleine uurtjes, had ze veel aan zijn woorden gedacht. Alex had in enkele gigantische en prestigieuze hotels gewerkt en wist dus waar hij het over had. 'Dat geloof ik niet,' zei ze, omdat ze eraan dacht dat ze zich had voorgenomen deze keer te vechten.

'Kijk maar.' Gretchen gaf haar met een ongeduldige blik een vel papier. Het was de print van een mailtje van Alex, of het was in elk geval afkomstig van het e-mailadres alex.mclaughin@theolivergroup.com.

Lucy's blik gleed over de woorden *gebrek aan initiatief, gefaald, gebrek aan, slecht leiderschap.*

Nee. Dit kon niet waar zijn. Dit kón Alex niet hebben geschreven. Zo schijnheilig kón hij niet zijn. Ze lachte bijna hardop toen ze dacht aan de keer dat ze tegen hem had gezegd dat hij nooit zou moeten pokeren. Daarvoor was zijn gezicht te expressief. Ze had zijn gedachten zo vaak kunnen lezen. Natuurlijk had ze zich niet zo enorm kunnen vergissen. Er ging een pijnscheut door haar heen.

Maar daar stond het, zwart op wit. Alex.

Haar longen verkrampten. Moeizaam slikkend dwong ze zichzelf ondoorgrondelijk te blijven kijken. Alles was een leugen geweest.

'Ik ben ervan overtuigd dat je nu wel begrijpt waarom Quentin wil dat ik de teugels zo snel mogelijk overneem.' Gretchen bladerde door een paar papieren en fronste. 'Hoewel ik moet toegeven dat ik begrijp dat je niet veel ervaring had. Dit zal in elk geval goed staan op je cv.'

Lucy balde haar vuisten. Dit was zo oneerlijk.

'Lucy is een heel goede manager,' zei Hekla. 'Zij is de beste manager die we ooit hebben gehad. De lodge is er veel beter aan toe sinds zij hier is.'

'Ik geef toe dat het er veel beter uitziet dan ik had verwacht.' Met een vals lachje voegde Gretchen eraan toe: 'Hoewel dat waarschijnlijk aan Alex te danken is, en nu hij weg is neem ik het over.'

'Is hij weg?' Lucy slikte. Haar maag verkrampte en ze was bang dat ze zou flauwvallen. Weg?

'Terug naar Parijs. Met een vroege vlucht,' zei Gretchen kortaf, terwijl ze een papier pakte dat uit de printer kwam.

Lucy werd duizelig en haalde diep adem. Alex was vertrokken zonder iets tegen haar te zeggen. Net als Chris, die haar ook in de steek had gelaten toen hij was betrapt. Ze kreeg kippenvel op haar armen en kreeg het heel koud.

'Goed, nu je hier toch bent kun je me misschien uitleggen waarom de huishoudster de roomservice niet regelt.'

Lucy had even tijd nodig om de vraag tot zich door te laten dringen. 'Waarom vraag je het haar zelf niet, jij hebt de leiding nu toch?'

Lucy had meteen spijt van haar woorden. Het was onwaarschijnlijk dat de angstaanjagende Gretchen begrip zou tonen voor Eyruns onvermogen om te lezen en het was niet Eyruns schuld dat ze opnieuw de verkeerde persoon had vertrouwd. Bovendien was ze niet van plan toe te laten dat de geschiedenis zich herhaalde. Deze keer zou ze zich hier niet zomaar bij neerleggen, deze keer zou ze terugvechten. 'Sorry, dat had ik moeten uitleggen. Eyrun en ik hebben afgesproken dat over te dragen aan Elin, omdat zij meer verantwoordelijkheden wilde.'

Gretchen dacht hier even over na. 'Aha, ik begrijp waarom je dat hebt gedaan. Dat lijkt een goede manier om het personeel vast te houden. Het zal wel moeilijk zijn om hier personeel te krijgen.'

Hekla bemoeide zich nu ook met het gesprek. 'Ja, vooral met de huldufólk.'

'Sorry?'

'De verborgen mensen,' zei Lucy. 'Zoals elven, alleen vervelender. Ach, je went er wel aan.' Ze keek glimlachend naar Gretchen. 'Je bent niet meer in Kansas.' Daarna draaide ze zich om en verliet ze het kantoor.

Hekla rende achter haar aan toen Lucy door de gang beende. 'Alex kán die nare dingen niet over je hebben gezegd. Dat zou hij nooit doen,' zei ze wanhopig en met zo'n vertrokken gezicht dat Lucy's hart bijna brak. 'En ik kan ook niet geloven dat hij is vertrokken zonder afscheid te nemen. Van jou. Van mij. Van iedereen.'

Lucy klemde haar lippen op elkaar en het kostte haar moeite om niet te gaan huilen Zij kon dat ook niet geloven. Haar voornemen om terug te vechten verdween als sneeuw voor de zon. De woorden echoden in haar hoofd en er trok een pijnscheut door haar heen. Zelfs ademhalen deed pijn.

Hij had niet eens geprobeerd voor haar te vechten, hij had niet eens gewacht tot hij met haar kon praten. Ze was van plan geweest om met hem te praten, maar dat kon nu niet meer. Alex was weg.

Hoofdstuk 30

Lucy stond bij de bagageband te wachten en keek naar de koffers die pijnlijk langzaam langskwamen. Ze vroeg zich af wat er zou gebeuren als ze op de band stapte, ging liggen en zich liet meedrijven. Ze probeerde zichzelf moed in te spreken en positief te zijn, maar dat was moeilijk. Het was wel fijn dat Daisy aan de andere kant op haar stond te wachten, klaar om – opnieuw – haar tranen te stelpen met prosecco en gin. Gelukkig zag ze er deze keer, op haar gezwollen ogen na, aan de buitenkant veel gezonder uit. Haar haar was weer dik en haar lip was helemaal genezen. Gelukkig was niet zichtbaar hoe ze zich voelde, want vanbinnen was ze er slecht aan toe, met een mengeling van spijt en verdriet. Daardoor besefte ze dat haar gevoelens voor Chris bij lange na niet zo diep waren geweest als wat ze voor Alex voelde.

Ze snoof en knipperde haar tranen weg. Een gebroken hart was te repareren.

Haar telefoon piepte, ze had weer bereik. Waarschijnlijk allemaal irritante berichtjes, ongetwijfeld met de mededeling op welke netwerk ze zat. Alsof ze dat niet wist. Ze haalde haar telefoon uit haar zak om ze te wissen en zag verschillende gemiste telefoontjes van hetzelfde onbekende nummer. Haar hart maakte een sprongetje. Alex? Probeerde hij haar te bereiken? Ze had zijn nummer niet geweten, want in de lodge hadden ze hun mobieltjes nooit gebruikt omdat het bereik zo slecht was.

Haar vinger bleef even boven het nummer hangen, terwijl ze zich afvroeg of ze het moest bellen.

Waarom zou Alex haar bellen?

Hij had haar verlaten. Hij was teruggegaan naar Parijs. Het had hem kennelijk weinig kunnen schelen, hij had niet eens gevochten. Dat vond ze eigenlijk het meest teleurstellend. Ze was moe en kende nu de echte betekenis van hartzeer. Lucy keek naar de bagagestukken die voorbijkwamen en allemaal op elkaar leken. Als ze niet oplette, zou ze die van haar missen en nam ze straks het vieze wasgoed van iemand anders mee naar huis.

Op het moment dat ze haar koffer pakte, ging haar telefoon. Hetzelfde nummer. Zonder te aarzelen drukte ze op het knopje om het gesprek aan te nemen en meteen schoot de adrenaline door haar lichaam. 'Alex?'

'O mijn god! Je bent al even erg als hij,' gromde een onbekende stem. 'Ongelofelijk!'

'Sorry?' zei ze op kille toon, diep teleurgesteld. 'Wie is dit?'

'Dit is een man die jou een baan kan geven.' De onbekende imiteerde haar kille toon. 'Ik ben Quentin Oliver.'

'O.' Lucy bleef abrupt staan, waardoor verschillende mensen die met een rolkoffer sleepten haar mopperend op een haar na misten.

'Je bent ontzettend moeilijk te pakken te krijgen. Ik probeer je de hele middag al te bellen. Neem je je telefoon nooit op?'

Lucy zei bijna dat ze dat net had gedaan, want hoe zou hij nu anders met haar kunnen praten? Maar ze besloot haar mond te houden, want hij klonk als een man met weinig geduld en veel sarcasme.

'Ben je er nog, Lucy Smart?'

'Ja.'

En ik ben stomverbaasd.

'Juist. Ik ben onder de indruk van wat je met de lodge hebt gedaan. Dat is een nieuwe onderneming voor me. Klein, *boutique*. Ik snap er zelf niets van, ik hou van modieus, luxueus en gouden kranen. Mijn vrouw, die haar eigen exclusieve hotel runt, zegt dat ik ouderwets ben. En aangezien ik haar aanbid en naar alles luister wat ze zegt, gaat ze maar door over higgy of hoe je dat ook maar uitspreekt.'

Lucy fronste. Voor een man die wereldwijd bekendstond om zijn gevoel voor zakendoen klonk hij toch een beetje gestoord. 'U bedoelt hygge.' Ze had opeens alle aandacht voor hem.

'Zo heet dat gedoe. Maar goed, ik zou willen dat je wat je in de lodge hebt gedaan ook gaat doen in een nieuw hotel. Kun je morgen in Edinburgh zijn?'

'Sorry?'

'Zorg alsjeblieft dat ik er geen spijt van krijg dat ik je voor deze baan heb uitgekozen. Mij is verteld dat je Smart heet en smart bent. Je hebt me wel gehoord.'

'Biedt u me een baan aan?'

Was dit echt Quentin Oliver? Hij klonk nogal gestoord voor een man die zoveel succes had. Ze wist niet goed wat ze hiervan moest denken.

'Ben je geïnteresseerd?'

'Ik... weet het niet. Waarom? U hebt me mijn baan niet laten houden.'

'Ik geef toe dat je wonderen hebt verricht, maar ik had Gretchen die baan al aangeboden en zij bleef me maar aan het hoofd zeuren om haar eigen hotel. Ik weet dat jij die baan had moeten hebben. De meest recente TripAdvisor-reviews zijn fantastisch en Alex heeft zeker weten een goed woordje voor je gedaan. Het is dat ik beter weet, anders zou ik denken dat je met hem naar bed gaat.'

Lucy kromp ineen. Daar had Alex zich inderdaad heel druk over gemaakt.

'Ik kan maar moeilijk geloven dat Alex een goed woordje voor me heeft gedaan. Gretchen liet me een mailtje zien. Volgens mij waren 'slechte keuzes' en 'beperkte managementvaardigheden' een paar van zijn beschrijvingen van mij.'

Quentin lachte. 'Je moet het haar nageven, het is een vals kreng. Dat mailtje was het eerste dat Alex me stuurde. Hij was er toen net vijf minuten. Je hebt hem in die eerste week de stuipen op het lijf gejaagd. Ik wist meteen dat er iets niet klopte, omdat hij anders nooit zo snel oordeelt. Jezus, toen ik hem eerder vroeg me zijn mening te vertellen, geloof me, hij is trager dan een schildpad. Maar je moet toegeven dat de schildpad het altijd wint van de haas. Zo is onze Alex: bedachtzaam, neemt er de tijd voor, maar hij weet altijd precies hoe het zit.'

Lucy trok een wenkbrauw op vanwege deze weinig flatteuze en ietwat verrassende beschrijving van Alex. Ze zat inmiddels op een van de banken in de bagagehal en begon zich af te vragen of ze misschien een vreemde droom had.

'Dus, morgen, Edinburgh. Kun je me daar ontmoeten?'

Daisy stond bij de uitgang en hield een A4-tje omhoog waarop ze met felroze inkt WELKOM THUIS had geschreven en er een paar bloemetjes omheen had getekend.

Lucy glimlachte om Daisy's zelfgemaakte bordje tussen de meer professionele, met teksten als MENEER AZIA, MENEER EN MEVROUW RHODES en FAMILIE MITCHELL. Maar misschien glimlachte ze ook wel door dat nogal bizarre telefoongesprek met Quentin.

'Hoi, lieverd! Je ziet er fantastisch uit!' Daisy sloeg haar armen om Lucy heen.

'Bedankt.' Lucy's hand vloog meteen naar haar haar.

'Ik zei toch al dat het terug zou groeien.'

'In dit geval ben ik heel blij met je "Ik zei het toch?"' Lucy dacht terug aan haar paniek op die eerste avond in IJsland. Nu had ze geld, ze had een referentie en misschien een nieuwe baan. Ze negeerde 'en een gebroken hart', dat het stemmetje in haar hoofd er behulpzaam aan toevoegde.

'Balen zeg, dat je die baan niet hebt gekregen. Dat hotel klonk te gek!'

'Ach, het werd tijd daar weg te gaan,' zei Lucy hoofdschuddend. 'Maar ik had net een idioot telefoongesprek met de man die me die baan dus niet heeft gegeven.'

'Wacht even met je verhaal tot we in de auto zitten. Ik ben vergeten waar ik hem heb geparkeerd,' zei Daisy toen ze de terminal verlieten. 'Dan wil ik alles horen.'

Ze verlieten de parkeerplaats en voegden in op de A38. Daarna vertelde Lucy Daisy alles over haar telefoongesprek met Quentin Oliver.

'Als ik dit zo hoor, biedt hij je een baan aan,' zei Daisy.

'Dat lijkt me iets te optimistisch. Volgens mij ga ik daar morgen hoogstens naartoe voor een sollicitatiegesprek.'

'Voor een baan,' hield Daisy koppig vol. 'Niemand laat je helemaal naar Schotland komen voor een gesprekje.' Ondertussen keek ze Lucy aan om haar punt te maken, waardoor Lucy terugdacht aan Hekla's rijstijl. Toen trapte Daisy op de rem om te voorkomen dat ze op de rotonde boven op een andere auto botste. 'Misschien heeft Alex een goed woordje voor je gedaan. Heb je hem al gesproken?'

Lucy beet op haar lip, maar heel zacht, zodat ze geen wondje kreeg. 'Je gelooft het vast niet, maar we hebben elkaar onze nummers niet gegeven. Pas toen ik vanochtend vertrok heb ik nummers uitgewisseld met Hekla en Brynja.'

Daisy rilde. 'Heb je enig idee waar hij naartoe is?'

Lucy lachte bitter. 'Ik neem aan dat hij terug is naar Parijs, naar dat chique hotel van hem.'

'Wat ga je nu doen?'

'Ik ga naar Edinburgh om te horen wat meneer Oliver te zeggen heeft.'

'Ik durf te wedden dat-ie je een baan aanbiedt,' zei Daisy loyaal en met haar gebruikelijke optimisme.

'Hm, daar zou ik maar niet op rekenen. De man is heel excentriek, maar hij heeft veel connecties en is bijzonder invloedrijk. Ik zou dus wel gek zijn als ik niet naar hem toe zou gaan om kennis met hem te maken.'

'Nou ja, als je zeker weet dat hij je niet als seksslavin verkoopt of zo?'

Lucy lachte even. 'Hij heeft al een behoorlijke investering gedaan, want hij heeft een vermogen uitgegeven aan een eersteklas treinkaartje voor me morgen.'

'Eersteklas! Zo... Weet je, volgens mij betekent dit dat hij je een serieus zakelijk voorstel wil doen.'

'Misschien wel, maar waarom aan mij? We hebben elkaar nog nooit ontmoet. En als hij vond dat ik goed werk lever, had hij me die baan in de lodge toch wel gegeven?'

Hoofdstuk 31

Omdat Lucy genoeg tijd had en alleen een kleine weekendtas bij zich had, besloot ze ondanks de koude wind naar het hotel te lopen. Tijdens de treinreis van zesenhalf uur van Bristol Temple Meads naar Edinburgh Waverley had ze veel te veel tijd gehad om na te denken, waardoor ze nu haar hoofd leeg wilde maken voor haar ontmoeting met de hoogdravende meneer Oliver.

Ze was al een paar keer in deze stad geweest, één keer voor het Festival toen ze nog studeerde en één keer voor een conferentie. Ze kon zich de gotische pracht en praal en de schitterende historische gebouwen nog goed herinneren. Ze verliet het station en zag het kasteel dat op de heuvel rechts van haar stond. Ze boog haar hoofd tegen de felle wind en liep via de steile Cockburn Street naar de Royal Mile. Ze liep door, heuvelafwaarts en langs de vele souvenirwinkels met geruite plaids, knuffels in de vorm van Schotse koeien, toffee en T-shirts, allemaal versierd met engelenhaar omdat het bijna Kerstmis was, in de richting van het Scottish Parliament en Holyrood Palace.

Ze kwam langs een paar aantrekkelijke bars, pubs en restaurants, allemaal levendig en druk. Een paar hoofden waren bedekt met het papieren kroontje uit de *christmas crackers*. Hoewel het nog maar half december was, waren er toch heel veel toeristen, dik ingepakt met muts en sjaal, goed voorbereid op elk weer dat in Schotland mocht worden verwacht.

Lucy wilde dat ze Hekla's advies om gezien het weer drie lagen kleding te dragen had opgevolgd. Tijdens de treinreis had ze vijf berichtjes ontvangen van Hekla, die zich beklaagde over Gretchen. Eyrun was woedend geworden, Kristjan was heel ongelukkig en Brynja dreigde op te stappen. Dat gaf Lucy een grimmig gevoel van genoegdoening. Toch had ze medelijden met Gretchen, omdat ze nog heel goed wist hoe ongemakkelijk zij zich in het begin had gevoeld. Ze had geantwoord: 'Wees aardig voor haar. Ze is nieuw. Vergeet niet hoe slecht ik het eerst deed.'

Aan het einde van de Royal Mile, met Holyrood Palace voor haar en de eigenlijk erg mooie moderne gebouwen van het Scottish Parliament rechts van haar, stak ze de straat over. Na een wandeling van nog eens vijf minuten was ze bij het hotel.

Ze knikte, als een heuse general manager. De locatie in de schaduw van Arthur's Seat was perfect. Iets buiten het echte centrum, maar dicht genoeg bij het Holyrood Palace en de Royal Mile om aantrekkelijk te zijn voor gasten. Het was een indrukwekkend gebouw van grote blokken graniet dat er stevig en indrukwekkend uitzag, alsof het de slechte weersomstandigheden hier probleemloos kon weerstaan.

Lucy werd heel enthousiast, maar tegelijkertijd ook erg rustig. In deze stad kon ze wel wonen. Ze was er al eerder verliefd op geworden.

Ze ging naar binnen en werd begroet door een lusteloos uitziende receptioniste.

'Kan ik u helpen?' vroeg ze met een vriendelijk Schots accent.

Dat accent herinnerde Lucy meteen aan Alex, en ze balde haar vuisten alsof ze zich ergens tegen moest verdedigen. 'Ja. Ik heb een reservering voor één nacht op naam van Lucy Smart.'

De jonge vrouw werd meteen alert en haar blik schoot heen en weer. 'Welkom, welkom! Ja, ik heb uw reservering hier al. U krijgt de bruidssuite.' Stralend voegde ze eraan toe: 'Onze beste kamer. Met een prachtig uitzicht op Arthur's Seat.'

'Nou, dat klinkt geweldig,' zei Lucy met een vriendelijke glimlach. Ze was verbaasd over deze vipbehandeling. 'Dank u wel. Ik heb een afspraak met meneer Oliver. Is hij er al?'

De jonge vrouw leek bijna te knappen. 'O ja! Hij is hier. Hij is hier al een tijdje.' Haar grote bruine ogen probeerden zoveel boodschappen over te seinen dat Lucy niet wist of Quentin bij het personeel gevoelens van angst, verwarring of plezier opriep. 'Hij is in de Wee Tartan Room en zei dat ik u naar hem toe moest sturen zodra u er was.' Met grote ogen fluisterde ze: 'En ik moet onze beste whisky laten brengen.'

'Ik zou heel graag een kop thee willen,' zei Lucy gedecideerd.

'Juist. Ja. Komt eraan.' De jonge vrouw sprong opeens als een militair in de houding en leek net achttien.

Lucy vroeg glimlachend: 'Mag ik mijn tas hier laten staan en kunt u me vertellen waar de damestoiletten zijn?'

Lucy friste zich op, bracht nieuwe lippenstift en mascara aan, trok haar jurk recht en verving de platte schoenen die ze tijdens de reis had gedragen voor pumps. Daarna verliet ze het toilet om de intrigerende en onbuigzame meneer Oliver onder ogen te komen.

Zo ongeveer alles in de Wee Tartan Room was geruit, zoals het woord *tartan* al zei.

Lucy werd er even helemaal door overweldigd. Pas daarna keek ze naar Quentin Oliver en begroette ze hem.

De man was absoluut niet zoals ze, door zijn manier van praten en geestdriftige telefoongesprek, had verwacht. Ze had juist een nogal boerse man verwacht, fors gebouwd en met een dikke buik. Dus zeker niet iemand als deze bijzonder elegante man met grijs haar, een doordringende blik in zijn blauwe ogen en een snelle glimlach. Ze had ook niet verwacht dat hij gekleed zou zijn als een ouderwetse Britse gentleman in een donderrood fluwelen jasje met zwarte coltrui, hoewel zijn oranje trainers daar niet echt bij pasten.

'Walgelijk, vind je ook niet?' zei hij, wijzend naar de muren.

Ze schoot bijna in de lach, omdat de man kennelijk geen idee had hoe hij zelf gekleed was. Ze keek om zich heen, met stomheid geslagen door de ten minste vijftien verschillende ruitpatronen op de muren, de vloer, de banken en de kussens. Een visueel drama van rode vierkanten, scherpe zwarte lijnen, gele vlekken en paarse rechthoeken. Ze wist niet goed waar ze naar moest kijken, hoewel ze zeker wist dat ze, als zij het voor het zeggen had, die glanzende rode plinten meteen zou laten verwijderen. 'Het is zeker heel kleurrijk,' zei ze, terwijl ze met een wijde boog om een donkerrood met zwart voetenbankje heen liep.

'Ik wil dit hier niet kleurrijk, maar smaakvol. Ik wil mijn vrouw hier mee naartoe nemen in de winter of in de zomer en dat ze het hier dan gezellig en comfortabel vindt. Jouw taak...' – hij zweeg en keek haar met een ondeugende en charmante glimlach aan – 'mocht je mijn aanbod accepteren, is om dit te veranderen in The Northern Holyrood Lodge.'

De jonge vrouw van de receptie kwam schoorvoetend binnen met een dienblad met daarop een theepot, een theekopje, een karaf whisky van geslepen glas en een whiskyglas. Ze zette het dienblad op het glanzende tafeltje van mahoniehout dat tussen de beide banken in stond.

Lucy wist dat de bekleding van de ene bank Black Watch Tartan heette, en de oranje, paarse, rode en gele bekleding van de andere bank zou zij een punk-ruit noemen.

'Thee?' vroeg Quentin vol minachting toen hij tegenover haar ging zitten.

'Ik dacht dat dit een sollicitatiegesprek zou zijn,' zei Lucy. Ze schonk een kop thee voor zichzelf in en leunde naar achteren. 'Misschien kunt u me vertellen waar u naar op zoek bent?'

Onderweg hiernaartoe had ze zich gerealiseerd dat ze niets te verliezen had. Deze man had een angstaanjagende reputatie in de wereld van het hotelwezen en hij had haar hier uitgenodigd. Daardoor ging ze ervan uit dat hij het op prijs zou stellen als ze zei wat ze dacht.

'Wat zou jij in deze kamer veranderen?'

Zijn onbehouwen, onverwachte vraag bracht een glimlach op Lucy's gezicht. 'Die rode plinten.'

'Waarom?'

'Omdat die kleur vloekt met de rest en ze een beetje ordinair zijn. De overdaad aan Schotse ruiten kun je hier verwachten, we zijn immers in Schotland, dus dat is wel leuk. Ik zou het echter wat minder heftig maken... Hooguit een paar bij elkaar passende Schotse ruiten. De zachte lila ruiten zijn iets rustiger. De Schotse ruiten kun je natuurlijk goed uitleggen aan de gasten en ik zou ze allemaal opzoeken, zodat ik weet hoe ze heten. De plinten zijn goedkoop en lelijk, en niet authentiek. Die storen me enorm.'

'Uitstekend antwoord. Je hebt de baan.'

Ze keek hem stomverbaasd aan. 'Meent u dat? Door mijn uitstekende visie op de Schotse ruit?'

'Nee, maar als ik je deze baan niet geef, komt Alex nooit terug. En als hij denkt dat je goed genoeg bent, dan is dat voldoende voor mij. Maar HR zal het me behoorlijk lastig maken als ik niet doe alsof ik een sollicitatiegesprek met je heb gevoerd.'

'Wát zegt u?' Lucy keek hem strak aan.

Quentin slaakte een vermoeide zucht. 'Dit kan niet waar zijn! Wanneer was de laatste keer dat je hem hebt gesproken?'

Lucy kneep haar lippen stijf op elkaar. 'Ik vertrouwde hem. Hij loog tegen me. Hij bespioneerde me.'

'Je houdt me verdomme voor de gek!' Quentin sloeg met de rug van zijn hand tegen zijn voorhoofd. 'Verdomme, de jongen deed zijn werk. Ik betaal zijn salaris... en ik ben getrouwd met zijn moeder.'

'Wat!?' Dat was nieuw voor haar. Dat feitje had Alex haar nooit verteld.

'Hij is mijn stiefzoon. Ik leerde zijn moeder kennen toen hij voor me werkte. Het heeft me verdomd veel moeite gekost om haar over te halen met me te trouwen. Dat rotjoch weigerde een goed woordje voor me te doen. Ik moest mezelf eerst bewijzen!'

Lucy schrok van Quentins dromerige glimlach. Ze had nooit verwacht dat deze man zo'n romanticus was.

'Hij deed een klus voor me. En ik waardeer trouw. Alex ook, trouwens. Toe nou kindje, als jij in zijn schoenen had gestaan... Ik heb het idee dat je recht door zee bent. Wat had jij gedaan?'

Die verdomde Quentin doorzag haar goed en hij had gelijk. Zij had in diezelfde situatie waarschijnlijk hetzelfde gedaan als Alex en vanaf het moment dat ze met elkaar naar bed gingen, had hij het niet meer goed kunnen doen.

De blik op zijn gerimpelde gezicht verzachtte even. 'Wanneer was de laatste keer dat je hem hebt gezien?'

'Ik heb hem niet meer gezien sinds hij naar Parijs is vertrokken.'

'Toen die stomkop ontslag nam.'

'Wát!?' Waarom zou Alex dat in vredesnaam doen?

Quentin rolde met zijn ogen. 'Een groots gebaar. Alles weggooien in de naam van de liefde.'

Lucy keek hem verbaasd aan. Deze man was gestoord.

Quentin hield haar blik vast en zijn gezicht verhardde. 'Ik had nooit verwacht dat de jonge McLaughlin een heethoofd was of dat hij domme dingen zou doen voor de liefde. Hij was woedend omdat ik jou die baan in IJsland niet gaf. Nam ontslag en ging ervandoor.' Ondanks zijn verongelijkte toon zag ze wel een schittering in zijn ogen. 'Mijn vrouw, toevallig ook zijn moeder, vindt dat het meest romantische wat ze ooit heeft gehoord.'

'Alex heeft ontslag genomen?'

Ze kreeg tranen in haar ogen. Alex had ontslag genomen. Om haar.

Opeens schaamde ze zich diep. Het was gemakkelijk geweest om die avond zo verontwaardigd te doen, om het tegen hem te hebben over vertrouwen. Toch had zij er niet op vertrouwd dat Alex het juiste zou doen, ondanks het feit dat hij op talloze andere manieren had laten zien dat ze hem kon vertrouwen. Misschien, heel misschien, had zij er ook een potje van gemaakt.

'Ja. Die achterlijke stomkop gaf me niet eens de kans het uit te leggen. Hij heeft me de afgelopen maand overstelpt met lovende mailtjes over jou en schreef dat je briljant was, maar zoals ik al zei had ik de baan aan Gretchen beloofd.' Hij vertrok zijn gezicht. 'En ik moet toegeven dat ik zijn mailtjes heb genegeerd. Dat was dom van me, maar ik had het druk. Verdomme, wil je deze baan alsjeblieft aannemen en tegen hem zeggen dat-ie moet ophouden zich als een slappeling te gedragen en terug moet komen om voor me te werken? Hij is verdomme de beste manager die ik ooit heb gehad. Dat mag je niet tegen hem zeggen hoor, want ik wil niet dat-ie naast zijn schoenen gaat lopen.'

Lucy glimlachte. Alex zou nooit verwaand of arrogant worden, daarvoor was hij veel te aardig en te lief. 'Maar ik weet niet waar hij is,' fluisterde ze. Opeens verlangde ze ernaar hem te zien. Hij had ontslag genomen ter wille van haar. Hij had een van de beste banen in Parijs, in Europa, voor haar opgegeven.

'Goed, vanavond hebben we het wel over je contract en zo...' Hij keek op en zijn blik gleed naar een punt achter haar linkerschouder. 'Maar nu moet ik ervandoor.' Quentin stond op en knikte tegen iemand achter haar. 'Goedemiddag, blij dat je kon komen.'

'Je gaf me niet veel keus. Dreigen me voor de rechter te slepen voor contractbreuk is een behoorlijk agressieve manier om je zin door te drijven en te eisen dat iemand helemaal naar Edinburgh vliegt om je te spreken. Ma zei trouwens dat ze met geen van ons beiden wilde praten tot we dit hebben uitgepraat. Dus laten we dit zo kort mogelijk houden, want ik moet iemand opsporen en heb toch al veel te veel tijd verspild.'

Lucy werd vuurrood toen ze de bekende stem hoorde en ze kon bijna niet meer ademen. Alex... Ze verstijfde en sloot haar ogen, en ze durfde zich bijna niet om te draaien uit angst dat ze zich vergiste.

'Wanhopige tijden, wanhopige maatregelen,' teemde Quentin met een nonchalant schouderophalen. 'Dit is het moment waarop ik ervandoor ga en jullie hier blijven, zodat jullie het kunnen bijleggen.' Hij hief zijn whiskyglas en proostte met hen.

'Hier blijven... Wie blijven hier?' vroeg Alex stomverbaasd.

Lucy realiseerde zich opeens dat hij haar niet kon zien door de hoge rugleuning van de bank. Ze stond langzaam en met knikkende knieën op. Haar hart begon zo snel te slaan dat ze bang was dat hij uit haar borst zou barsten. Toen draaide ze zich om en keek hem aan.

Alex' hoofd ging met een ruk omhoog en hij keek haar met grote ogen aan. Zijn zichtbare schok maakte al snel plaats voor woede. 'Waar wás je verdomme?'

Lucy glimlachte bijna om zijn ongebruikelijke chagrijn.

Hij mompelde: 'Ik ging terug naar IJsland, maar toen was jij vertrokken!'

Lucy schuifelde ongemakkelijk heen en weer, en ze werd heel nerveus toen hij doelbewust op haar af kwam omdat ze bang was dat hij haar door elkaar zou schudden. Ze zei: 'Ik dacht dat je voorgoed weg was. Je vertrok zonder afscheid te nemen.' Haar stem begaf het even. 'Ik dacht dat je was teruggegaan naar Parijs, omdat je werk erop zat.' De herinnering deed nog altijd pijn.

Zijn lippen trilden en hij keek haar vol spijt aan. 'Ik ging naar Parijs omdat ik zo kwaad was op Quentin.' Hij bleef voor haar staan en nam haar handen in de zijne. 'Ik kon niet slapen. Ik moest en zou hem persoonlijk spreken.' Zijn blik verzachtte en gleed over haar gezicht alsof hij de aanblik voorgoed in zich op wilde nemen. 'God, wat heb ik je gemist. Ik kon het gewoon niet geloven toen ik weer in IJsland was en jij was vertrokken. Hekla behandelde me afschuwelijk.'

Lucy proestte het bijna uit, want ze kon zich gewoon niet voorstellen dat Hekla ook maar iemand afschuwelijk behandelde. Ze haalde haar schouders op. 'Blijven leek niet echt zinvol.' Ze slikte en opnieuw voelde ze de teleurstelling. 'Gretchen liet me jouw mailtje zien waarin je zei dat ik ongeschikt was als manager. En voordat ik met je kon praten was je zonder enige uitleg verdwenen.'

'Dat is mijn verdiende loon omdat ik overhaast conclusies trok.' Alex rilde. 'Natuurlijk liet ze jou dat mailtje zien. En ik neem aan dat ze je de andere negen die ik aan Quentin heb gestuurd niet heeft laten zien, waarin ik schreef dat ik je verkeerd had beoordeeld en dat het stom zou zijn om je te laten gaan.'

Lucy schudde haar hoofd.

Alex kwam nog dichter bij haar staan, legde zijn handen om haar gezicht en keek haar diep in de ogen. 'We moeten elkaar op het vliegveld letterlijk zijn gepasseerd. Ik kwam terug uit Parijs om je te vertellen dat ik tegen Quentin had gezegd dat-ie de pot op kon met zijn baan... en toen was jij weg. Natuurlijk had ik jouw telefoonnummer niet. Hekla zei dat je was teruggegaan naar Engeland. En toen wilde mijn moeder dat ik haar kwam bezoeken, omdat ze het zo vreselijk vond dat Quentin en ik ruzie hadden. Dat is dus de reden dat ik hier ben, maar... wat doe jij hier?' Hij fronste.

Ze keek hem met een zwakke glimlach aan. 'Ik had een sollicitatiegesprek.'

'Echt?' Er verscheen een glimlach op zijn gezicht. 'En?'

'Quentin heeft me een baan aangeboden.'

Ongelovig schudde hij zijn hoofd. 'Dat is geweldig! Die stomme Quentin, wat een stiekeme klojo! Dat heeft hij me helemaal niet verteld.'

'Volgens mij zijn er wel voorwaarden aan verbonden, zoals dat jij je ontslagbrief verscheurt.'

'Dat kan ik wel doen, maar...' Hij keek haar ernstig aan en zei: 'Maar alleen als jij het me kunt vergeven. Het spijt me dat ik je niet heb verteld wie ik was, maar... eerst had ik het gevoel dat ik dat niet kón doen en daarna was het te ingewikkeld geworden.'

'Dat begrijp ik nu wel. Ik weet het niet zeker, maar ik had waarschijnlijk hetzelfde gedaan. Het spijt me dat ik niet naar je wilde luisteren, die avond toen Gretchen zomaar binnenkwam. Toen ik de volgende ochtend wakker werd wilde ik met je praten, maar toen was je al weg. En zij heeft geen seconde gewacht om de boel op te stoken.'

'Ik vergeef het jou als jij het mij vergeeft,' zei Alex met een schattige, ondeugende blik.

'We zijn nu aan het onderhandelen, nietwaar?' zei Lucy plagend. Ze voelde zich opeens veel lichter en gelukkiger.

'Daar lijkt het wel op.' Hij keek haar ernstig aan.

Zij keek hem ook aan en wilde het allemaal achter de rug hebben. 'Het spijt me dat ik je niet de kans heb gegeven alles uit te leggen. Na die zaak met Chris ging ik automatisch uit van het ergste en dacht ik dat je alleen aan jezelf had gedacht. Het kwam niet eens in me op dat je had geprobeerd mij te beschermen. Ik zou het vreselijk hebben gevonden als iemand dacht dat ik die baan had gekregen omdat we met elkaar sliepen.'

Hij streelde haar jukbeen. 'Niemand die jou kent zou ooit denken dat je die baan niet op eigen kracht had gekregen. Je bent geweldig, Lucy Smart. Kun je het me vergeven dat ik de boel heb verkloot?'

'Ik vergeef het jou als jij het mij vergeeft,' zei ze met een zacht lachje, omdat ze zijn woorden letterlijk had herhaald. Ze ging op haar tenen staan, sloeg haar armen om zijn nek en drukte snel een kus op zijn mond.

Alex sloeg zijn armen om haar heen en duwde haar naar achteren, zodat hun neuzen elkaar bijna raakten. 'Dat is lang niet voldoende,' mompelde hij.

Daarop drukte ze een heleboel kusjes op zijn kaaklijn, haar lippen voelden de ruwe stoppels en haar hart maakte een sprongetje toen ze hoorde dat hij, toen ze bijna bij zijn mond was, naar adem hapte.

'Hm,' zei hij na een zachte kreun. 'Dat doe je goed.'

Ze drukte haar mond op de zijne en vormde haar lippen om die van hem om de kus intenser te maken. Ze voelde dat zijn warme handen over haar rug naar beneden gleden en op haar heupen bleven rusten.

Lucy vergat bijna alles om zich heen doordat ze intens genoot van de kus. Ze was zich vaag bewust van het gesis en geknetter van het haardvuur, van het geruis van haar hartslag in haar oren en van het gevoel van Alex' warme en stevige lichaam tegen het hare. Toen het vuur even knalde schrokken ze allebei en ze keken elkaar, een beetje buiten adem, met een domme glimlach aan.

'Dus als ik mijn ontslagbrief verscheur, neem jij deze baan aan?' vroeg Alex met een scheve glimlach.

'Dat denk ik wel.' Ze keek hem peinzend aan. 'Hoewel dat ook afhankelijk is van het aantal vluchten tussen Edinburgh en Parijs.'

'Ik weet toevallig dat dat er een heleboel zijn, en ze vliegen beide kanten op,' zei Alex met een plagende glimlach.

'Dus jij komt me wel opzoeken in het koude Edinburgh?'

'Probeer... me... maar... eens... tegen... te.. houden.' Na elk woord gaf hij haar een kus. 'Maar ik moet je wel waarschuwen, want zoals je weet woont mijn moeder vlak bij de stad.' Hij vertrok zijn gezicht. 'Maar af en toe zouden we mijn bezoekjes geheim kunnen houden.'

Lucy trok een wenkbrauw op.

Hij keek om zich heen en drukte een vinger tegen zijn lippen. 'Ze is bazig en nieuwsgierig en ze zal je willen leren kennen.'

Lucy lachte. 'Dat kan ik vast wel aan.'

'Dat weet ik. En, wat vind je ervan?'

'Ik vind het een goed idee om de baan te accepteren.'

'Goddank! Maar weet je wel zeker dat je voor Quentin wilt werken? Hij kan een lastige ouwe gek zijn.'

'Meen je dat nou?' Lucy glimlachte. 'Hij is een ongelofelijke oude romanticus. Hij heeft ons vandaag bij elkaar gebracht.'

'Vooral omdat hij doodsbang is voor mijn moeder.' Alex schudde zijn hoofd en rolde met zijn ogen. 'Zij zal zich hierom op de borst kloppen. Sterker nog, het zou me niets verbazen als zij Quentin heeft gedwongen dit te regelen. Ze is gek op liefdesverhalen.'

Lucy trok een wenkbrauw op. 'Is dit een liefdesverhaal?'

Alex nam haar mee naar de bank en trok haar op zijn schoot. 'Zeker weten. Het begin, het midden en het gelukkige einde. Ik hou van je, Lucy Smart. Je bent moedig en trouw en heel aantrekkelijk, vanbinnen en vanbuiten.'

'Dat is grappig, want ik hou ook van jou, Alex McLaughlin, omdat je zo vriendelijk en zachtaardig bent en omdat je uitstekend voor me zorgt, zelfs als ik denk dat ik niemand nodig heb die voor me zorgt.' Ze boog zich naar hem toe en kuste hem opnieuw.

'Lieve help, zijn jullie het nog steeds aan het goedmaken?' Quentin stond vlak bij hen, met zijn handen voor zijn ogen geslagen, alsof hij het niet kon aanzien. 'Mag ik misschien even vragen of ik een manager heb voor dit hotel en of Alex heel binnenkort teruggaat naar The Metropole?'

Lucy keek Alex grijnzend aan en fluisterde: 'Ze hebben me de bruidssuite gegeven voor vannacht.'

Alex grijnsde terug en streek een lok haar van haar wang. Hij nam er alle tijd voor om Quentin aan te kijken. 'Sorry, we zijn nog aan het onderhandelen. Dat kost nog wel wat tijd, maar ik denk dat we morgenochtend wel een antwoord voor je hebben.'

Quentin gromde en beende de kamer uit.

'Goed, waar waren we?' vroeg Alex, waarna hij zijn lippen weer naar de hare bracht.

Ze gaf geen antwoord.

Epiloog

'Verdorie, Lucy! Gretchen zit de hele tijd te klagen! Wil je weleens ophouden haar personeel weg te kapen!'

'Ze heeft Eyrun toch nog?' Lucy streek met haar vinger over de nerf van de mahoniehouten receptiebalie en keek met een brede grijns naar Hekla, die elk woord van het telefoongesprek met Quentin kon horen.

'Het is genoeg, begrijp je dat? En als Alex er is, moet je hem zeggen dat hij me moet bellen. Schiet het al een beetje op met de plannen? Kunnen we inderdaad open op 1 maart?'

'Ja, Quentin,' zei ze, misschien al voor de vijftigste keer. Ze keek met een trotse blik naar de nieuw ingerichte foyer met de georgiaanse ramen, de fraai geschilderde kroonlijsten van gips en de Wedgewood-blauwe muren. 'De slaapkamers zijn allemaal klaar. De Wee Tartan Room is opnieuw ingericht en alle schoorstenen zijn geveegd. De nieuwe banken en leunstoelen zijn gisteren geleverd en we wachten nog tot de elektriciens klaar zijn in de keuken. Je zou het hier niet herkennen.'

'Dat is maar goed ook,' gromde Quentin.

Lucy lachte. Ze had al snel begrepen dat op je strepen blijven staan de beste manier was om met zijn ruwe, overheersende buitenkant om te gaan.

'Zorg dat Alex me belt.'

'Oké,' zei ze zorgeloos, hoewel ze helemaal niet van plan was om deze boodschap door te geven. Voor de zoveelste keer die middag keek ze op haar horloge. Alex zou al van Charles De Gaulle zijn vertrokken en nu boven het Kanaal vliegen.

De afgelopen maanden hadden ze elke week een paar dagen samen kunnen doorbrengen. Dankzij wifi en uitstekende managers bleek Alex in staat te zijn zijn werk bijna even goed vanuit Edinburgh te doen als in Parijs.

Toen ze de telefoon neerlegde, begon Hekla te giechelen. 'Er is niemand meer over die je kunt wegkapen. Alleen Olafur.' Ze keek Lucy met een wetende blik aan. 'Maar hij schaamt zich zo erg dat hij niet durft te vragen of hij ook mag komen.'

Lucy negeerde dit. Ze had niemand verteld wat ze had gedaan en als Hekla al vermoedens had, mochten dat vermoedens blijven.

'Ik kaap Elin helemaal niet weg,' zei Lucy, 'ze was vanaf het begin al van mij.'

Zodra het nieuws bekend was geworden dat Lucy de nieuwe manager was van The Northern Holyrood Lodge in Edinburgh had haar telefoon vol gestaan met berichtjes.

'Bovendien heb ik hier geen enkele stem in gehad.' Ze zette haar handen op haar heupen en rolde met haar ogen. 'Jullie vertelden me gewoon dat jullie hiernaartoe kwamen om voor me te werken. Het maakte niet uit of ik jullie hier wel wilde hebben.'

Hekla keek haar kwaad aan. 'Natuurlijk wilde je ons hebben!'

Lucy lachte en knuffelde haar even. 'Klopt. Ik ben dolblij dat je hier bent.'

'En dat ik hier ben,' zei Kristjan. Hij kwam het kantoor uit met een crèmekleurige kaart waarop het menu was geprint.

Hekla kneep haar ogen tot spleetjes. 'Heb jij dat geprint?' vroeg ze argwanend.

'Ja!' Hij zwaaide triomfantelijk met de kaart.

Lucy zei lachend tegen Hekla: 'De printer doet het prima, zolang jij er maar niet bij in de buurt komt. Hij is splinternieuw.'

'Pff,' zei Hekla. Ze griste het menu uit Kristjans handen. 'Wat eten we vanavond?'

Deze avond wilde Kristjan proefdraaien met zijn menu ter voorbereiding op de officiële opening van het hotel, het volgende weekend.

Lucy, Hekla en Brynja hadden de afgelopen maand constant gewerkt aan de make-over van het hotel, ze stelden nieuwe roosters op en namen nieuw personeel aan, hoewel Lucy niet veel nieuwe mensen nodig had. Dat kwam mede doordat Dagur had besloten Kristjan te helpen met het inrichten van de keuken en de bar. Inmiddels waren beide mannen echte whiskykenners.

'Ja, hoe ziet het diner eruit?' vroeg Lucy, terwijl Hekla de menukaart bekeek, hoewel ze er alle vertrouwen in had dat het verrukkelijk zou zijn. Kristjan had een paar weken genoten tijdens bezoekjes aan plaatselijke leveranciers en andere restaurants, en aangezien er zoveel te doen was had ze hem zijn gang laten gaan.

'Gerookte zalmterrine, een Angus-steak met een rosti van aardappel en knolraap, oftewel mijn hommage aan *neeps and tatties,* en geglaceerde worteltjes, gevolgd door een plankje lokale kazen.' Hij straalde en zei: 'Je zou de chilicheddar van Isle of Mull moeten proeven.' Hij bracht zijn vingers naar zijn mond, tuitte zijn lippen en maakte een kusbeweging met zijn mond om aan te geven hoe verrukkelijk die kaas was. 'Ik begin om halfzeven met opdienen, tenzij Alex' vliegtuig vertraagd is.'

Lucy zei hoopvol: 'Ik heb net nog gekeken en toen was zijn vliegtuig precies op tijd. Ik heb dus nog een uur om me klaar te maken en ik moet dat nieuwe roll top-bad in de Balmoral-suite echt nog uitproberen.'

'Ik weet zeker dat de matras later ook wordt uitgeprobeerd,' zei Hekla.

Lucy bloosde. Door de tijd die ze met haar IJslandse vrienden had doorgebracht, was ze inmiddels iets opener over seks, maar te veel informatie vond ze nu ook weer niet nodig. 'Zodra we betalende gasten hebben slapen wij allemaal op de bovenste verdieping,' zei ze, Hekla's schuine opmerking negerend. Gelukkig waren er meer dan genoeg personeelsvertrekken op de zolderverdieping, dus ook voldoende voor al het personeel uit IJsland dat met haar mee had willen komen.

'Geniet van je bad,' zei Hekla. 'Ik ga nog samen met Brynja en Dagur wat drinken in de pub. Tot later. En Kristjan, werk niet te hard,' zei ze met een plagend klopje op zijn arm.

'Zal ik niet doen, maar we hebben nog geen afwashulp, dus moeten jullie de afwas doen.'

Hekla lachte. 'Dat zal de moeite waard zijn.'

'Waar gaan jullie naartoe, de Kilderkin?' vroeg Lucy.

'Ik misschien wel,' zei Hekla ingetogen. 'Het bier daar is heel goed.'

'Goedkoop ook, en ik weet dat de barkeeper heel aantrekkelijk is en lange IJslandse blondines voortrekt.'

Hekla glimlachte zelfvoldaan, maar Kristjan keek boos. Ze zei: 'Ik word altijd het eerst bediend.' Met een ondeugende glimlach zei ze tegen Kristjan: 'Maar ik trek IJslandse mannen voor.'

'Schatje, ik ben thuis!'

Toen Lucy hoorde dat Alex zijn weekendtas met een plof op het nieuwe tapijt in de andere kamer liet vallen, ging ze snel rechtop zitten en trok ze haar knieën op, waardoor een golf water over de rand klotste. 'Alex?'

Hij keek even naar binnen. 'Verwacht je iemand anders?' Hij keek haar grijnzend aan en slenterde naar haar toe. Hij knielde voor de badkuip, sloeg een arm om haar heen en trok haar naar zich toe voor een lange en bijzonder bevredigende kus.

'Je bent vroeg,' zei ze stralend.

'Ik heb een eerder vliegtuig genomen, hoewel ik moet zeggen dat ik hier precies op het juiste moment binnenkom. Mooie badkuip. Er is zelfs plek voor een kleine extra persoon.'

'Ik wil geen kleine persoon,' zei ze. Ze grinnikte, nog steeds met haar knieën opgetrokken tegen haar borst, toen hij zich zonder enige aarzeling of gêne uitkleedde.

'Gelukkig maar. Schuif op.' Hij ging achter haar in het bad zitten en trok haar tegen zijn borst. 'Dit is de perfecte manier om een vrijdagavond te beginnen na een week hard werken in Parijs. Hoe was jouw week?'

Ze giechelde toen hij haar begon te kussen, terwijl zijn handen naar beneden gleden en zich om haar billen vouwden.

Tussen kussen en strelingen door praatten ze elkaar bij, al spraken ze elkaar elke avond aan de telefoon. Het werd steeds moeilijker om te praten toen ze steeds meer buiten adem raakte als reactie op Alex' bezige handen.

Ten slotte zuchtte hij in haar oor en streek hij met zijn lippen over haar nek, terwijl zijn vingers schaamteloos hun kans grepen. 'Hoe heerlijk dit bad ook is, het is niet helemaal geschikt voor wat ik van plan ben.'

'Hm.' Meer kon ze niet uitbrengen, want haar gedachten waren verrukkelijk wazig geworden en ze wist precies wat hij van plan was toen hij opstond, het water langs zijn behaarde benen stroomde en een bepaald deel van zijn lichaam klaar was om in actie te komen.

Ze waren maar een paar minuten te laat voor het diner, hoewel Alex' haar nog vochtig was en Lucy vrij veel tijd nodig had gehad om alle knopen uit haar haar te borstelen. Ze zag er rozig en opgewonden uit toen ze hand in hand met Alex de prachtige wenteltrap af liep, en ze elkaar met een stiekeme glimlach aankeken. 'Ze zullen weten wat we hebben gedaan,' fluisterde Lucy, waarna ze even op haar lip beet.

'Natuurlijk weten ze dat en je weet ook dat ze er grapjes over gaan maken. We maken echt geen enkele kans.' Hij grijnsde en zei: Maar vergeet niet dat jij de baas bent, Lucy Smart. Dreig maar om hun salaris in te houden.' Hij knipoogde.

Ze haalde diep adem, wist dat ze zou blozen door hun opmerkingen en liep de eetzaal in. Ze rolde met haar ogen toen iedereen juichte. Aan een ronde tafel zaten Kristjan, Dagur, Brynja, Gunnar, Kristin, Hekla en...

'Elin!' Lucy sloeg haar armen om haar heen. 'Wanneer ben jij hier aangekomen?'

'Ik trof Alex op het vliegveld en we hebben een taxi gedeeld.'

Lucy keek Alex aan. 'Dat heb je me helemaal niet verteld,' pruilde ze op een manier die helemaal niets voor haar was.

'Ik werd afgeleid.' Hij trok zijn wenkbrauwen op.

'O, maar dit is geweldig!' Lucy vergaf het hem meteen. 'Nu is iedereen hier.'

'Ja. Aardig dat jullie ons eindelijk gezelschap komen houden,' zei Brynja met een snelle knipoog.

'Ik moest het nieuwe leidingwerk controleren.' Lucy had meteen spijt van haar woordkeus, maar gelukkig liet Hekla's beheersing van de Engelse taal haar deze keer in de steek.

Alex boog zijn hoofd, maar Lucy zag dat zijn schouders schokten.

'Hoe is het nieuwe bad?' vroeg Hekla.

Lucy glimlachte. 'Zeer bevredigend. Hoe was jouw Schot?'

Hekla hief een glas. 'Heel Schots. Hij heeft veel bier voor me ingeschonken. Ik hou heel erg van Schotland.' Iedereen lachte. 'Ik ben zo blij dat we hier zijn. En ik hou steeds meer van Kristjan.'

Met een zelfvoldane glimlach schonk Kristjan een glas wijn in voor Lucy.

Ze nam het glas van hem aan en bleef even voor haar stoel staan. 'Nu we hier allemaal bij elkaar zijn, wil ik een toost uitbrengen. Ik wil toosten op jullie allemaal, voor jullie vertrouwen in mij en omdat jullie hiernaartoe zijn gekomen om samen met mij dit nieuwe avontuur aan te gaan.' Ze keek hen stuk voor stuk aan, en liet haar blik ten slotte rusten op Alex. 'Dit betekent echt heel veel voor me. Dit hotel... is geweldig, maar jullie zijn de mensen die het verschil zullen maken. Dankzij jullie zal het gezellig en warm zijn. Ik ben ervan overtuigd dat The Northern Holyrood Lodge een groot succes zal worden, dankzij jullie allemaal. Dank jullie wel voor jullie vertrouwen in mij.' Ze hief haar glas en al haar vrienden hieven hun glas ook. Ze was in het gezelschap van vrienden en twijfelde er geen moment aan dat ze hen allemaal kon vertrouwen.

Alex knipoogde en zei geluidloos: Ik hou van je.

Kristjan sprong op en hief zijn glas. 'Op jou, Lucy Brynsdóttir!'

En iedereen herhaalde zijn woorden, waar Lucy diep van onder de indruk was.

Dankwoord

Dankwoord

Dit vind ik misschien wel het leukste deel van het schrijven van een boek. Je kunt het vergelijken met de Oscar-toespraak van een acteur, als je iedereen bedankt die je heeft geholpen, of ze zich daar nu wel of niet van bewust zijn.

Ten eerste bedank ik mijn maatje Debi Game, die me onbewust op het idee bracht om iets af te nemen van iemand die dat helemaal niet hoorde te hebben, met het heerlijke gevolg dat ze helemaal niet mogen klagen over het feit dát het hen is afgepakt.

Ook dank aan al mijn schrijfvrienden voor hun eindeloze steun en aanmoediging, zowel in het echte leven als over de ether, vooral Donna Ashcroft, de lieve Darcie Boleyn en Sarah Bennett, maar ook mijn geliefde agent Broo Doherty, een heilige die met eindeloos geduld mijn auteurspaniekaanvallen verdraagt.

Gin helpt enorm als je een deadline hebt, en ik ben zo gelukkig dat mijn man altijd klaarstaat met een glas om me te redden en dat mijn kinderen de fantastische vaardigheid hebben ontwikkeld te weten wanneer ze hun moeder met rust moeten laten.

En last but not least, jullie, de lezers die me zoveel aardige berichtjes sturen, die lieve recensies plaatsen en mijn boeken blijven kopen. Dankzij jullie kan ik schrijver zijn, dus bedankt allemaal!

Julie Caplin

Tot nu toe verschenen in Julie Caplins *Romantic Escapes*-serie:

ISBN: 978 94 027 0827 1

ISBN: 978 94 027 1203 2

ISBN: 978 94 027 1052 6

ISBN: 978 94 027 1542 2

ISBN: 978 94 027 1462 3

ISBN: 978 94 027 0645 1

ISBN: 978 94 027 1633 7

Lees ze allemaal!